ストーリーでわかる！

パラリーガル実務ガイド

刑事弁護・被害者支援

弁護士 加島宏 [監修]

西垣貴文・山本真・吉山仁 [著]

現代人文社

巻頭言

　多くの方のご協力を得たとはいえ、友人である3人の著者が渾身の力を振り絞って分担執筆した本書がようやく出版されることになった。苦労の多かった作業を側で見守ってきた者として、喜びに堪えない。

　ご承知のとおり、弁護士の仕事はチーム作業である。ちょうど医師が看護師や理学療法士等多くのスタッフの協力を得て病気の治療に当たるように、弁護士も専門的知識と技能を身に付けたスタッフの協力を得て初めて、依頼事件の解決に当たることができる。優秀なスタッフを抱える弁護士であってこそ、依頼者の満足度の高い解決を、迅速に得ることができる。

　にもかかわらず、わが国では弁護士（法律事務所）のスタッフの仕事は、残念なことに今日まで専門職とは認められていない。未だに、単に「事務員」あるいは「法律事務職員」と呼ばれることが多く、公的な養成制度も訓練制度も存在しない。資格や称号を与えられることもなく、経験の積み重ねを正当に評価する仕組みすら整っていない。

　私たちはこの現状を変えるべく、14年前に「特定非営利活動法人法律専門秘書教育協会（略称JPEA）」を設立し、翌年から京都の龍谷大学のご協力を得て、「法律事務実務」と題する法律事務職員（私たちは、法律専門秘書と呼んでいる）養成講義を、法学部の正式科目として続けてきた。本書の3人の著者は、この講義の担当講師として、今も教壇に立って学生を教えている。京都や大阪の法律事務所に就職していった卒業生も少なくない。

　本書は、3人の著者が現役の法律事務職員としての日常業務の経験と、学生とのやり取りから得た教授のポイントの把握とを見事に融合させた結果、完成した。分かりやすく、直ぐにでも活用できるノウハウが満載されている。多くの方に利用していただければこの上ない喜びである。

2016（平成28）年6月

監修者・弁護士　加島　宏

はしがき

1 本書執筆の経緯

　近年、日本弁護士連合会（日弁連）がスタッフの能力向上に取り組むようになり、2008（平成20）年から法律事務職員能力認定制度が始まった。2013（平成25）年4月には、日本弁護士補助職協会が設立され、法律事務職員の能力向上が進められてきている。

　そんな中、執筆者らは、龍谷大学において、法律事務所のスタッフ（その中でも専門的な知識・経験に基づき弁護士を補佐する法律事務職員、最近は「パラリーガル」とも呼称される）等の養成を図る法学部の専攻科目である『法律事務実務』を担当してきた。そのカリキュラムの中でも、近年、より専門性が重視されてきている刑事手続に関する法律事務職員の職務・役割の内容を教授する必要性が高まり、2011（平成23）年に本書の原案となる講義資料の作成を開始した。その後、現在まで数十回以上に及ぶ議論を重ねながら、執筆作業を進めきた。今般、その集大成として、本書が完成したものである。

2 こんな人に読んでほしい

　本書は、刑事事件という実務専門性から、刑事事件に携わる法律事務職員や法律専門職（特に若手弁護士）をその読者層として想定している。

　もっとも、本書の原案は、法律事務職員等を養成する大学での講義資料として作成したものであるから、法学部や法科大学院の学生が楽しみながら読み進める内容となっているばかりか、大学等の高等教育機関の教材として十分耐えうるものとなっている。

　また、本書は、類書との違いを出すことを工夫することによって、広く刑事事件の流れに関心のある一般の読者の方にも手に取っていただける内容となっている。特に、第2部において、被害者側の立場での法律事務所の役割について触れ、犯罪被害者の支援について触れている点は最大の特徴といえるであろう。犯罪被害にあった方、犯罪被害者の支援に関わる方が、活用して頂ければ幸いである。

3 本書の特徴

本書は、次の特徴を備えている。

① ストーリーによって、実務の運用を捉えやすいように工夫し、細かすぎると思われる解説を削ぎ落とすことにより、読みやすさを追求した。

② 実務上必要な手続や書式については、できるだけ網羅するようにして、刑事手続業務を行う一助となるように配慮し、読みやすさと一覧性のバランスを取った。

③ 刑事弁護人と被害者代理人弁護士という相対立する立場から刑事手続を解説することによって、複眼的な視点を持てるようにした。

4 お世話になった方々

まず本書の作成のきっかけとなる講義案の作成を発案して頂き、執筆者達を叱咤激励して頂いた龍谷大学「法律事務実務」担当講師の方々、また龍谷大学において本書原案への意見を頂戴した学生の諸君に深く感謝したい。

また、京都で法律事務職員として活躍されている田井清子氏には、本書執筆にあたり多大なご意見を頂戴した。本書には女性視点での記載も加味しているが、田井氏の助言なしには本書は成り立たなかったであろう。

本書出版社の成澤壽信氏からは体裁や構成に関する多角的な意見を頂戴した。執筆者だけでは気付かなかった視点を提供して頂き、本書がさらにわかりやすいものに変身したのではないかと思う。

最後に、本書の執筆作業の当初から、会合のために、事務所を会議室として提供していただいた、あしだ総合法律事務所の芦田禮一先生に深く感謝したい。芦田先生は、昨年他界され、本書の完成を報告することができなかったが、本書の完成を誰よりも喜んでくださったに違いない方である。万感の思いをもって、感謝の気持ちを捧げたい。

2016（平成28）年6月　執筆者一同

ストーリーでわかる！
パラリーガル実務ガイド（刑事弁護・被害者支援）

目次

巻頭言 ………………………………………………… 加島宏 ……… iii
はしがき ………………………………………………………………… iv
凡例 …………………………………………………………………… xvii
参考文献 ……………………………………………………………… xviii

第1部 刑事弁護

第1編 ストーリー ……………………………… 吉山仁

登場人物の紹介 ……………………………………………… 4
1 事件の発生 ………………………………………………… 5
2 捜査機関による身柄の拘束 ……………………………… 13
3 事件の受任 ………………………………………………… 16
4 起訴 ………………………………………………………… 33
5 保釈 ………………………………………………………… 40
6 判決 ………………………………………………………… 49
事件時系列表 ………………………………………………… 57

第2編 解説

第1章 刑事手続の概要 ……………………… 西垣貴文

1 刑事手続の目的 …………………………………………… 65
　(1) 刑事手続の目的 ………………………………………… 65
　(2) 憲法と刑事訴訟法 ……………………………………… 66

2 刑事手続に関わる者 — 66
- (1) 捜査機関（攻撃する者） — 66
- (2) 被訴追者（防御する者） — 68
- (3) 裁判機関（審理するもの） — 68
- (4) 犯罪被害者（被害者） — 69

3 刑事手続の流れ — 70
- (1) 捜査 — 70
- (2) 公訴の提起（起訴） — 71
- (3) 公判手続 — 71
- (4) 判決 — 71
- (5) 上訴 — 72
- (6) 刑の執行 — 72

第2章 捜査機関による身柄の拘束（逮捕・勾留） ……… 吉山仁

1 令状主義 — 76
2 逮捕 — 77
- (1) 定義 — 77
- (2) 逮捕の種類 — 78
- (3) 逮捕に伴う身柄拘束期間 — 78

3 捜査機関による身柄拘束の手続 — 80
4 勾留 — 81
- (1) 定義 — 81
- (2) 起訴前勾留（被疑者勾留）と起訴後勾留（被告人勾留） — 81

5 逮捕・勾留中の取調べ — 81
6 身柄拘束の場所 — 82

法律事務所の仕事1　勾留・接見禁止等に対する対応

1 勾留状謄本の交付申請 — 84
2 勾留理由の開示請求 — 85
3 勾留決定に対する不服申立て — 85
4 接見等禁止決定に対する不服申立て — 85
5 物品の授受 — 86

第3章 事件の受任　　西垣貴文

1 刑事事件の依頼(相談)から受任 ―― 89
2 当番弁護士制度 ―― 90
3 刑事事件の弁護人 ―― 91
4 私選弁護人 ―― 92
　(1) 弁護人の選任権者 ―― 92
　(2) 弁護人選任届の作成方法 ―― 92
　(3) 委任契約 ―― 93
5 国選弁護人 ―― 93
　(1) 被疑者国選弁護制度 ―― 94
　(2) 被告人国選弁護制度 ―― 94
6 刑事被疑者弁護援助制度 ―― 95

法律事務所の仕事❷　当番弁護士出動要請への対応

1 法律事務所に当番弁護士の出動要請があった場合 ―― 96
2 弁護人選任届の提出方法 ―― 97
3 委任契約書の作成方法 ―― 97
4 被疑者国選弁護を受任する場合 ―― 98
5 被告人国選弁護を受任する場合 ―― 99

第4章 公訴の提起(起訴)　　山本真

1 概説 ―― 105
2 公訴の提起(起訴) ―― 107
　(1) 公判請求(正式裁判) ―― 107
　(2) 略式命令請求 ―― 107
3 不起訴処分 ―― 108
　(1) 訴訟条件を欠く場合 ―― 108
　(2) 被疑事件が罪とならない場合 ―― 108
　(3) 犯罪の嫌疑がない場合 ―― 108
4 家庭裁判所送致 ―― 109
5 追起訴 ―― 109

法律事務所の仕事❸ 処分結果の確認とその後の対応

1 処分結果の確認 ——————————————— 111
2 起訴状の写しの受取り ————————————— 111
3 証拠書類等(公判前記録)の閲覧・謄写 ———————— 111
4 検察側の証拠に対する意見の通知(検察庁宛) —————— 112
5 事前準備連絡票の提出(裁判所宛) —————————— 112

第5章 公判 ……………………………………………… 西垣貴文

1 公判 ———————————————————— 116
2 裁判体 ——————————————————— 116
3 公訴の提起(起訴)から第1回公判期日前まで ————— 117
　(1)起訴状謄本の送達 ————————————— 117
　(2)弁護人選任等の告知 ————————————— 117
　(3)公判期日の指定 —————————————— 118
4 公判手続 —————————————————— 118
　(1)冒頭手続 ————————————————— 118
　(2)証拠調べ手続 ——————————————— 120
　(3)弁論手続 ————————————————— 121
　(4)判決の宣告 ———————————————— 122

法律事務所の仕事❹ 公判期日に向けての対応

1 期日調書 —————————————————— 123
2 公判期日変更申請 —————————————— 123
3 弁護人証拠(弁号証)の作成方法 ——————————— 123
4 弁護人証拠書類(弁号証)の提出方法 ————————— 124
5 公判記録の閲覧・謄写の方法 ———————————— 124

第6章 保釈 ……………………………………………… 山本真

1 概説 ———————————————————— 127
2 保釈保証金 ————————————————— 129
3 保釈の条件 ————————————————— 129
4 保釈の請求権者 ———————————————— 130

5 保釈請求書 ——————————————— 130
- (1) 書面による請求 ——————————————— 130
- (2) 保釈請求書の提出先 ——————————————— 131

6 不服申立て(準抗告・抗告・特別抗告) ——————————————— 131
- (1) 保釈却下決定に対する弁護人の不服申立て ——————————————— 131
- (2) 保釈許可決定に対する検察官の不服申立て ——————————————— 132
- (3) 準抗告・抗告の決定に対する不服申立て ——————————————— 132

法律事務所の仕事 5 　保釈請求の手順

1. 公判請求 ——————————————— 133
2. 保釈請求 ——————————————— 133
3. 検察官への求意見・検察官の意見書提出 ——————————————— 134
4. 裁判官と弁護人との面談 ——————————————— 134
5. 保釈決定 ——————————————— 135
6. 保釈保証金納付 ——————————————— 135
7. 裁判所から検察庁に連絡・検察庁から身柄拘束場所に連絡 ——————————————— 136
8. 被告人保釈 ——————————————— 137

第7章　判決　　　　　　　　　　　　　　山本真

1. 概説 ——————————————— 142
2. 判決の種類 ——————————————— 142
   - (1) 有罪判決 ——————————————— 143
   - (2) 執行猶予付判決 ——————————————— 143
   - (3) 無罪判決 ——————————————— 144
3. 判決の宣告 ——————————————— 145

法律事務所の仕事 6 　判決後の対応

1. 控訴の準備(上告も同様) ——————————————— 147
2. 再保釈請求の準備(勾留の執行停止の申立ても同様) ——————————————— 147
3. 身柄が解放された場合の対応 ——————————————— 147
4. 保釈保証金の還付 ——————————————— 147
5. 判決書の謄本の交付請求 ——————————————— 148

第8章 上訴 　　　　　　　　　　　　　　　　　　吉山仁

- 1 概説 ──────────────────────── 150
- 2 上訴権者 ──────────────────── 150
- 3 控訴 ───────────────────────── 151
  - (1) 控訴申立書の提出 ───────── 151
  - (2) 控訴趣意書の提出 ───────── 152
  - (3) 弁護人選任届の提出 ─────── 152
  - (4) 保釈(再保釈)申請 ───────── 152
- 4 上告 ───────────────────────── 153
- 5 抗告 ───────────────────────── 154
  - (1) 抗告と控訴・上告の違い ──── 154
  - (2) 抗告の種類 ───────────── 154
  - (3) 抗告の申立方法 ─────────── 156
  - (4) 準抗告 ──────────────── 156
- 6 再審 ───────────────────────── 157
  - (1) 再審とは ─────────────── 157
  - (2) 再審事由 ─────────────── 157
  - (3) 再審の手続 ───────────── 157

法律事務所の仕事7　控訴、準抗告の手続

- 1 控訴の提起 ────────────────── 159
- 2 控訴趣意書の提出 ───────────── 160
- 3 準抗告の申立て ─────────────── 160

第3編　書式・資料集　　　　　　　　　　　　　　　西垣貴文

- 資料・書式一覧表 ────────────── 164
- 資料1　逮捕状(通常逮捕) ───────── 166
- 資料2　勾留状謄本 ─────────────── 167
- 書式3　勾留状謄本交付申請書 ────── 169
- 書式4　弁護人選任届 ──────────── 170
- 書式5　接見等禁止決定一部解除の申立書 ── 171
- 書式6　委任契約書 ─────────────── 172
- 資料7　起訴状 ────────────────── 174

資料8　お願い（事前準備について） —— 175
書式9　事前準備連絡票（弁護人用） —— 176
資料10　接見等禁止決定謄本 —— 177
資料11　証拠書類・証拠物閲覧申請書（京都地検） —— 178
資料12　公判記録謄写依頼書（京都地検） —— 179
資料13　証拠等関係カード（検察官） —— 180
書式14　証拠意見の回答依頼書及び同意見書 —— 181
書式15　期日請書 —— 182
書式16　証拠調べ請求書 —— 183
資料17　弁号証 —— 184
書式18　刑事事件記録等閲覧・謄写票 —— 185
書式19　保釈請求書 —— 186
書式20　身元引受書 —— 187
資料21　保釈請求却下決定謄本 —— 188
資料22　求意見書兼意見書 —— 189
資料23　保釈許可決定謄本 —— 190
書式24　保管金提出書 —— 191
資料25　保管金受領証書 —— 192
資料26　判決謄本 —— 193
書式27　判決謄本交付申請書 —— 194
書式28　控訴申立書 —— 195

第2部　被害者支援

第1編　ストーリー　　　　　　　　　　　　　山本真

登場人物の紹介 —— 200
1　事件の発生 —— 201
2　被害者支援相談の申込み —— 201
3　法律相談 —— 205
4　被害者参加弁護士 —— 212
5　第1回公判 —— 216
6　第2回公判 —— 218

    7 心情等に関する意見陳述 ―――――――――――― 219
    8 判決 ――――――――――――――――――――― 222
    9 控訴 ――――――――――――――――――――― 227
    10 民事事件の法律相談 ――――――――――――――― 228
   事件時系列表 ――――――――――――――――――― 230

第2編 解説

第1章 被害者支援の概説 ―――――――――――― 山本真
   1 序説 ――――――――――――――――――――― 234
   2 被害者等の支援機関・団体 ――――――――――――― 236
    (1) 弁護士会 ――――――――――――――――――― 236
    (2) 法テラス ――――――――――――――――――― 237
    (3) 捜査機関 ――――――――――――――――――― 237
    (4) 民間支援団体 ――――――――――――――――― 237
   3 被害者側代理人としての弁護士の役割 ―――――――― 238

第2章 相談・受任 ―――――――――――――― 西垣貴文
   1 犯罪による精神的被害 ―――――――――――――― 241
   2 相談の際の留意事項 ――――――――――――――― 241
   3 弁護士費用等に関する援助制度 ――――――――――― 243
    (1) 序説 ―――――――――――――――――――― 243
    (2) 犯罪被害者法律援助制度(日弁連委託援助事業) ―――― 243
    (3) 国選被害者参加弁護士制度 ―――――――――――― 245
    (4) 民事法律扶助制度 ――――――――――――――― 246

第3章 捜査段階での被害者支援 ――――――――― 山本真
   1 序説 ――――――――――――――――――――― 248
   2 被害届・告訴・告発 ――――――――――――――― 249
   3 捜査機関からの情報取得 ――――――――――――― 250
    (1) 概説 ―――――――――――――――――――― 250
    (2) 被害者連絡制度(警察からの情報取得) ――――――――― 250

(3)被害者等通知制度(検察庁からの情報取得) ——— 250
　4 犯罪被害給付金制度 ——— 251
　　(1)対象となる犯罪 ——— 252
　　(2)受給資格者 ——— 252
　　(3)給付金の種類 ——— 252
　　(4)申請手続 ——— 253
　　(5)申請期限 ——— 253
　　(6)損害賠償金に関する注意点 ——— 253
　5 不起訴の場合の対応等 ——— 253
　　(1)検察審査会に対する審査の申立て ——— 253
　　(2)不起訴記録の閲覧・謄写 ——— 254

第4章 公判段階での被害者支援　　　山本真

　1 序説 ——— 256
　2 性犯罪等の被害者の情報保護 ——— 257
　3 公判の傍聴 ——— 258
　4 心情等に関する意見陳述 ——— 258
　5 証人尋問・意見陳述の際の付添い等 ——— 259
　　(1)付添い ——— 259
　　(2)遮へい ——— 259
　　(3)ビデオリンク方式による証人尋問 ——— 260
　　(4)被告人・特定の傍聴人の退廷 ——— 260
　6 刑事和解 ——— 260
　7 被害者参加制度 ——— 261
　　(1)概説 ——— 261
　　(2)被害者参加の対象となる犯罪 ——— 262
　　(3)被害者参加の申出ができる者 ——— 262
　　(4)被害者参加の申出の時期及び方法 ——— 262
　　(5)被害者参加人の権限 ——— 263
　　(6)被害者参加人への付添い・遮へい ——— 265
　　(7)被害者参加弁護士 ——— 265
　　(8)被害者参加弁護士の権限 ——— 268
　　(9)被害者参加弁護士の役割 ——— 268
　　(10)控訴審における被害者参加 ——— 270

法律事務所の仕事 8 **事件記録の閲覧・謄写方法（被害者側の場合）**
 1 不起訴記録 ——————————————————— 271
 2 起訴後から第1回公判期日前の記録（検察側の証拠書類等） —— 272
 3 第1回公判期日後から裁判終結までの記録（訴訟記録） ——— 273
 4 裁判確定後の記録（確定記録） ———————————— 274

第5章 損害賠償命令 　　　　　　　　　　　　吉山仁
 1 損害賠償命令とは ——————————————————— 277
 2 対象となる犯罪 ——————————————————— 278
 3 手続 ——————————————————————— 278
  (1) 申立て ————————————————————— 278
  (2) 審理 —————————————————————— 278
  (3) 裁判 —————————————————————— 279
  (4) 異議 —————————————————————— 279
 4 民事訴訟手続への移行 ————————————————— 280

法律事務所の仕事 9 **損害賠償命令の具体的な申立ての方法**
 1 申立書の提出 ———————————————————— 281
 2 審理 ——————————————————————— 281

第3編 書式・資料集　　　　　　　　　　　　山本真
 資料・書式一覧表 ——————————————————— 284
 資料1 被害者参加許可通知書 ——————————————— 286
 資料2 被告人質問等の通知書 ——————————————— 287
 書式3 委託届出書 ——————————————————— 288
 資料4 国選被害者参加弁護士選定書 ————————————— 289
 資料5 交通事故証明書申請用紙 —————————————— 290
 書式6-1 処分結果の照会書 ———————————————— 291
 書式6-2 処分結果の回答書 ———————————————— 292
 書式7 確約書（検察庁用） ———————————————— 293
 書式8 刑事事件記録等閲覧・謄写票 ————————————— 294
 書式9 確約書（裁判所用） ———————————————— 295
 資料10 第1回公判調書 ————————————————— 296

資料11	第2回公判調書	298
資料12	第3回公判調書	300
資料13-1	冒頭陳述要旨の送付書	301
資料13-2	冒頭陳述要旨	302
書式14	損害賠償命令申立書	303
資料15	損害賠償命令決定正本	304

コラム

コラム1	法律事務職員になるためには?	74
コラム2	時間との勝負	83
コラム3	被疑者はどこに?(在監の確認と接見の調整)	87
コラム4	勾留状謄本の受領に時間がかかる!?	88
コラム5	「銃刀法(じゅうとうほう)」?	100
コラム6	被疑者段階での弁護人選任届の提出	101
コラム7	被告人国選事件の立会時間の確認	102
コラム8	略式命令で罰金になる場合	114
コラム9	「検号証」と「弁号証」	126
コラム10	日本保釈支援協会	138
コラム11	法律事務職員として心がけていること	239
コラム12	相談を受けている弁護士が国選被害者参加弁護士になれるのか?	275

失敗談

失敗談1	弁護人選任届の提出先って……!?	103
失敗談2	待ちくたびれて	115
失敗談3	連絡は綿密に	137
失敗談4	印鑑が違う??	149
失敗談5	お金が出ない!!	161

監修者・著者プロフィール ──── 306

凡　例

1　法令の表記

本書では、以下の略語を用いた。略語にない法令は正式名称を用いた。

刑訴法	刑事訴訟法
刑訴規則	刑事訴訟規則
保護法	犯罪被害者等の権利利益の保護を図るための刑事手続に付随する措置に関する法律
犯給法	犯罪被害者等給付金の支給等による犯罪被害者等の支援に関する法律
検審法	検察審査会法
収容法	刑事収容施設及び被収容者等の処遇に関する法律

2　パラリーガル・法律事務職員の表記

　アメリカやイギリス等の欧米諸国では、専門的知識と技術を身に着けて弁護士の補助者を務めるスタッフのことを、特に「パラリーガル」と呼んでおり、「パラリーガル」になるためには一定の資格試験に合格することが要件となっている。それらの国では、「パラリーガル」は、法律事務所の中で弁護士と通常の事務員（クラーク）との中間に位置する専門職として扱われている。

　その影響から、わが国においても、専門的知識と技術を身に着けて弁護士の補助者を務めるスタッフを「パラリーガル」と呼ぶこともあり、募集職種を「パラリーガル」として、他のスタッフと分けて採用している法律事務所も見られるようになった。最近では、テレビドラマで「パラリーガル」が登場したり、就職情報誌等で紹介されるようにもなった。そのため、本書のタイトルでは、「パラリーガル」と表記した。

　もっとも、わが国では、「パラリーガル」が資格として認められていないこと、また、日本の法曹界では、「法律事務職員」と呼ぶのが一般的であること（日本弁護士連合会の制度でも「法律事務職員能力認定制度」としている）から、解説では、「法律事務職員」の呼称で表記した。

参考文献
著者・編集者の50音順

書籍

池田修＝前田雅英『刑事訴訟法講義〔第5版〕』(東京大学出版会、2014年)

伊藤真『伊藤真の刑事訴訟法入門〔第4版〕――講義再現版』(日本評論社、2014年)

上口裕『刑事訴訟法〔第3版〕』(成文堂、2012年)

岡村勲監修『犯罪被害者のための新しい刑事司法〔第2版〕』(明石書店、2009年)

九州弁護士会連合会・大分県弁護士会編『犯罪被害者の権利と救済』(現代人文社、1999年)

裁判所職員総合研修所監修『刑事訴訟法概説〔三訂再訂版〕』(司法協会、2012年)

三修社編集部編『はじめて学ぶ法律〔刑法〕〔刑事訴訟法〕〔初版〕』(三修社、2012年)

白取祐司『刑事訴訟法〔第8版〕』(日本評論社、2015年)

新保義隆『入門map刑事訴訟法〔初版〕』(早稲田経営出版、2011年)

第一東京弁護士会犯罪被害者保護に関する委員会編『被害者参加・損害賠償命令制度の解説』(東京法令出版、2008年)

第一東京弁護士会犯罪被害者に関する委員会編『ビクティム・サポート(VS)マニュアル――犯罪被害者支援の手引き――〔第4版〕』(東京法令出版、2013年)

武井康年＝森下弘編著『ハンドブック刑事弁護』(現代人文社、2005年)

田宮裕『刑事訴訟法〔新版〕』(有斐閣、1996年)

東京弁護士会法友全期会刑事弁護研究会編『刑事弁護マニュアル〔全訂〕』(ぎょうせい、2012年)

東京弁護士会法友全期会犯罪被害者支援実例研究会編『Q&A犯罪被害者支援マニュアル』(ぎょうせい、2010年)

犯罪被害者支援弁護士フォーラム編『ケーススタディ被害者参加制度――被害者に寄り添った活動の実践のために――』(東京法令出版、2013年)

法務省法務総合研究所編『犯罪白書〔平成27年版〕』(法務省法務総合研究所、2015年)

三井誠＝酒巻匡『入門刑事手続法〔第5版〕』(有斐閣、2010年)

安冨潔『やさしい刑事訴訟法〔第6版〕』(法学書院、2013年)

早稲田経営出版編『面白いほど理解できる刑事訴訟法〔初版〕』(早稲田経営出版、2012年)

その他（雑誌・冊子・パンフレット等）

大阪弁護士会研修センター編『弁護士研修速報411号・第1回犯罪被害者支援研修──犯罪被害者精通弁護士とは──杉本吉史』（大阪弁護士協同組合、2013年）

関東弁護士会連合会編『犯罪被害者支援と弁護士・弁護士会の役割──現状と今後の課題──』（関東弁護士会連合会、2000年）

京都弁護士会犯罪被害者支援委員会編『犯罪被害者支援ガイドブック』（2015年）

警察庁犯罪被害者支援室編『警察による犯罪被害者支援〔平成27年版〕』（2015年）

警察庁犯罪被害者支援室編『犯罪被害給付制度のご案内──犯罪被害にあわれた方＆ご遺族の方へ』（2015年）

検察庁編『犯罪被害者の方々へ──被害者保護と支援のための制度について』（2015年）

内閣府犯罪被害者等施策推進室編『内閣府犯罪被害者支援ハンドブック・モデル案』（2008年）

日本司法支援センター編『国選弁護関連業務の解説〔平成28年1月改訂版〕』（2016年）

法務省法務総合研究所編『研修教材刑事手続概要〔4訂版〕』（法務省法務総合研究所、2009年）

『刑事弁護ビギナーズ2』季刊刑事弁護増刊（現代人文社、2014年）

第1部 刑事弁護

第1編　ストーリー

登場人物の紹介

東山法律事務所

所長弁護士
姉小路大助（あねこうじ だいすけ）
刑事弁護を多く手がける熱血弁護士。「全ての被告人に、適正な裁判を受ける権利がある」ということをモットーとし、人権派として知られる。

勤務弁護士
六角次郎（ろっかく じろう）
東山法律事務所の勤務弁護士。いわゆる「イソ弁」。
人柄は温厚だが、姉小路も認める優秀な人材。

法律事務職員
出町 通（でまち とおる）
姉小路の刑事事件を中心に補佐する優秀な事務職員。

井上坪子（いのうえ つぼこ）
事務所のベテラン事務職員。六角の仕事を補佐。
姉小路、六角も一目おく存在。

佐藤新香（さとう あらか）
大学卒業後入所し、1年目の新人事務職員。

被疑者・被告人家族

烏丸和則（からすま かずのり）
今回の刑事事件の当事者。

烏丸一郎（からすま いちろう）
居酒屋を営む。実直な父。

烏丸陽子（からすま ようこ）
一郎を支え続けてきたが、その反面、息子の和則が犯罪を犯してしまったことが、自分の責任のように思ってしまっている。気の弱い面がある。

烏丸まみ	烏丸花麗奈（かりな）	烏丸亜美花（あみか）	烏丸龍翔（りゅうしょう）
妻	長女（9歳）	二女（6歳）	長男（1歳）

恐喝に関する被害者

木津川市郎（きつがわ いちろう）
下水道配管業者・安心館勤務（現場責任者）。

園部町太（そのべ まちた）
木津川の同僚。安心館勤務（修理担当者）。

1　事件の発生

12月19日

　午後3時過ぎ、その日も、烏丸和則は、いつものように四条通から南に100メートルほどのところにある月極の駐車場に車をとめた。
　車を降りると、冷たい空気が頬をかすめた。相変わらず、京都の冬は底冷えする。盆地という地形からくるのか、京都は、冬の寒さと夏の暑さの差が大きい。和則も、冬の寒さが嫌いではないが、それでもこの時期に長い時間外を歩くことは、あまり好きではなかった。
　駐車場から道路に出ると、小走りで四条通りに出て、四条通り沿いに2ブロック進んだ後、祇園の花見小路通を北折した。これから、仕事場に行って、営業開始のための準備を進めるためである。
　クリスマス前ということもあって、四条通りには、赤や緑、金色や銀色などの装飾がいたるところに見られた。夕方ということもあって、まだネオンは灯っていないが、祇園界隈の四条通りは、市内でも有数の繁華街とあって、夜になると別世界のように賑やかになってくる。
　年の瀬が迫ってくると、クリスマスや忘年会などのイベントが多くなるので、その賑やかさもひときわである。
　和則は、華やかな装飾の数々をよそ目に、店舗に急いだ。

　烏丸和則は、京都最大の歓楽街である祇園に店舗を構える、クラブ「桃」の店長である。
　店長といっても、実は名ばかり。実際には店のオーナーがおり、和則はオーナーに雇われて店長をやっている、「雇われ店長」である。
　1年前に、前の店長が、従業員の女性達ともめ事を起こし、急遽、当時フロアー店員として働いていた和則が店長に抜擢されたのである。

クラブ「桃」は、時間制の安価な値段設定で、営業をしていた。

かつて、現在と同じオーナーが、異なる名称で高級クラブを経営していたが、景気の低迷による経営不振により、営業方針を転換し、「桃」という名称で新たに、安価な値段設定を売りにする店舗形態に変更したのである。俗にいう「キャバクラ」と言える営業形態であった。

そのため、高級店時代に働いていた女性達は、自分を安売りするような形態を嫌い、他店に鞍替えするなどしたため、現在は、就職難に飲まれて定職が持てず、高時給バイトを望んでいる若い女性達を時給形態で雇っている。

ただ、それだけでは、容姿の良い女性達は、なかなか食いついてくれないので、定額の時間給バイト料に加えて、売上げの歩合給（いわゆる指名料）を支給することによって、人気が出れば収入が増えるというシステムを取っていた。歩合給を支給しても、高級店の時よりは、女性達に支払う人件費はかなり削減されていた。

反面、このことにより、歩合給欲しさに、客からの評判を気にし、女性同士で揉めることもあったし、場合によっては、自分を指名してくれている客の扱いに不満を抱く女性達もおり、前店長とバイト女性達の間で、いざこざが起こることも頻繁にあったのである。

前店長は、何事にも女性達からの受けが悪く、毎日のように、もめ事を起こしていたため、女性が長く居着くことがなかった。そのため、固定客の獲得がうまくいかない状況だった。それが原因で、前店長は、オーナーの機嫌を損ね、解雇されたのである。

そんな折、客引き・フロアー店員時代から、店の女の子達とは折り合いが良かった和則は、女性受けを見込まれて、店長に指名された。

昔、暴走族のリーダー格であった和則は、「イケメン」と言われる容姿と独特の男気もあって、当時から女性に人気があった。多くの女性達と付き合った経験から、従業員の女性達の扱いには長けているところもあった。

その甲斐もあって、和則が店長に就任してからの1年、辞めていく女性達は少なく、それに伴って固定客も増え、店の売上げは上昇傾向にあった。

この業界は、客の評判や、店の女の子の評価が、売上げに直結する。店長と

しては、売上げ向上のため、女性の扱いを事細かく気遣いをする必要がある。
　和則は、店のオーナーの機嫌を損ねないよう売上げを維持するため、店の運営のために相当な気遣いを強いられることになった。
　正直、オーナーとアルバイトの女性達、双方への機嫌取りをしながら、店舗運営をしていくことは、大変であった。
　もともと、規則に従うことが嫌いで、学校もまじめに通っていなかった和則にとっては、周囲の人間の顔色を伺い続けなければならない日々は、経験したことのない心労を伴い、苛立ち感が常に付きまとっていた。
　雇われ店長なんて辞めてしまいたいと思ってはいたが、知り合いのツテで客引きから始め、その後フロアー店員になり、その上、トントン拍子で店長にまで抜擢されたこの仕事を放り投げれば、同等の収入を得られる仕事につくことは容易なことでない。和則にとってもそのことは身に染みて感じられていた。それで、何とか日々、心労を誤魔化しながらやり過ごしているという状態だった。

　この日も和則が、店の準備をしていると、男性従業員の伏見が、和則のところに、眉間にシワを作りながらやって来て、酒焼けでしわがれた声でつぶやいた。
「和則さん、またですよ」
「どうした？」
「トイレですよ、トイレ。また、詰まりましたよ。詰まった上に流した水が逆流してきましたよ。おかげでトイレの中、水浸しっすよ。昨日、業者に処理させたところですよね？」
「なんやねん。またか。どないなってんねん！」
　和則は、苛立ちをあらわにした。
　日々のストレスは、発言一つにも現れていた。店には、トイレは１つしかなく、客と従業員の女性達は、トイレを共有する形となっている。
　トイレを確認しにいくと、伏見の言ったとおり、トイレの水が便器から溢れ

出していた。その上、汚水が逆流しているため、異臭も溢れている状態だった。
　「桃」は3階建てのビルの2階にある。店舗のオーナーは、ビルのオーナーと同一人物であり、ビルのオーナーからは、店舗の器具の不具合等は、雇われ店長である和則が自ら処理するように指示されていた。
　そのため、昨日、トイレに不具合が生じた際も、和則が自ら下水道の配管業者を手配して、修理をさせていた。
　昨日は、営業時間中の深夜にトイレが詰まったため、
　『水道や下水道の不具合は24時間対応します』
　という売り文句の「安心館」という業者に、電話し、その場は何とか収めることができた。
　しかし、その際にも、1時間ほどの間、客や女性従業員達がトイレを使えないため、1階の飲食店の店舗のトイレを借りたりする必要があり、従業員達は右往左往させられた。その上、異臭が店舗内に立ちこめたため、接客中の女性達や、客からは相当なクレームが店長に浴びせられていた。ある客は、金を返せと息巻いたため、和則が土下座をした上で、支払の半額を返金する騒ぎになった程である。根っから人に平伏するのが嫌いな性格の和則は、この上ない苦痛を味わったのである。

　「くそっ‼　あの業者、ええかげんにせえよ‼」
　和則は、そうつぶやくと、すぐに昨晩電話した業者に電話をかけた。電話をかけると、ハキハキした電話受付の女性が対応した。
　「24時間安心の、安心館でございます！」
　「昨日修理してもろた祇園の桃の店長やけどな。どないなってんねん、コラッ。全然、修理できてないやないか‼」
　突然の威圧的な言葉に、電話口の女性が明らかに動揺している。
　「ど・どういったご事情でしょうか？　詳しくお聞かせ頂けますか？」
　「どういったもこうしたもないんじゃ‼　修理ができてないねん。また、水が溢れてきてるんじゃ。何が24時間安心じゃ。ええ加減なこというなよ！」
　「あ、あの……落ち着いてお話していただけますか……」

女性は、動揺を悟られまいと、何とか対応を続けようとした。
「落ち着いてられるか！　話しは現場でするわい。とりあえず、すぐに修理しにこさせろ。責任者も一緒に来させろや!!」
　和則は、電話応対した業者の女性に対して、苛立ちをそのままぶつけた。女性は、自ら対応し続けることをあきらめると、責任者と名乗る男性に電話を交代した。対応した木津川という責任者は、すぐに「桃」に出向くと言って、和則を何とか説得し、電話を切った。

　和則に呼び出された責任者の木津川市郎は、1時間後に店舗に到着した。
　年の瀬の夕刻ということもあり、空いているコインパーキングを探すのに手間取ったため、店舗に到着するのが予想より遅くなってしまった。
　昨日、修理をした修理作業員の園部も同行していた。
　店舗に到着すると、木津川は、
「失礼します!!　安心館です。遅くなって申し訳ありません」
と丁重な姿勢で挨拶をした。
　入り口で応対した伏見に招き入れられると、園部は、すぐにトイレの状況を見たいと言って、トイレに向かった。園部は、まず、便器一杯にたまった汚水を専用の機器で吸い上げた上で、修理に取りかかった。排水溝から吸い上げた汚水には、小さなビニール袋が複数入っており、それが、詰まりの原因となっていると思われた。
　その間に、伏見から、2人の来訪を告げられた和則は、店の一番奥まったところにあるソファーの奥の席に木津川を座らせて、自分もその対面に座り、ゆっくりとしたトーンで話しだした。
「あんたが、責任者かいな？」
　和則は、このような場合に、大きな声で怒鳴るよりも、落ち着いた口調で話しをした方が、相手に圧迫感を与えるということは、それまでの経験でよく知っていた。
　暴走族時代にも、暴走族からヤクザになった先輩などから、話しを聞くこと

も多く、その業界では交渉の際には、最初は声を荒げずに話しを進めるということを耳にしていた。和則は、まさに今、その話し方が効果的だと感じていた。
「はい。責任者の木津川と申します」
　木津川は、うつむき加減で、和則に名刺を差し出した。
　和則は、名刺を受け取り、2分ほど黙ったまま腕組みをして、木津川を睨み付けたあと、また低いトーンで話し出した。
「昨日、おたくの作業員に直してもらったところやねんけどね。高い金出して」
「はい」
「おかしないか？　普通、直して次に日にまた同じことになるのは明らかにおかしいやろ。誰がどう見ても、おたくの会社の不手際ちゃうか？」
「いえ、その点に関しては、ビル全体の配管をチェックしてみないと分からないと、作業員も申しておりまして。昨日も、排水管から、ビニール袋が出てきたと言っておりまして……」
　ビニールという言葉を聞いた和則は、ソファーにもたれ掛っていた体を前に押し出し、顔を木津川に向けて近づけて、更に険しい表情で睨みつけて言った。
「なんや、こっちが悪いっていうんか？」
「いえ、そう言う訳では……。あくまで調べてみないと…」
　その言葉を聞いて、トーンを抑えていた和則も、苛立ちを抑えられなくなった。
「いやいや、昨日はそんな話しなかったで。これは明らかに、あんたらの不手際やろ。普通、こんな不手際あったら、料金を返却するだけやなくて、迷惑料として謝罪のお金持ってくるのが普通ちゃうんかいな」
「……………………」
　態度が豹変していく和則に対峙し、木津川は、何も言わずに、ただ恐怖のあまり、うつむいていた。
　さすがに、暴走族時代から、修羅場を経験してきたこともあり、息巻き始めた和則の眼光は鋭く、木津川は、その目を凝視できなかった。
　周りから見れば、蛇に睨まれたカエルのような状態だったろう。
　和則は続けた。

「別に、こんなことで、1000万持ってこいって、無理言ってるわけやないで。ただ、迷惑料としてそれなりに納得行く額を揃えて持ってくるのが普通ちゃうかって言うてんねん。実際に、今日、こんだけ臭いしとったら営業に差し支えるで。昨日、きっちり直してもらってたらこんなことないねん。今日、営業できへんかったら、まあ、少なくとも帯のついた札束1つ分位は損するわな。今、かきいれ時やねん。札束、1つ以上やったら、納得するけどな。どないやねん。正直、こういう業界におったら、いろいろ知り合いおるしな。結構無茶する知り合いもな。まあ、居るわな。無視するようやったら、おたくの会社にそれなりに良くないことが起こるかもしれんな〜。従業員も、行き帰り気をつけなあかんな。会社もずっと見張っとかな知らんで。いわゆる『火の用心』…っちゅうやつかいな〜。なぁ、分かるやろ？」

　もはや、木津川は、考えを巡らす力すら失われていた。ただ、この場から逃げ出したい、その一心だった。それほど、和則の態度は威圧的で、味わったことのない恐怖感を感じざるを得なかった。

「別に、今、この場に持って来いっていうてるんやないけどな。
　まあ、そっちの気持ちちゅうか、誠意を見せて欲しいだけやねんけどな」

　多少、口元に笑みを見せた和則だったが、その目つきは、全く笑顔とはそぐわない鋭いものだった。

　木津川の見た目からして、おとなしい性格の人間であると本能的に察知していた和則は、話しながら、木津川が威圧されていくのが手に取るように分かった。

　案の定、緊張で赤く火照っていた木津川の顔色は、徐々に血の気を失っていった。そんな状況を見ながら、和則は、日頃のストレスが、解消できているような気になってますます増長していった。

　その後も、約30分ほど、和則の木津川に対する威圧は続いた。

　その間、園部も修理は終えていたものの、店舗内の緊張した雰囲気に飲まれ、トイレから出て、木津川の元に報告に行くことすらできなかった。

　30分ほどして、トイレの修理ができたことを確認すると、和則は、木津川

と園部を帰らせた。営業の準備を進める必要があったからである。ただ、和則は、木津川の態度からして、木津川らの会社から、いくらかは、謝礼金を取れるだろうと思っていた。

　とりあえず、園部と一緒にクラブ「桃」を後にした木津川は、少し離れたところに駐車した車のコインパーキングに向かいながら、黙って考え込んでいた。このままでは、会社に対して和則の金員の要求や嫌がらせが収まらないのではないか……。
　そんな恐怖心に駆られていた。
　和則の言った「火の用心」という言葉が、心に残っていた。
　実は、木津川は、和則からテーブルに案内される際に、スマートフォンで時間を確認する振りをしながら、何かの役に立つだろうと思い、ボイスメモボタンを押していた。
　そのため、木津川のスマートフォンには、和則とのやりとりが一部始終録音されているはずだった。
　木津川は、駐車していた社用車の助手席に乗り込むと、スマートフォンのボイスメモの再生ボタンを押してみた。すると、和則との一部始終が鮮明に再現された。
「録音してたんですか？」
　運転席で、助手席に座った木津川のスマートフォンから突然流れ出したボイスメモの音声を聞いた園部は、目を丸くした。
「そうなんや。何かの役に立つかと思ってな。とっさに、ボタン押したんやけど」
「すごいですね。これって……、完全に恐喝じゃないんですか？」

　『恐喝』??

　この言葉に、木津川は、急に気持ちの高ぶりを感じた。
　そうだ!!

今さっき、自分が恐怖におののいていた状態は、まさに
『恐喝』
を受けていた状態だったんだ。れっきとした犯罪じゃないか！
　もし、このまま、自分がアクションを起こさなければ、これからも和則によって、会社に対する金員の要求が続くかもしれない。
　それを防ぐには……。
　やはり、警察に相談するべきではないか……⁉。
　そう考え込んでいる時、園部が、木津川に向かって続けた。
「木津川さん、実は、昨日も今日も、やっぱり排水溝からビニールが出てきたんですよね。詰まりは、明らかにこれが原因です。うちに非はないですよ。こんなんで、金もって来いなんていうのは無茶苦茶です。警察いきましょう。絶対、許せないですって！」
　園部の口調は、強いものだった。和則に威圧されていた木津川も、園部のその口調に少し勇気づけられた。
「よっしゃ。今から、この録音持って、警察に行こう！」
　木津川がそういうと、園部は、黙ってうなずき、車を発進させた。

2　捜査機関による身柄の拘束

年を越えて、2月11日

　午前8時を少し過ぎた頃。
　その日も、和則は、2階で眠りについていた。夜の仕事を終えて、帰宅するのは、朝5時頃になる。家に帰り、疲れ果てた体を横たえて、ようやく眠りに落ちたのが6時前であったため、8時頃は、いちばん眠りの深い時である。
　そんな時、和則は、遠くで叫ぶ母の洋子の声で、深い眠りから引き戻された。階下で、洋子が自分の名前を何度も叫んでいるのである。
「なんや、うるさいな〜」

床に敷いた布団の上で、和則は寝返りを打ちながら、寝ぼけ声で文句を言った。あまり、思考は働いていない。
　そんな時であった。
　階段を上がってくる大きな足音が聞こえた。
　明らかに、洋子の足音ではない。階段を踏みしめる音が、洋子よりも格段に重さを持ったものだった。しかも、複数人の音である。夢うつつの状態の和則には、細かな状況判断はできなかったが、いつもと違う雰囲気に違和感があった。そのため、階段の方に寝返りをうって、寝転んだままそちらを見ていると、サッと部屋の襖が開いた。
　そこには、大柄な男性が２人、仁王立ちをし、こちらを見ていた。
　和則は、海老が飛び跳ねるように起き上がり、なぜか枕を胸に抱いて、後ろへずり下がった。
「だ、誰や？」
　思わず、声を発した。
「あ～、え～と、烏丸和則さんやね？」
　大柄な男性のうち、前に立っている男がゆっくりとした口調で自分の名前を問うてきた。その声は落ち着き払っていて、それゆえ逆に威圧感があるように感じられた。
「そ、そうやけど」
「私らは、丸太町警察のもんやねんけどね。和則さんね。あんたに、恐喝容疑で逮捕状が出てるんやわ。これが逮捕状なんやけどね」
　男は、胸ポケットから、折られた紙片を取り出し、それを広げて和則の方に近づき、目の前に示した。
「恐喝未遂って分かるかな。相手を脅かして、金銭等を要求する行為が恐喝やね。まあ、金までは取ってないけど、脅して金を取ろうとした容疑やねんけどね」
　それを聞いて、和則は、激高した。
「なんやそれ！　俺、そんなことした憶えないぞ！　何で、そんな罪着せられなあかんねん！」

床に、枕を投げつけながら、叫んだ。
　しかし、2人の警察官は、そんな様子を意にも介しない様子で、続けた。
「まあ、話は警察署で聞くし。同行してくれるか？」
「そんなん、嫌に決まってるやろ！」
　和則は、大きな声で叫んだ。
「まあ、ほんなら、しゃあないわ。逮捕状出てるんやし。この場で逮捕するわな。え〜と、8時15分、恐喝未遂容疑で逮捕な」
　そう言うと、後ろにいた警察官が、サッと和則の横に回り、和則の腕に手錠をはめた。あまりの早さに、和則は抵抗すらできなかった。
「服は、仕事着のまま寝てたんかいな。ほな、着替えもええやろ。また、着替えは奥さんか、お母さんあたりに持ってきてもらい。とりあえず、行こうか」
　手錠をはめられたことで、それまで激高していた和則も、声を発さなくなった。これ以上、暴れても、無駄であることくらいは、和則にも理解できた。
　そのまま、警察官2人は、和則を間に挟む形で、前後になり、階段を下りた。
「和則！　和則！　なんや、あんた、また、なにしたんや！」
　洋子が、玄関の手前で、和則に掴みかかるような勢いで寄ってきた。
　そんな洋子を、前の警察官がなだめすかすように、手で押し返した。
　そして、和則に靴を履かせると、警察官は、和則を連れて玄関を出た。
　玄関前には、白のクラウンが横付けにされていた。
　車の助手席から、待機していた警察官のうちの1人が出てきて、後部座先のドアを開けた。その後部座席に、和則に乗るように促し、座らせると、連行している警察官が後部座席で和則を挟み込むように座った。
　後部座席のドアを外から閉めた警察官が助手席に乗り込むと、男5人を乗せた車は、合図をすることもなく、発進し、走り去った。

3　事件の受任

2月11日

　2月11日、11時を過ぎたころである。
　東山法律事務所で、事務職員の出町通は、いつもと変わらず、依頼者とのメールのチェックを行い、そのあと、法律事務職所に所属する弁護士姉小路大助及び六角二郎の予定の確認を行っていた。
　出町は、京都東山法律事務所の法律事務職員である。
　東山法律事務所は、経営者である弁護士の姉小路を筆頭に、勤務弁護士であるいわゆる「イソ弁」の六角という2人の弁護士がいる。
　その他に、法律事務職員として、出町のほかに、40歳のベテラン事務職員の井上と、大学を卒業して入所1年目の佐藤という2人の女性の事務職員がいる。京都の弁護士事務所では、弁護士が1人の事務所も多く、経営者である弁護士が、「イソ弁」を雇って事件を処理していくという事務所が多い。そして、事務職員は弁護士と同数か、若干多めにいるという事務所が多い。東山法律事務所もそんな一般的な事務所の1つである。
　ただ、東山法律事務所には他の事務所にない特徴があった。
　所長弁護士の姉小路は、京都の中でも刑事事件を数多く扱う弁護士として有名であり、新聞で話題になる事件もこれまでに多数受任していた。無罪判決を獲得したことも何度かあり、刑事事件に関して、京都では一目置かれる存在なのである。
　出町はそんな姉小路と、あるスポーツクラブで一緒になり、ひょんなことから人格を買われ、若くして刑事事件の担当事務職員として、事務所に迎え入れられたのである。

　……プルルル……。

その日は、比較的電話応対が少なく、事務職員達はパソコンに向かい、自分の担当事件に関して、書面の作成等の事務作業を行っていた。その時、キーボードの音をかき消すように、突然、事務所の電話が鳴り響いた。
　出町は、電話がワンコールするとともに、素早く受話器を上げた。法律事務所においては、顧客からの電話に対しては、素早く対応することが基本であり、出町も例外なく、迅速な対応でその基本を実践するように心がけている。
「はい、東山法律事務所でございます」
「あの〜、すみません。実は、そちらにかけるのは初めてなのですが……」
「あ、はい…」
　出町は、あまりの声のトーンの低さと、覇気のなさに、面食らってしまった。
「実は、八条三枝子さんからの紹介で、電話したのですが。お願いできないでしょうか？」
「あ、はい、八条三枝子さんはよく存じ上げております。失礼ですが、どのようなご依頼でしょうか？」
「実は、今朝、息子が警察に捕まりまして……」
「なるほど。何か警察の方から容疑等のことはお聞きになりましたか？」
「よく分からないんですけど。何か恐喝とかで……」
「分かりました。捕まったというのは、どのような状況だったのでしょうか？」
「今朝、警察の方が自宅に来られまして……。なんか紙を見せられて……」
「逮捕状を示されて逮捕されたということですか？」
「はい。多分……。突然のことで……」
「取りあえず、弁護士の確認をとりませんと、事件をお受けできるかお答えできませんので、まず、お名前とご連絡先をお教えいただいても宜しいでしょうか？　今、弁護士が不在ですので、弁護士の確認を取りまして、折り返させていただきたく思いますので」
「カラスマ　ヨウコと申します」
「カラスマ　ヨウコ様。息子さんのお名前も教えていただけますか？」
「カラスマ　カズノリです」
「カラスマ　カズノリ様。漢字はどのようにお書きすれば宜しいでしょうか？」

「カラスマは、京都の烏丸通りの"からすま"です。カズノリは"平和の和"に"規則の則"です」
「和則さんの現住所と生年月日も教えていただけますか？」
「京都市上京区堀川通丸太町角町５番地……です。生年月日は、昭和○○年６月６日です」
「有り難うございます。ところで、息子さんは、今どちらに留置されているかお分かりになりますか？」
「はい。警察の人は、丸太町警察署だと言っていましたが……」
「分かりました。私の方で、まず弁護士と連絡を取りまして、折り返しご連絡をさせていただきますので、お電話をお切りになって、しばらくお待ちいただいても宜しいでしょうか？　お電話番号をお聞きできれば、そちらに折り返させて頂きますので」
「はい」
「お電話番号をお願いできますか？」
「携帯電話でもいいですか？」
「はい。とりあえず、ご連絡がつながるところでしたら結構です。お願いします」
「０９０－○×△■－○△×■です」
「はい。復唱します。０９０－○×△■－○△×■ですね？」
「はい。よろしくお願いいたします。本当にお願いします。待っていますので」
「はい。承りました。ご連絡するのをお待ちください」
　ガチャ。
　出町は、烏丸洋子との電話を切ったあと、まず、事務所に備え付けている電話連絡帳の電話主の欄に「烏丸洋子」と記載し、時間と用件を記載した。法律事務所の場合、いつ誰からどのような用件で電話があったかは、大変重要である。特に、小さな事務所に来る依頼者は、個人的に弁護士を頼ってくることが多く、名前や用件を全員が把握しておくことは、依頼者に安心感を与え、かつ、依頼者からの信用を得るために重要であるからである。
　その記載が終わると、出町は、早速、民事事件の弁論手続のため京都地方裁

判所に出向いている姉小路の携帯に連絡を入れてみた。裁判所に出廷している際には、弁護士が電話に応対できることは少ないが、姉小路は、着信履歴を残しておけば、電話が可能になった際に、事務所に連絡を入れてくる。そこで、出町は、「１８６」を最初にプッシュして、電話番号が通知されるようにした上で、姉小路の携帯電話に電話をした。
　……プ、プ、プ・　ジャカジャ〜ン。タラララ……。
　姉小路の携帯は、呼び出し音の替わりに、姉小路が設定した韓国女性アイドルのリズミカルな曲が流れるように設定してある。
　姉小路は、50歳近くになる弁護士であるが、ユーモアにあふれた面も持ち合わせており、呼出し音の茶目っ気に、出町は、電話をかける度に、吹き出してしまいそうになる。
「はいはい。どうした？」
「あ、先生、今お電話宜しいですか？」
「はいはい。いいよ。ちょうど、弁論終わって事務所に連絡入れようと思っていたところやし。どうした？」
「今、八条さんからの紹介とおっしゃる方から電話があったのですが」
「うん。それで？」
「息子さんが、今朝、恐喝容疑で逮捕されたとおっしゃっていて。先生に依頼したいとおっしゃっているんですが……」
「うん。で、逮捕はいつなん？」
「今朝のようです」
「今朝か。それで、どこの警察署？」
「丸太町警察署のようです」
「そうか〜。OK。ほんなら、今から戻るし……。今日の予定は……。午後空いてたっけ？」
　出町は、ちょうど姉小路の予定の確認を行っていたので、即座に返答した。
「はい、夜に弁護士会の研修に行かれるご予定ですが、それまでは、予定は入っていないです」
「そしたら、その奥さんに連絡して、今日の夕方までに事務所に来れるか聞い

てみて。来られるようやったら、直ぐにきてもらおう。事情聞くわ」
「分かりました。連絡入れておきます。気を付けて帰って来てください」
「はい、は〜い」
　出町は電話を切り、直ぐに烏丸洋子から聞いていた携帯電話の電話番号に電話を入れた。
「もしもし。烏丸洋子さんでいらっしゃいますでしょうか？」
「はい……？」
　烏丸洋子は疲れ切った声で、答えた。
「東山法律事務所の出町と申します」
「あ、あ、すいません。まさか、こんなに早くかかってくるとは思ってなくて……す、すみません」
「いえいえ、大丈夫ですか？」
「はい………」
「今、うちの弁護士の姉小路に確認しましたところ、とりあえず、お話を伺いたいということなのですが……」
「本当ですか⁉」
「はい。いろいろと事情の確認をしたいと思いますので、できれば、急ぎ、事務所におこしいただけたらと思うのですが」
「今からですか？」
「はい。ご予定がありますでしょうか？」
「いえ、すぐに伺います！　店は、今日は休みにする予定ですし」
「お店をされているんですか？」
「はい。居酒屋ですけど……」
「そうですか。当事務所の場所はお分かりでしょうか？」
「はい、八条さんから聞いております。すぐに行きます！　よろしくお願いします！」
「はい。では、今1時40分ですので、3時に起こしいただくということでいかがでしょうか？」
「結構です。お願いします」

「お待ちしております。気をつけてお越しください」
　出町は、電話を切り、事務所の予定表の午後3時の欄に
「烏丸洋子」
　という来客予定を書き込んだ。

　午後2時50分、出町は他の刑事事件の件で、依頼者の被告人の父親と被害弁償の件で連絡を取っていた。この事件は、依頼者が職場で口論となり、喧嘩の末、一方的に怪我を負わせたとして傷害罪で起訴された件に関する電話であった。
　刑事事件においても、被害者のある事件においては、公判手続の中で、被害者に対してどれだけの誠意をもった対応をしたかによって、量刑に影響があることが多い。最近では、事件によっては被害者が直接刑事手続に参加する制度も新たに採用されるようになってきており、被害者側の関与が現実化してきている。以前から、量刑に関しては被害者側の対応を考慮することが多く、刑事弁護の手法として、加害者である依頼者に対して、被害弁償をさせて、刑の減軽等をするよう裁判官に促すことも多い。そんな際には、親族等の金銭的援助を受ける場合も多いので、事務職員である出町が、姉小路の指示で親族等に連絡を取ることも多かった。今回は、父親から被害弁償のお金が工面できたという報告の電話であった。
　そんな電話が終わりかけていた頃、小さく事務所の扉をノックする音がした。
　ガチャ。
「失礼…します……」
　すこし、周りをキョロキョロしながら、ゆっくりと老夫婦が事務所のドアを開けて入ってきた。
　出町は電話対応中であったが、受付に座っていた佐藤が即座に対応し、老夫婦に対して話しかけた。
「こんにちは」
　それに反応するように、老夫婦のうちの男性が、ゆっくりと佐藤に向かって

言った。
「あの〜、先ほどお電話していた烏丸といいますが」
「はい、お待ちしておりました。こちらのお部屋にどうぞ」
　佐藤が、カウンターの向こうにいる老夫婦に対して柔らかい物腰で丁寧に手で接客室の方を指し示しながら、老夫婦の方に歩み寄り、老夫婦の前を先導する形で、接客室に案内した。
「こちらの席にお座りください。すぐに弁護士が参りますので」
　老夫婦は、案内された席に座り、やはり落ち着かない様子で、接客室の周りをキョロキョロと見回していた。東山法律事務所の接客室は2つあるが、老夫婦の通された接客室の壁には、田園風景の淡い色彩の水彩画がさりげなく飾ってあった。その絵を見た2人は、堅苦しいイメージの法律事務所の中にあって、すこし安心感をおぼえる気がした。
　接客室に腰掛けた2人に対して、佐藤が1枚の紙を差し出した。
「申し訳ないですが、差し支えない部分だけで結構ですので、この用紙にお名前や住所等の必要事項をご記入いただけますでしょうか?」
　それは、この事務所で依頼者の状況等を把握しやすいように作成している、依頼者カードである。
　事務所ごとに、依頼者の連絡先等の聴取の仕方は違っているらしいが、姉小路の事務所では、依頼者が来所した際に、まず自分で依頼者カードを記載してもらうことにしていた。
　一郎は、指示されたとおり、必要な箇所に記載をしていった。
　しばらくして、2人の待つ接客室のドアをノックする音がした。
　と、同時に、ドアが開き、金色がはげて銀のくすんだ色になっている弁護士バッジをした姉小路と、その後ろに続いて出町が入ってきた。
　一郎と洋子は、2人が入ってきたと同時に、飛び上がるように椅子から立ち上がった。そんな2人の様子に、特に反応することもなく、姉小路は、2人と対面する椅子の方に近づき、机の上の桐の箱から自分の名刺を取り出し、それを丁寧に老夫婦に向かって差し出した。
「初めまして。弁護士の姉小路と申します」

続いて、出町も、自分のスーツの胸ポケットから、黒の名刺入れを取り出し、一郎に向かって名刺を差し出した。
「本件を担当させていただきます事務職員の出町です。よろしくお願いいたします」
　その後、名刺を手に、呆然と立っていた２人に姉小路が促した。
「どうぞ、おかけください」
　その声を聞いて、我に返った２人は、急いで椅子に腰掛けた。
　それを確認するように、姉小路と出町は反対側の椅子に腰掛けた。
　姉小路は、静かな口調で２人に話しかけ始めた。
「では、話しをお聞きしますね。その前に、先ほど書いていただいていた用紙をいただいても宜しいですか？」
　一郎は、正面に座っている姉小路に、先ほど記載した書面を差し出した。
「烏丸一郎様ですね」
　姉小路は、用紙を確認しながら丁寧な口調で確認した。
「はい」
「今日は、息子さんのことでご相談に来られたと聞いておりますが」
「はい」
「息子さんが逮捕されたとか？」
「はい。そうなんです」
「では、そのときの状況をお聞かせいただけますか？」
　姉小路の質問に対して、洋子が堰を切ったように話し始めた。
「は、はい………。今朝、いきなり警察の人が家に来て……玄関で、警察やから開けてくれないかと言うんです。最初、インターホンに私が出たんやけど、何のことか分からなくて……。それで、とりあえず、玄関まで、出たんです」
　姉小路は、それを聞いて、ゆっくりと話を促した。
「それで？」
「はい。それで、玄関を開けたら、警察の人が４人立ってたんです。その一番前に立っている人が、『和則さんはいるか？』って聞くんです」
「で、お母さんはどう返答されたんですか？」

「いや、和則は上で寝ているので、『います』と答えました。そしたら、突然、警察の人が紙を私に見せて……。『はいりますよ』って言っただけで、上に上がっていったんです」
「紙の内容に関しての説明はなかったんですか？」
「あ、『和則さんに、恐喝の容疑で逮捕状が出てます』って言ってました」
「そう言った後、警察の人たちはみんなで、家の中に入って行かれたんですね？」
「いえ、２人だけで上がって行きました」
「なるほど。それで、警察の方はどうされたんですか？」
「私は、何せ、動揺していて……。とにかく大きな声で、『和則〜』と叫んだだけで、どうもできませんでした」
「上の状況は見ておられないんですね？」
「はい」
「お父様はどうですか？」
「実は、私は店の仕入れに市場に行っていまして。その時は留守をしていました」
「お父様は、いつ知ったんですか？」
「和則が連行された後に、洋子から携帯電話に連絡があって。それで知りました」
「分かりました。ということは、詳しいことは、和則さん本人でないと分からないのですね？」
「はい。まぁ、嫁のまみに聞けば、詳しい状況は分かると思いますけど」
「奥さんですか。今日は、お見えではないんですよね？」
「はい。子供達の面倒を見ないといけないので」
「分かりました。では、その点は直接、和則さんに聞くことにしましょう。そのためには、和則さんと接見というのをしないといけないんですが。来られた警察官は、どこの方でしたか？」
「丸太町警察とおっしゃっていましたが……」
「分かりました。その点は、こちらで確認してみます。出町君、頼めるかな？」
　出町は、姉小路と２人の会話を筆記していたので、急に話しを振られて不意

を突かれたが、筆記をしながら答えた。
「分かりました」
　姉小路は、少し間を置いて、再び一郎と洋子の方に向いてゆっくりと話し始めた。
「では、まず、和則さんや、ご家族のことについて把握しておきたいので、その点に関して、お話していただけますか？」
　姉小路は、一郎と洋子に対して、質問を投げかけつつ、話しを一つ一つ聞き出していった。出町はいつも思うことであるが、姉小路の話しの聞き方は緊張している依頼者を誘導しつつも、的を得た質問を投げかけるものであった。
　一郎と洋子も姉小路の質問に答える形で背景事情に関して、姉小路に対して、説明をしていった。出町は、その内容を筆記していったが、その内容によるとおおよそ以下のようなことが明らかになった。

【被告人の家族構成】
７人家族
住所　〒602-2198　京都市上京区堀川通丸太町角町５番地

被 告 人 の 父：烏丸一郎　　　　48歳
被 告 人 の 母：烏丸洋子　　　　48歳
被　　告　　人：烏丸和則　　　　29歳
被告人の妻：烏丸まみ（旧姓西大路）　27歳
被告人の長女：烏丸花麗奈（かりな）　　9歳
被告人の二女：烏丸亜美花（あみか）　　6歳
被告人の長男：烏丸龍翔（りゅうしょう）　1歳

【背景事情】
烏丸和則は、父一郎・母洋子の１人っ子である。
父である烏丸一郎は、京都市上京区で、「居酒屋いっちゃん」を経営している。
「居酒屋いっちゃん」は、一郎が妻の洋子と２人で切り盛りするテーブル２

つ・カウンター7席の小さな居酒屋らしい。地元の人達からは、2人の人柄の良さや、料理のおいしさ等から、"おやっさん、おかみさん"の店として気軽に通える居酒屋と評判で、時に雑誌にも紹介されることもあったようである。

　父の一郎は、中学卒業後、料理人の見習いとして修行したが、17歳の時に洋子と出会い、18歳になると洋子と結婚した。2人が19歳の時に、念願の長男和則が誕生した。一郎は、何とか、料理人の修行を続け、夫婦でコツコツと貯金を貯め、24歳の時に、銀行からの融資を受けて、念願の居酒屋を開業した。その後、不景気の時も常連客が絶えず来店してくれていたため、何とか潰さずに、25年以上にわたり、営業を続けてきていた。ただ、和則は、居酒屋の息子であることをある子どもにおもしろ半分に指摘されてから、他の子どもからも同じように冷やかされるようになり、小学校時代からそのことが原因で、コンプレックスを感じていた。

　和則は、高校に入ると、夜の営業時間中には、外出を繰り返す様になり、いつしか、友人達と、バイクでの暴走行為をするようになっていった。

　中卒で働き始めた父の一郎は、自分の息子は何とか高校だけでも卒業して欲しいとの思いもあった。和則は、両親の説得もあり、一年留年はしたものの、何とか高校だけは無事卒業した。

　しかし、何とか卒業できたという程度で、仕事もせずにブラブラしているような状態だった。

　そんな折、暴走族でかつてリーダー格であった高校の先輩から、京都の祇園のキャバクラで客引きを探しているから、やってみないかと声をかけられた。和則は、暴走族時代の先輩からの誘いでもあり、断り切れなかったことから、キャバクラの客引きとして働きはじめた。

　その後、客引きをしている際に、自分の勤めるキャバクラのビルの別の階にあるホストクラブに出入りしていた"西大路まみ"と出会った。まみは、未成年ながら別のキャバクラでアルバイトをしていたのであるが、そのお金を使って、ホストクラブに頻繁に来店していた。

　まみがいつもと同じようにホストクラブに行こうとしていた際に、和則が声をかけて、2人は、休日や空いている時間に会うようになり、付き合うようになった。

ところが、和則が20歳・まみが18歳のときに、まみが妊娠したことが発覚した。和則は、親に世話になりたくないという気持ちが強かったが、まだキャバクラの客引きを始めて間もないときであり、貯金ももちろんなかった。仮に中絶するとなったとしてもその費用さえ出せない状態だった。そこで、両親に正直にそのことを話したところ、両親は、和則の予想に反して孫ができたことを喜んでくれ、2人はいわゆる"できちゃった婚"により結婚をした。

　ただ、和則の稼ぎは、子どもを育てるのに十分なものではなかったことから、「居酒屋いっちゃん」の2階・3階の居宅部分に一郎・洋子と和則夫婦で同居することになった。

　その後、ふたりは、長女花麗奈(かりな)、二女亜美花(あみか)、長男龍翔(りゅうしょう)という3人の子どもをもうけた。

　一郎と洋子は、3人の孫達を大変かわいがってくれた。二女は、軽い小児ぜんそく、長男は顔や首・背中に少しひどいアトピー性皮膚炎が発症していたが、店の営業開始までは、洋子が孫の面倒をよく見てくれており、長女も弟や妹の面倒を見てくれるようになっていたので、まみは、昼間は3人の子どもを一郎夫婦に任せて実家の美容院の手伝いに出かけることが多かった。

　和則は、その後、勤めていたキャバクラチェーン店「桃」祇園店のマネージャーを任されるようになった。しかし、いざマネージャーをすると、経営者や関係者からいろんな締め付けがあり、精神的に追い込まれる日々が続いた。そんな折り、昔の暴走族時代の友人で、暴力団関係者と深い関わりを持っている者から、覚醒剤をやると精神的に楽になるぞと誘われた。友人が、少し分けてやるというので、興味もあり、精神的に楽になるならと安易な気持ちで覚醒剤を使用した。何度か使用した折り、友人が警察に摘発され、そのリストの中に和則の名前もあったことから、警察に逮捕され、起訴までされることになった。

　結局、何とか執行猶予がついたので、今は、再び、キャバクラチェーンのマネージャーに復帰している。以前、執行猶予を取得した際についていた弁護人は、老齢のため、弁護士を引退していることが分かったため、新たに弁護士を探していて、姉小路に頼ってきたとのことである。

これらのことを聞き出すと、姉小路は少し間をおいて、先ほどの質問の際とは少し話しのテンポを変えて話し始めた。
「私が、和則さんの弁護人になることを受任するにあたってのことですが」
「はい」
　一郎は、改めて話し始めた姉小路に対して、真っ直ぐに向き直して答えた。
「弁護士が弁護人になる際には、着手金を頂かないといけません」
「はい。知っています。以前の件の時にもお支払いしましたので」
「今回の場合、当事務所の報酬規定に従いまして、着手金として30万円を頂戴することになりますが、宜しいでしょうか？」
　一郎と洋子は顔を合わせて、お互いに了承するようにゆっくりと頷いた。
「はい、結構です。よろしくお願いいたします」
「では、当事務所の委任契約書に署名・押印を頂戴して、請求書を発行させていただきますので、着手金をご持参頂くか、お振り込みいただけますか？」
「あ、準備して持参させていただきます」
「それから、私との委任契約をしていただかなければいけないのですが。委任契約書を作成しますので、内容を確認して、署名・押印を頂戴できますか？」
「はい」
「では、その点は、後ほど出町君から詳しく説明させていただきます。私は、早速、和則さんとの接見の用意を致します。弁護人になる限り、できるだけ早急にご本人に会っておきたいんです。黙秘権があることもきちんと伝えておきたいですし、事実の確認もしておかないといけませんからね。私の方はこれで失礼致します」
　姉小路は、後の説明を出町に任せて、丁重に一郎と洋子に挨拶をして、相談室を後にした。
　出町は、その後、着手金等の費用の説明を再度行い、5分ほどかけて委任契約書を作成し、その場で烏丸一郎に署名・押印してもらった。その上、後日、着手金を受け取る旨の説明をした。
　出町は、一通り説明を終えた後、相談室から事務所の出入り口まで一郎と洋子を見送った。
「では、お疲れ様でした。着手金の件、ご連絡をお待ちしております」

「あ、あの〜。出町さん」
　烏丸洋子が申し訳なさそうに、出町の顔色を伺うようにしながら言った。
「はい、なんでしょう？」
「実は、和則と会いたいんですけど。会えないんでしょうか？　前に和則が逮捕されたことがあって、そのときには接見禁止とかいうことで、面会ができなかったのですが……」
「ああ、そうだったんですね。そうですね。一般的には、逮捕され、勾留がされると、接見禁止となることが多くて、その場合は、親族の方でも面会する際には接見禁止の解除の申立てという手続を経て面会をしなくてはならないんです」
「和則には、今回も会えないんですかね？」
　一郎も不安そうな表情で問うてきた。
「そうですね。そのあたりの判断は、姉小路の方に確認しないと分からない面もあります。ただ、場合によっては、接見禁止の解除が認められる場合もあるので、その点は、私の方からも姉小路に話しをしておきます。まずは、奥さんとの接見を認めてもらうようにするのが良いかもしれませんね。それでよろしいですか？」
「はい、どうかよろしくお願いします」
　話が終わると、一郎と洋子は、見送る出町に何度も何度も頭を下げながら、事務所を後にした。
　出町は、頭を下げられる度に自分も挨拶を繰り返して頭を下げた。

　烏丸夫婦が帰った後、すぐに出町が丸太町警察署に確認をとったところ、留置は御池警察署において行っているということであったので、姉小路が警察に在監の確認の連絡をし、接見時間の調整を行い、接見に向かった。

２月１２日
　翌日、出町が姉小路に和則との接見の様子を聞くと、和則自身は、恐喝などしたつもりはないと否認しているということだった。

接見に行った際に、姉小路は、両親が事務所に相談に来て、自分を弁護人に選任したいという意向を告げられた旨を和則に説明した。その際に、和則からも是非依頼したいという言があったので、その場で、持参していた弁護人選任届に自署、指印をもらい、持ち帰ってきていた。
「出町君。悪いけど、弁選の写しをとって、原本は提出しておいてくれるかな」
『弁選』とは、弁護人選任届の略称である。この業界では、よく使用する書面等を略称で呼称することが良くある。『弁選』という言葉も、法律事務所では、日常的に飛び交っている略称である。
「分かりました」
　出町は、姉小路から指示を受けるとすぐに、警察署の留置管理課に対して、送検の有無を確認した。すると、その日の朝に京都地方検察庁に送検されたとういう回答だった。
　送検とは、警察から検察に対して、身柄及び事件の引継ぎを行い、検察による捜査が行われることを意味する。送検されたことにより、逮捕から勾留への手続の移行がされることが現実的となる。
　出町は、京都地方検察庁に電話をかけ、送検の有無及び担当検察官の確認を行った。

2月13日

　次の日の朝、始業して間もなく、烏丸一郎と洋子夫妻が、東山法律事務所に着手金を支払うために来所した。出町は、2人から着手金を受けとった後、烏丸和則の弁護人選任届を提出するために、京都地方検察庁を訪れることにした。
　京都地方検察庁は、京都御苑の西に位置しており、京都府警察本部と隣接した場所にある。姉小路法律事務所からは、自転車で10分程度の距離であるため、出町はいつも、弁護人選任届の提出の際には、直接、検察庁を訪れるようにしていた。その方が、迅速で確実に提出ができることも、直接持参する理由の1つでもあった。
　出町は、検察庁の前に自転車を止め、正面玄関に向かった。
　正面玄関には、守衛が2人、来訪者のチェックを行っている。検察庁は、犯

罪関係者が出入りする場面が多く、検察官や捜査関係者の安全確保のためであろうか、全国のどの検察庁への出入についても、身元確認などのチェックがされることが多いようである。
「どちらへ行かれますか？」
　玄関を入ると、2人いる守衛のうち、玄関口に立っている守衛が出町に声をかけてきた。
「京都東山法律事務所のものですが。弁護人選任届を提出しにきました」
　守衛は、その言葉を聞くと、小さくうなずきながら、ガラス越しのカウンターに座っている、もう1人の守衛に対して、申し送りをした。
「弁護人選任届の提出だそうです」
　それを聞いて、もう1人の守衛が、出町に1枚の書類を差し出した。
「では、ここに、あなたの名前を書いてもらえますか？」
　出町は、手馴れた手つきで、直ぐに名前を書いた。今までに何度となく訪れ、おこなったことであるので、守衛の要求することが分かっていたからである。
　出町は、自分の名前を書くと、その紙を守衛に手渡した。
　守衛は、再度確認した。
「弁護人選任届ですよね？」
「はい」
「では、2階の事件係へ行ってください。それから、胸にこの緑のバッジをつけておいてください。用件が終わったら、訪問先の担当者から、この書面に押印をもらって、帰る際に、ここに持ってきてもらえますか？」
「分かりました」
　出町は、受け取った紙を手に持ち、バッジを胸ポケットにつけると、直ぐ横の階段を一段とばしで駆け上がった。いつも来るたびに思うが、京都地方検察庁の階段は、なんとなく薄暗く、あまりゆっくりと上りたい階段ではなかった。検察庁というだけで、なんとなく緊張感を持ってしまっていることから、そう感じるのかもしれない。
　2階まで駆け上がると、すぐ正面に事件係の出入り口がある。出町は駆け上がった勢いそのままに、事件係の出入り口に飛び込んだ。
「すいません。弁護士の姉小路の事務所のものですが。弁護人選任届を提出に

きたのですが」
「はいはい」
　一番手前に座っていた男性が対応した。
「身柄事件ですか？」
「はい、そうです」
『身柄事件』とは、被疑者の身柄が拘束されている事件のことである。
　出町も、法律事務所で働き始めて、最初に先輩に同行して検察庁に来た際には、この質問の意味が分からなかった。
　今では、当時のことも懐かしい思い出である。
「送致日はいつですか？」
「昨日です」
「では、廊下の椅子で待っておいてもらえますか」
「分かりました」
　出町は、事件係のドアを出て、検察庁の廊下においてある椅子に腰掛けた。
　ベンチのようにおいてあるその椅子に座って、階段を駆け上がったことにより少し荒くなっている息を整えた。
　周りを見渡すと、検察庁の関係者が廊下を行き来し、時には制服を着た警察官を見かけることもあった。検察庁という重苦しい雰囲気の割には、行き交う人の様子を見ると、いたって普通の感じの人達である。出町も最初は「検察」というと、怖いイメージを持ったことがあったが、今ではそのイメージはすっかり変わってしまった。

　５分ほどして、中から出町を呼ぶ声がした。
「姉小路先生の事務所の方～！」
「はい！」
　出町は、５分の間に、手帳を見て、仕事の予定等をチェックしていたので、少し不意を突かれた感じの返事をしてしまった。手帳をカバンに押し込むと、急いで事件係のドアをくぐった。
「弁選は特に訂正箇所もなかったので、これで結構です。受け取っておきます」
「よろしくお願いします」

「あと、捜査担当検事ですが、山本真が担当させていただきますので、その旨、先生にお伝えいただけますか」
「分かりました。ありがとうございます」
　出町は、すぐに用意しておいた手帳に「担当検事　山本真」とメモをした。
　その後、守衛から渡された紙に判を押してもらい、ドアを出て階段を駆け下りた。
「終わりました。ありがとうございました」
　出町が、守衛に対して紙を差し出すと、カウンターの奥の守衛がそれを受け取った。
「ご苦労さんでした」
　守衛の声に、出町は大きな声で応えた。
「ありがとうございます‼」
　そのまま、ドアを出ると、少し小雨がぱらついていた。
　出町は、持っていた折りたたみの傘を差すと、自転車置き場まで小走りに走った。事務所に戻る前に、その足で、裁判所に立ち寄る予定であった。先ほど検察庁で、担当検察官の名前を確認していたのは、帰りに提出予定の勾留状謄本の交付申請書に記載をするためであった。
　小雨の中、できるだけ雨に濡れたくなかったので、全速力で自転車をこいでいると、5分足らずで裁判所に到着した。出町は、裁判所の刑事訟廷に、持参していた勾留状謄本の交付申請書の必要箇所に記載をして、申請書を提出した。

4　起　訴

3月2日

　一般の企業は、3月末決算をするところが多く、世間では、3月はバタバタと忙しい時期と言われる。
　法律事務所においても、顧問先に企業等を抱えているところでは、企業が忙しい影響で、同じく事務処理等でバタバタと忙しいところも多い。
　東山法律事務所は、姉小路が人権派で、あまり企業の側の事件をやりたがら

ないという性格もあって、企業の顧問は基本的には受けていなかった。そのため、特に３月だからといって、繁忙期というわけでもなかった。

しかも、裁判所は、３月末で人事異動が行われることも多く、３月下旬から４月初旬にかけては、裁判所の期日は比較的少ない時期でもある。そのため、逆に、期日の準備等も少ない時期であった。

そのため、東山法律事務所においては、例年、３月・４月は打合わせ等も少なく、事務所内の事務処理の整理等を行いやすい時期でもあった。

この日も、事務職員の井上と出町はパソコンに向かい黙々と事件処理の仕事をしていた。一番新人の佐藤は、事務所にかかってくる電話の取り次ぎを行いつつ、ファイルの整理や期日管理の確認等を行っていた。

東山法律事務所においては、姉小路が刑事事件を行うことが多く、イソ弁の六角は、民事事件を主軸に、姉小路の刑事事件の補佐を行うということが多い。

六角が入所した際に、民事事件に主軸を置いた仕事をしたいという六角の希望もあり、ベテラン事務職員の井上を六角のサポートに付けて、事務所内の民事事件は、六角が主に担当するようになった。もちろん、ボス弁である姉小路が指導をしながら仕事をおぼえていったが、半年もすると、重要な判断を決定する以外は、民事事件の事件処理を六角に任せるようになった。

そして、姉小路は、自分の刑事事件についての事務は出町が主に行うという体制をとることを選んだ。それに伴い、井上が主に民事事件の事務を行い、刑事事件の事務を出町が行うことが多くなった。

そして、３人目の事務職員として入所した佐藤は、仕事を憶えるために、入所してから、井上と出町のサポート役をしていた。そのため、井上と出町は、自分の担当分野においては、佐藤の教育係という役割も担っていた。法律事務所においては、事務職員が行う法律事務は、多岐にわたり、実際の仕事の中で職務を憶えていくＯＪＴ（オン・ザ・ジョブ・トレーニング）に頼るところが大きい。近年、日本弁護士連合会（日弁連）や弁護士会で事務職員の研修や能力認定試験が行われるようになってきているが、あくまで知識としての研修ではあっても、実際の業務中のトレーニングに勝るものはない。

佐藤が入所して、半年を過ぎて、徐々にできることも増えてきており、井上と出町は、そろって佐藤にも少しずつ本来の法律事務、いわゆるパラリーガル

としての仕事を任せてみたいという意見を持っていたところであった。

　パソコンに向かっていた出町に、姉小路が話しかけてきた。
「出町君、そう言えば、烏丸和則さんの件、起訴予定かどうか確認取りたいねんけど。ちょっと、今から出かけるから、検察庁に確認取っておいてくれるかな？」
「あ、はい」
　出町は、そう答えたときに、ふと、一度佐藤に、この手続を教えておきたいという気持ちになった。
「あ、先生！　その確認の件なんですけど！」
　出町の、声のトーンが、大きくなったことに驚いた姉小路が、体を後ろに反らせながら答えた。
「おう。急にどうした？」
「できれば、一度、佐藤さんに、やってみてもらっても良いですかね？」
　出町が、発言したとたん、横に座っていた佐藤は目を丸くして、大きな目で出町を見た。出町は、それに気付いて、佐藤に向かって小さく頷いた。出町としては、「大丈夫！」と佐藤に言いたかったのであるが、佐藤の顔には不安の色が出ていた。
　姉小路も、その様子を見ながら、笑顔で答えた。
「そうやな。佐藤さんも、どんどん成長してもらわなあかんしな。やってみてもらおうかな。出町君、ちゃんと横で指導してあげてや」
「はい！」
　出町が答えると、姉小路は、
「佐藤さん、頼むで!!」と大きな声で言うと、早足で、事務所から出て行った。
　姉小路が出て行った後、出町が佐藤を見ると、明らかに緊張した面持ちで、佐藤が椅子に座っていた。
「出町さん……。起訴予定の確認って……。検察庁に問い合わせをするんですよね？」
「そうやで」
「私にできますか？何か、出町さんが、いつも簡単にやっておられることなん

ですけど。自分で検察庁に連絡するとなると……。やっぱりちょっと、心配です」
「大丈夫やって。僕だって、最初は、緊張したから。正直、今でもなぜかわからないけど、検察庁に電話するときには、緊張するよ。でも、そんなに大げさに考えることやないし。難しいことでもないし。別に、捕まる訳でもないしね」
　そう言って、出町は、大きな声で笑った。
　その笑いによって、佐藤の緊張も少し和ませようとしたのである。
　しかし、佐藤の顔は、真剣そのものであった。
　ただ、佐藤としても、少しずつ仕事の幅を拡げていきたいという気持ちもあったし、井上や出町の気持ちも感じ取っていた。
　少し、間をおいて、佐藤は言った。
「出町さん。やってみます。教えてもらえますか？　検察庁のどこに電話すれば良いのですか？」
「ああ、事件担当係に電話して、まず捜査担当検事の事務官につないでもらうんだよ。つないでもらう時には、担当検事の後に『係』を付けて、『検事係』と言うんだ。独特の言い方やね。今回は、捜査担当検事は、山本真検事やから、『山本真検事係』をお願いしますと告げれば、つないでくれるよ」
「はい」
「それから、まず、必ず事務所名か弁護士名を名乗ること」
「はい」
「担当検事の事務官が出られたら、被疑者の名前と被疑事実を告げて、起訴予定か否か、教えて欲しい旨を伝えること」
「はい」
「まあ、習うより慣れろっていうし、一度やってみて貰おうかな」
「ええ‼　いきなりですか⁉　もう少し、いろいろ聞きたいことが……」
　佐藤は、小さなふくれっ面を作った。
　出町は、また大きな声で笑った。
「笑い事ではないです‼」
　佐藤は、さらにほっぺたを大きく膨らませた。
　それが、また、出町にはおかしかった。

「大丈夫‼　もし、何かあったら、電話代わるから！」
　そう言うと、佐藤も、再び真面目な顔になって、頷いた。

　佐藤は、心の中で何かつぶやくように、数回首を縦に振った後、受話器を取り、事務所の電話に登録されている検察庁の事件担当の短縮番号を押した。
　３回のコール音の後、電話がつながった。
「はい、京都地検、事件係です」
　佐藤は、明らかに緊張した声だが、はっきりした言葉で、電話口に話した。
「弁護士の姉小路の事務所です。山本真検事係さんをお願いしたいのですが」
「あ、はいはい。ちょっと待ってくださいね」
　電話を受けた職員がそう言うと、電話は、すぐに保留音になった。
　15秒ほどで、保留音が終わった。
「はい。山本検事係ですが」
「あ、お世話になります。弁護士の姉小路の事務所ですが」
「はいはい。お世話になります」
「あ、え〜と。」
　佐藤は、何を告げるのか、思考が止まってしまっているようだった。
　それを見て、出町は、烏丸和則の事件記録の表紙を指でなぞり、小さな声で「名前！名前！」と小さな声でつぶやいた。
　佐藤は、それを聞いて、大きくうなずきながら言った。
「あ、烏丸和則の件なのですが」
「ああ、はいはい」
「起訴予定の有無を確認したいのですが」
　烏丸和則の件であることを告げた後は、佐藤も少し落ち着いてきたらしく、用件は、自らスムーズに問うことができた。
「ああ、ちょっと待ってくださいね」
　事務官がそう言うと、また電話が保留音となった。
　それにより、佐藤は少し緊張が解けたらしく、
「ふ〜」と大きな息を吐いた。
　横では、出町が、手でオッケーサインを作っていた。

第１編　ストーリー／４　起　訴

その後、30秒くらいであろうか、保留の状態が続いた後、保留音が終了し、相手が再び話し始めた。
「はい、検事の山本ですが」
　その言葉を聞いたとたん、佐藤の表情は再び緊張したものに変わった。
　横で見ていた出町が、その異変に首をかしげている。
「あ、あ、すみません。弁護士の姉小路の事務所です」
「ああ、烏丸和則の件ですね。公判請求予定ですね」
　検事は、質問の内容を事務官から聞いていたらしく、すぐに回答をした。
「あ、ありがとうございます」
「あと、接見禁止を請求します。あと、覚せい剤で再逮予定です」
　検事は、立て続けに処分の予定を告げた。
　その間、佐藤は、ひたすらメモを取っていた。
「あ、ありがとうございます。了解いたしました」
　そう佐藤が言うと、検事は
「はい、どうも」
　といって、電話を切ってしまった。
　佐藤は、電話が切れた後も、少しそのままで呆然としていた。
　出町は、その様子を見て、声をかけた。
「佐藤さん！」
「あ、はい！」
　やっと、我に返った佐藤に出町が聞いた。
「なんて言ってた？」
「ええと、公判請求予定とのことです。それから、接見禁止請求をする。覚せい剤の件でもサイタイ予定……と」
「ああ、再逮ね。再逮捕のことやわ」
「ああ……」
　佐藤は、「サイタイ」という言葉が「再逮捕」の略語であることをその時思い出した。確かに、姉小路と出町が会話の中でよく使っている。しかし、いざ自分が会話の中で話されると、咄嗟に判断できなかった。
「うん、上出来、上出来。ちゃんと確認できたやん。まあ、検事係に『さん』

は付けなくて良いけどね」
　出町は、肘で佐藤をつつきながら、からかった。
　その態度に、佐藤は、また、ほっぺたを膨らませた。
　普段、出町達が簡単に行っている業務を、いざ自分でやってみると、思っている以上にできなかった。加えて、直接検事が電話口に出てきたことに驚き、それに動揺してしまったことが歯がゆかった。
「出町さん、確認の時って、いつも検事が直接、出てくるんですか？」
　佐藤は、その話しを出町から聞いていなかったので、教えてくれなかったことに嫌みの１つでも言いたかったので、聞いた。
「ああ、検事が直接出てきたの？　それで、佐藤さん、動揺したんやね。何か急に表情が変わったもん。そうやね、たまに、検事が直接出てくることもあるかな。まあ、弁護士の先生が直接確認することもあるから、それでかな。でも、事務官の人がそのまま検事に確認して、伝えてくれることの方が多いんやけどね。まさか、今日、検事が直接電話に出るとはね。ごめん。ごめん」
　そんな、出町に佐藤も嫌みを言うタイミングを逸してしまった。
　しかし、佐藤は、出町のその言葉を聞いて、検事と直接やりとりをできたこと、用件を何とか無事聞けたことに徐々に喜びがこみ上げてきた。
　電話の後、しばらくして、そんな佐藤の様子を感じ取ったのだろう、出町は、佐藤に付け加えた。
「そうそう、そう言えば、再逮される覚せい剤に関して、これから勾留がされれば、勾留延長がされるか、勾留期間満了の時には起訴の予定があるかも、今日と同じように確認する必要があるんだよ。
　もう、佐藤さん完璧やから、和則さんの件は、検察庁への確認、佐藤さんに任せるね。もしかしたら、山本検事も、佐藤さんのかわいい声を期待して、また直接出てきてくれるかもしれないしね～」
　そう言うと、出町は、井上の方を見て、ペロッと舌を出した。
「もう、からかわないでくださいよ～‼」
　照れくさいが、少し嬉しそうに言う佐藤に、東山法律事務所は笑いに包まれた。

5 保釈

9月4日

　事務所に西日が差し込み始めた。
　出町が、事務所の掛け時計を確認すると、5時になろうとしていた。
　そろそろ終業しようかと、出町が事務所でその日処理した事件の整理をしていると、息を切らせながら姉小路が事務所に戻ってきた。
　戻ってくるなり、姉小路は、出町に手を合わせて、拝むような仕草をしていた。
「先生、どうしたんですか？……」

　その前日のことである。
　烏丸和則の第5回の公判期日があり、姉小路も最終弁論を終え、後は判決を待つのみという状態となった。
　これまで、和則に関しては、保釈請求書を何度か提出してきていたが、いずれも保釈請求は却下され、保釈は認められていなかった。
　通常、刑事弁護においては、起訴がなされた段階で被告人の身柄の解放のため、弁護人は保釈の請求をする。姉小路も、和則が起訴されてすぐに、保釈請求書を作成し、出町にその提出を指示していた。
　その際には、姉小路の意図を察し、姉小路から細かな指示は受けていなかったが、和則の父である烏丸一郎に電話で連絡をし、身元引受書への署名・押印を求めていた。出町は、これまでも保釈請求の手続は何度も経験していたため、姉小路の指示を待たなくとも、姉小路に指示されるであろう内容は予測できた。事前に、烏丸一郎に身元引受人になってもらうという内諾をもらっていると姉小路から聞いていたため、保釈請求の話しが出た際に、直ぐに烏丸一郎に連絡を入れたのである。通常、保釈請求の際には、保釈請求書と一緒に身元引受書を提出する必要があるからである。

和則の事件の場合、起訴後の初回の保釈請求は認められず、その後に同様の手続で請求した保釈請求いずれもが、却下されていた。おそらく、恐喝事件であるため、被害者への接触や、威迫のおそれが懸念されていることが考えられた。保釈が却下された際には、弁護士は、検察官からなされた保釈に対する意見書（これを「検察官求意見書」という）を確認する。もちろん、保釈が認められなかった直接の理由を探るためでもあるが、次回の保釈請求の際に、どのような検察官の意見が提出されるかの参考にし、保釈が認められやすいように保釈請求の理由を考えるためでもある。

　出町も、姉小路から、検察官の求意見書の謄写を指示されていたため、保釈却下決定の度に、求意見書の謄写申請をした。

　また、身元引受書についても、烏丸一郎からその度ごとに署名・捺印をもらっていた。

　にもかかわらず、烏丸和則に関しては、合計４度にわたり、保釈請求が却下されていた。

　刑事事件においては、保釈請求が何度も却下されるという事態は珍しいことではない。しかし、弁護人としては、被告人の身柄の自由を確保し、精神的・身体的な権利を擁護するとともに、親族等の精神的ケアのためにも、地道に保釈をしてもらうよう働きかける必要がある。

　そのためには、あきらめずに保釈請求を続けることも必要となってくるのである。

　加えて、公判期日終結後、保釈が認められるという例も多いことから、姉小路は、この日も公判期日終了後に、裁判所に保釈請求書を提出しておいて欲しい旨、出町に指示していた。

　出町は、一郎から身元引受書に署名・押印をもらうと、姉小路が作成した保釈請求書に姉小路の職印を押印し、身元引受書と一緒に、刑事訟廷部に提出した。保釈請求は、それぞれの請求ごとに、個別の事件として立件され、事件番号も付されるため、京都地裁においては、保釈請求は、刑事部の受付にあたる刑事訟廷部に提出することになっている。

　保釈請求書を提出した際には、刑事訟廷部の書記官から
「裁判官との面談を希望しますか？」

との問い合わせを受けていた。

保釈請求をした場合、弁護人が裁判官と面談をし、保釈の必要性等に関して、面談にて裁判官に訴えかけることが通常であるため、いつも通り、出町は、
「面談希望でお願いします。あと、もし保釈の判断を迅速にお願いできるなら、その点もご配慮頂きたいと思います」
と告げた。

姉小路からの指示により、面談の希望に加えて、早急に保釈に関する判断をして欲しい旨も打診するよういわれていたので、その点を付け加えることを忘れなかった。実は、今日が木曜日であり、早急に判断してもらわないと、保釈の判断が週明けの月曜日になってしまうという可能性もあり、早急に判断をしてもらいたかったからである。

そして、翌日の午前10時になり、事務所に京都地裁第1刑事部の書記官から連絡が入った。女性事務職員の佐藤が、電話に応対したが、あいにく、姉小路は他の民事訴訟の弁論期日に出廷しており、事務所にはいなかった。そこで、出町が電話を替わった。
「はい、担当の事務局ですが」
「あ、出町さん？　書記官の田辺です。」
「あ、いつもお世話になります」
「昨日、提出してもらった烏丸和則さんの保釈請求の裁判官との面談ですが、先生の今日の予定はどうですかね？」

出町は、姉小路が午前10時30分頃に事務所に戻る予定であったことから、姉小路の決断を仰いでから返事する必要があると判断した。
「あ、ただいま姉小路が不在で、30分ほどで事務所に戻りますので、戻り次第、すぐに姉小路から電話を入れるようにさせていただいても宜しいでしょうか？」
「了解です。そしたら、待ってますんで、お願いします。あっ、あと、もし今日中に保釈許可決定が出たら、保釈金、今日中に納付できるんですかね？」
「いや、まぁ、金額にもよりますけど。詳しくは、姉小路が戻ってから連絡させてもらいますが……」
「分かりました。それじゃ、お願いします」

顔見知りということもあって、気さくな物言いで話してくれる田辺の口調に頬をゆるめながら、出町は電話を切った。

　しばらくして、姉小路が事務所に戻ってきた。
「先生、烏丸和則さんの件で、京都地裁第1刑事部の田辺書記官から電話がありました。保釈の面談の件だそうです。折り返し、先生から電話を入れると伝えてあるので、お願いできますか？」
　出町は、姉小路が事務所に戻った早々、早口で、報告をした。
「あ、本当。了解、了解。すぐ電話入れるわ」
　姉小路は、事態をすぐに理解し、田辺書記官に電話をした。
「もしもし、弁護士の姉小路ですが。はい。烏丸和則の件で。はい。はい。ええ。いえ、直接伺います。4時30分で結構です。今日中に判断が出れば今日納めます。はい。分かりました」
　姉小路は、電話を切ると、事務所にいた出町のところにやって来て、電話の内容を報告した。
「今日、裁判官が4時30分から面談できるらしい。私も予定が空いてるから、電話面談ではなく、直接、面談に行ってくるわ」
「認められますかね。保釈」
　出町は、何度も保釈請求が却下されていることから、少し低いトーンで答えた。
「うん。分からないけど、まぁ、裁判官に分かってもらうしかないね。たしか、現金300万円は一郎さんから預かっていたよね？」
　言葉は、いつもと同じトーンだったが、出町が見た姉小路の表情は、何か、引き締まって、いつもとは違う結果を予測させるものだった。

　そして、その後、姉小路が、裁判官と面談をして、息を切らせて戻ってきたのが、5時過ぎだったのである。
　戻ってくるなり、姉小路は、出町に手を合わせて、拝むような仕草をしてい

た。
「先生、どうしたんですか？……」
　出町は、その意味がだいたい予測できた。
　同じような場面が何度かあったのである。
「す、すまん。出町君。裁判官との面談の結果、とりあえず、今日中に保釈の判断をするということなんやわ。多分、保釈許可がされると思う。申し訳ないけど、保釈の判断が出るまで、少し事務所で待っておいてくれないかな。私は、これから、別件の刑事事件で接見に行かないといけないし」
　幸い、出町は独身で、帰宅しても、1人暮らしのマンションで1人で過ごすだけだった。姉小路も、そのことを分かって出町に頼んでいるということも、出町は察していた。
　本日中に保釈が認められれば、保釈許可決定を受け取って、保釈金を納付してから、1時間から2時間程度で、和則の釈放が可能となる。本日中に烏丸和則の身柄が解放される可能性がある。
　出町は、すこし高揚していたが、はっきりした声で、姉小路に答えた。
「了解しました！　裁判所からの連絡を待っておきます。ところで、先生、保釈金は、どうなりそうですか？」
「一応、一郎さんから預かっている300万円であれば、すぐに捻出可能であると裁判官に伝えてあるんだけどね。今、事務所に現金で保管しているんだっけ？」
「はい、一応、すぐに納付できるように、事務所の金庫で、預かった現金を保管してあります」
「そしたら、もし、保釈決定が出て、保釈金がその金額だったら、金庫の現金ですぐに保管金係に支払いをして、保釈手続を進めてもらえるかな？」
「分かりました」
　出町は、何度も経験してきた手続であるので、姉小路の指示を即座に理解した。ただ、いつものこととはいえ、300万円という大金を扱う必要があるため、気を引き締めた。

出町は、不動産競売事件の申立書を作りながら、時計を見た。
　時刻は、午後6時半になろうとしていた。
　出町は、留守番電話に切り替えずに、裁判所からの連絡を待っていた。丁度、時計を見た直後に、電話が鳴った。
　裁判所の田辺書記官からであった。
「もしもし、京都地方裁判所の第1刑事部ですが」
「はい、お世話になっております。出町です」
「おお、田辺です。例の烏丸和則さんの件なんやけど」
「はい」
「保釈金、恐喝の方が150万円、覚せい剤の方が150万円、合わせて300万円で許可が出ました。今すぐに、保釈金持って来てもらえるかな？」
　田辺書記官は、すぐに持って来てほしいというニュアンスの口調で告げた。
　出町は、そんな雰囲気に答えるように、強い口調で答えた。
「大丈夫です。今からすぐに300万円を持っていきます。保釈許可決定書と保管金提出書をどこに取りに行ったらいいですか？」
「第1刑事部に取りに来てくれますか？」
「はい。了解しました。今からすぐに向かいますので」
「おお、そしたら、待ってますわ。裁判所の入り方は分かるよね。時間外入り口」
「はい。大丈夫です」
　電話口からも、田辺書記官が出町の勢いに驚いている様子が伺い知れた。
　電話を切ると、出町は、小さくこぶしを握った。
「よっしゃ‼」

　出町は、その後、すぐに烏丸一郎に連絡を入れた。
　保釈許可決定があった場合には、すぐに烏丸一郎に連絡を入れて、拘置所まで和則の迎えに行ってもらうよう連絡するように、姉小路から指示を受けていたからである。
「もしもし、烏丸一郎様でしょうか？　弁護士の姉小路の事務所の出町です」

「あ、出町さん。お世話になります」
　突然の電話に、一郎が驚いたような声で、電話口に出た。
「今、裁判所から連絡がありまして、和則さんの保釈の許可が出ました」
「ほ、本当ですか‼　あ、ありがとうございます‼」
　一郎の声は、明らかに上ずっていた。
「いまから、保釈許可決定を受取りに行って、保釈金を納めにいきます。保釈金は、併合されている両事件を合わせて、一郎様からお預かりしている300万円となりました」
「ありがとうございます。私はどうすれば良いでしょうか？」
「保釈金の納付をしてから、1～2時間程度で、釈放されると思います。申し訳ないですが、拘置所まで和則さんを迎えに行ってもらえますか？」
「はい。もちろんです‼」
「では、保釈金の納付が完了したら、またすぐにご連絡しますので、お待ちいただけますか？」
「分かりました。待ってます、待ってます。お願いします」
　一郎の言葉は、さらに高揚し、最後の言葉は、声が裏返っていた。
　出町は、そんな一郎の口調に口元を緩ませながら、
「では、失礼します」
　と早口で告げて、電話を切った。
　書記官に、すぐに行くと告げたので、気持ちが急いていた。
　出町は、事務所の金庫から、烏丸一郎から預かっていた現金300万円を取り出した。3センチほどの厚みの束は、もってみるとそれほど重いものではないのだが、これで和則の保釈がされると思うと、それ以上の重みがあるように感じた。
　出町は、お金を事務所のカバンに大事にしまい、姉小路の職印と事務所のゴム印を持って、事務所を出た。

　京都地裁は、事務所から歩いて5分ほどの距離であった。
　裁判所に着くと、夜間窓口に行き、守衛に来訪の内容を説明し、裁判所の中

に入った。
　裁判所は、夜遅くには、一般の人々がいないため、昼間に比べるとすごく静かに感じる。入り口から一番近いエレベーターで4階まで上がり、第1刑事部の書記官室に向かった。
　中に入ると、カウンターがあり、その向こうに書記官達の執務デスクが並んでいるが、席に着いている書記官が2名いるだけで、空席の多い室内は、昼間とは全く雰囲気の違う感じがする。
　出町は、何度か、夜遅くに裁判所を訪問することがあったので、既に慣れていたが、初めての際には、すこし異様な感じを持ったことを憶えている。
　入り口を入ると、田辺書記官が待っていましたといわんばかりにカウンターの方に歩み寄ってきた。
「遅くにすいませ〜ん。お世話になります。」
　出町が告げると
「はいはい。保釈許可決定やね。」
と田辺書記官は、保釈決定書と保管金提出書を出町に渡してくれた。
　カウンターで、受領書に必要事項を記載し、押印をした上で、出町は田辺書記官に軽く目配せしながら、礼をした。
「すみません。待っていてもらって。今からすぐに保釈金を納付しにいきますので」
「ああ、保管金係に連絡入れてあるから、大丈夫やわ。」
　田辺書記官が相変わらず気さくな口調で言った。
　出町は、再度、礼をすると、急いで書記官室を出て、階段を駆け上がった。
　保管金の納付は、裁判所の保管金係で行う必要がある。京都地裁では、保管金係は、5階にあり、刑事部の1つ上階に位置していた。エレベーターで上がるよりも、階段で上がった方が早いと考えて、出町は、階段を駆け上がったのである。
　保管金係に着くと、裁判所事務官3人が部屋で待機していた。おそらく、刑事部の田辺から連絡を受け、この時間まで待機していてくれていたのであろう。
　出町は、保管金係に入ってすぐにカウンターに出てきた女性事務官に告げた。

「遅くにすいません。今、納付書の必要箇所に記載しますので……」
　そう言って、カウンターで、事務官に保釈決定を渡し、急いで納付書の該当欄に、事務所の住所と姉小路の名前の入ったゴム印を押し、職印を押印して、事務官の1人に差し出した。
「保釈金の納付をお願いします‼」
　まだ少し息が荒い出町の言葉に、女性の事務官は、すこし微笑んだように見えたが、淡々とした口調で応対した。
「はい、確認します。少々お待ちください」
　そういって、内容を確認した。女性事務官は、
「では、保釈金をお願いします」
と出町に告げた。
　出町は、持参した保釈金を事務官に渡すと、事務官2人は保釈金を手で数えた後、2度機械にかけて、金額に間違いがないか確認し、待機していたもう1人の男性事務官に納付した現金を手渡し、再度、金額の確認を受けた後、保管金受領書に押印を受けた。おそらく、男性の事務官が決済の職務をしているのだろう。
　事務官2人の作業が終わると、できあがった保管金受領書を、女性事務官が出町に差し出した。
　出町は、
「ありがとうございました‼」
　と大きな声で告げて、保管金係を後にした。

　裁判所から、事務所に戻ると、出町は、すぐに、烏丸一郎に連絡を入れた。
「もしもし、烏丸一郎様でしょうか？　弁護士の姉小路の事務所の出町です。保釈金の納付が完了しましたので、申し訳ないですが、今から、和則さんを迎えに、拘置所まで行ってもらえますか？　少し早いかもしれませんが、すぐに行ってもらって待っていてもらった方がよいので」
「あ、実は、いてもたってもいられないので、もう車に乗ってるんですよ。お恥ずかしい話、待ちきれない遠足前の子供みたいですわ。今から、車走らせま

す。ほんまに、ありがとうございます。先生にもよろしくお伝えください」

一郎は、早口でそう告げると、急かされるように電話を切った。

出町は、一郎との電話を切って、すぐに姉小路の携帯電話に連絡を入れたが、留守番電話に切り替わった。おそらく接見中なのだろう。出町は、留守番電話に、保釈の手続が完了した旨、録音をし、帰宅の途についた。

6　判　決

10月1日

その日は、朝からどんよりとした雲が立ちこめ、小雨もぱらつき、気持ちの重くなるような朝だった。

出町は、いつものように8時50分に事務所に出勤し、2人の弁護士の予定を確認し、必要な書類等の準備に取りかかっていた。

その予定の中には、午前10時30分の姉小路の予定の欄に、「烏丸和則判決言い渡し」との記載があった。自分の担当している烏丸和則の事件の判決言い渡しである。

烏丸和則は、再三にわたる保釈請求のおかげで、9月4日にようやく保釈が認められ、家族のもとで生活しているが、今日の判決の内容によっては、その家族とのささやかな生活ができなくなるかもしれない。

出町は、出勤時の重くなるような天気のせいもあってか、何だか嫌な気分になっていた。

9時には、姉小路も事務所に出勤してきて、出町に声をかけてきた。
「今日、烏丸さんの判決やったね」
「はい。烏丸さんには、10時前には事務所に来ていただくように手配しております。もうすぐ来られると思います」
「ありがとう。ところで、今日は、和則さんのご両親と奥さんも一緒に来て、

裁判所まで同行されるらしいんだ。悪いけど、裁判所には、和則さんと私は先に行くから、出町君、後からご両親と奥さんを法廷に案内してもらって一緒に傍聴席に同席して貰っておいていいかな」
「はい。分かりました」
　出町は、先ほどの不安がますます大きくなるのを感じた。
　普段、姉小路が、自分に法廷に同行するよう指示することは多いわけではない。姉小路がこのような指示をする場合、家族への精神的ケアを考慮して、事務職員に付き添いを依頼している場合が多い。そのような場合、姉小路がマイナスの判決が出ることをある程度覚悟している場合が多い。姉小路と共に何件もの刑事事件を担当してきた出町には、その姉小路の意図が痛いほどに伝わってきた。
　10時少し前に、烏丸和則と両親の一郎・洋子、それに妻のまみがそろって事務所にやってきた。4人の顔には緊張感が如実に表れていた。
「おはようございます。おかけになって少々おまちくださいね」
　出町は、そんな4人の気持ちを少しでも和らげようと、笑顔での対応を心がけた。それでも、4人の緊張感が、出町にも波及し、笑顔が押しつぶされそうな感覚に陥った。
　3分ほどして、姉小路が、接客室に入っていった。姉小路は「ポーカーフェイス」さながらの淡々とした表情で、4人の方に向いて言葉を発した。
「和則さん、いよいよ今日ですね。判決内容は、結論を聞くまで分かりませんが。今回は初犯ではないので、執行猶予が付くかどうかというところが、問題だと思います。和則さんにとって、納得のいかない結論となることも想定されます。その場合について、お父様・お母様からも、控訴するという意向をお聞きしていますが、和則さんもそのような意向でよいですか？」
　姉小路の問いに、和則は大きく頷いた。
「では、必要書類を揃えておきましょうか」
　姉小路はそう言うと、
「出町君、書類持ってきて！」
と言って、出町に対して、控訴に関する書類を持ってくるように指示した。

出町は、控訴申立用の弁護人選任届と仮に実刑になってしまった場合の再保釈申立のために必要な身元引受書を姉小路に渡した。
　姉小路は、和則に弁護人選任届を、一郎に身元引受書を差し出し、それぞれに署名・押印をしてもらい、控訴の手続を端的に説明した。
　姉小路は、それから一度、書面の最終確認を行うために、一度接客室から退出し、法廷に行く準備を整えて、接客室の和則らに話しかけた。
「和則さん、いきましょうか！　皆さん、私と和則さんだけ、先に法廷に行きます。ちょっと、再度、話しをしておきたいこともあるので。3人さんは、出町君が同行しますので、後から来てください」
　姉小路は、「烏丸和則」と表紙に書かれた分厚くなった訴訟記録を、分厚いカバンに詰め込むと、そのカバンを軽々と片手に下げて、早足で事務所を出て行った。烏丸和則も、はじき出されるようにそれを追って出て行った。
　出町は、接客室から、2人が出て行った後、接客室に入り、残されて呆然としている3人にゆっくりと話しかけた。
「それでは、10分ほどしたら出ますので、このお部屋でしばらくお待ちただけますでしょうか。裁判所までは、歩いて5分ほどですので、私が同行させていただきます」
　烏丸洋子が不安そうに出町に声をかけてきた。
「出町さん、和則はどうなるんでしょうか？　やっぱり駄目なんでしょうか？」
　出町は、この質問をある程度予測していた。依頼者の家族からすれば、裁判の結果が一番気がかりな出来事なので、法律事務所に来れば、その結論がどうなるか一番知りたがる。
　しかし、裁判の結果は、裁判官の手により、判決書の記載どおりに決定している。結果は、言い渡しを聞いた時点で、予想通りの場合もあるし、そうでない場合もある。ただ、和則の場合、再犯であるという点で、執行猶予が付くか否かが微妙な状況であり、家族はその点を最も心配しているのである。
　日本の刑事事件の場合、有罪・無罪の振り分けに関しては、起訴されればほぼ99％が有罪である点からして、無罪を勝ち取ることは至難の業である。実際には、有罪は争わないが、実刑を免れて、執行猶予を勝ち取ることに弁護人

の力が注がれる事件がほとんどである。
　烏丸和則の事件に関しては、和則本人は恐喝の点に関しては、犯罪行為自体を否認していたが、公判においては、量刑の資料の点についても多くの時間を割いて主張がなされていた。つまり、執行猶予が付くか否かについて重要な争点として争っていたのである。
　出町は、今朝からの姉小路の対応の影響もあり、嫌な予感がつきまとっていたが、法律事務所の職員としては、決して断定的な言葉を発することはできない。できることは、姉小路がそうしていたように、できるだけ感情を表に出さず、依頼者及びその家族に少しでも不安を抱かせないようにすることである。その上で、依頼者家族に対して、できるだけ精神的なケアーを施してあげることも重要である。
　しかし、ある程度経験を積んできた出町にとっても、この点はまだまだ難しい課題であった。事件は一つひとつが異なっており、その人間関係も多様であるからである。事件が100あれば、対応の仕方も100通りある。
　出町は、同僚の佐藤に、3人のお茶を入れ替えてあげてくれるように依頼した。今は、暖かいお茶を出して、10分の待ち時間の間だけでもゆっくり飲んでもらうだけでも、少しは気持ちが落ち着くと思ったからである。

　出町は、10分ほどして、出かける用意をして、接客室に入り、緊張した面持ちで待っていた3人に言った。
「では、行きましょうか」
　3人は、黙ってうなずき、無言のまま、出町の後に続いて接客室を出た。
「行ってきます！」
　出町は、普段通りの声で、残っている2人の女性事務職員に声をかけ、事務所のドアを開けて、3人に先に出るように促し、3人が廊下に出るのを確認し、それに続いて事務所を出た。

　法廷に着くと、出町は法廷の外に出ている紙を確認した。
　法廷には、その日にその法廷で開かれる日程が全て書かれている。

10時半の欄には

> 10時30分　判決言渡し
> 被告　烏丸和則　　恐喝未遂・覚せい剤取締法違反事件

と書かれていた。
　現在、10時25分である。
　出町は、法廷のドアにある、小窓から中を見てみた。
　まだ、前の事件の判決言渡しが続いているようである。
　小窓から傍聴席を見てみたところ、姉小路と和則がすでに傍聴席で着席して、前の事件の判決言渡しが終わるのを待っている様子であった。小窓から見ても、和則の表情は明らかにこわばっていた。

　しばらくして、前の事件の判決言渡しが終了したようで、ドアが開き、複数の人たちが出てきた。
　ドアが開いた際に、姉小路もドアから廊下に出てきた。
「お待たせしました。では、中にはいって、座っていてください」
　姉小路は、出町と烏丸一郎・洋子、それに妻のまみに対して、小さな声で話しかけた。その後、姉小路は、傍聴席の前の柵から、弁護人席に移動し、それに伴って、和則も柵の前に移動した。和則は、姉小路に導かれて、弁護人席の前にあるベンチに腰掛けた。
　しばらくして、法廷の一番前の壇上、裁判官席の後ろのドアが開き、和則の事件を担当している裁判官が現れた。そのとたんに、在廷していた事務官が叫んだ。

「起立！」
　法廷にいる全員が、はじかれるように席を立った。
　その異様な雰囲気の中を、裁判官が平然と裁判官席の方に歩みを進め、自分の座る席の前に着くと、傍聴席の方に向いて一礼した。それに続いて、法廷の

全ての人が一礼し、裁判官に続くように着席した。
　事務官が、事件番号を読み上げた。
「平成〇〇年㈹150号恐喝未遂被告事件及び平成〇〇年㈹185号覚せい剤取締法違反事件」
　それを聞いてから、裁判官が発言し始めた。
「それでは、これから判決言渡しを行います。烏丸和則さん、証人席の前にきていただけますか？」
　烏丸和則は、後ろを振り返り、姉小路と目線を合わせた。姉小路は、促すように小さくうなずいた。
　和則は、ゆっくりと、前へ進み出て、裁判官の方へ向き直り、まっすぐに、裁判官の方を見た。
「では、あなたの事件の判決を言い渡します。少し長くなるので、証人席に着席して聞いてください。座っていていいですよ」
　和則は、ゆっくりと着席した。

　裁判官の声にみんなが注目した。
　少し間をとるようにしてから、裁判長がゆっくりとした口調で判決を告知し始めた。

「主文。
　被告人を懲役3年に処する。
　未決勾留日数110日をその刑に参入する。
　訴訟費用は被告人の負担とする」

　裁判官がここまで読み上げた瞬間、姉小路は、残念そうに下を向いた。
　この読み上げの時点で、烏丸和則の量刑に執行猶予が付かないことがハッキリとしたからである。
　その様子を見て、傍聴席で法廷の様子を見ていた烏丸洋子が泣き崩れた。
　出町も、横でその様子を見ていたが、何もすることができなかった。

烏丸一郎が泣き崩れる洋子を支え、何とか必死でこみ上げる感情を抑えているような様子であった。
　妻のまみは、魂が抜けてしまったように、ただひたすら呆然としている様子だった。

　その後、裁判官は5分ほどかけて判決理由を含めた全ての判決を読み終え、少し間を置いた後、静かに和則の方を向いて語りかけた。
「以上が、あなたに対する判決の結果です。お分かりになりましたか？」
　和則は小さくうなずいた。
「本判決に不服があるようでしたら、あなたは、法律に基づき、高等裁判所に対して控訴ができます。不服があるようでしたら、本日言渡しから14日以内に、当裁判所に対して、控訴の書面を提出してください。宜しいですか？」
　和則は、再び小さくうなずいた。
　裁判官は続けた。
「ところで、判決内容ですが、執行猶予が付かない、厳しい判断となりました。これは、あなたとあなたの家族にとっては大変なことだと思います。
　あなたは、ご自分のなさったことをきちんと見直し、二度とご家族の方にご迷惑をかけないように、きちんと生活をしていくことができるよう、心を改めてください。覚醒剤は、一度手を出してしまうと、何度もその誘惑にかられる大変恐ろしいものです。この点をきちんと踏まえて、更生するように期待します」
　和則は、大きくうなずいた。
　裁判官は、それを確認して、大きな声で言った。
「それでは、これで終わります」
　その発言を聞いて2人の男が和則の方に早足で近づいた。
　手錠を持った、廷吏である。
　判決により、和則に実刑が言い渡されたため、判決言渡しが終了した時点から、和則は再び収監されることとなったのである。
　和則に手錠がされ、ロープで手錠が結われた後、廷吏は和則を法廷の前の職

員出入り口から和則を連行していった。

　傍聴席の洋子はその姿を見て、再び大きな声を上げて泣き崩れた……。

　その後、出町は、烏丸一郎・洋子・まみ、それに姉小路とともに、東山法律事務所に戻った。
　接客室に３人を案内し、姉小路も着席した。
　出町は、姉小路の指示により、姉小路と家族達の打ち合わせ内容を記録すべく、その席に同席した。
　姉小路が切り出した。
「残念な結果でした。やはり、覚せい剤に関して再犯であった点が、実刑になってしまった大きな要素であると思います」
　その発言を聞いた一郎がゆっくりと、小さな声で聞き返した。
「和則は、控訴してもやはり実刑でしょうか？　保釈まで認めて貰っていたのに……。
　なんとか、執行猶予を付けて貰えないもんでしょうか？」
　姉小路は、淡々と答えた
「そうですね。執行猶予は、恐喝の点に関しての被害者側の協力によっては多少可能性はあると思います。控訴する方向で考えてみるのは良いと思いますが……」
　洋子とまみは、声を合わせる様に、同時に発言した。

「是非、お願いします」
「是非、お願いします」

「では、和則さんの意向を聞いてみた上で、最終決定をしましょう。私の方で、接見して、意思を確認するようにします」
　出町は、レポート用紙に
『控訴予定。本人の確認をとってから進める。一郎・洋子・まみ氏は控訴に同

意』
と記載した。そして、用紙を記録に綴じた上で、記録の期日欄にその旨を同様に記載した。

一郎達が事務所を去った後、出町は姉小路に確認をした。
「先生、判決の謄本の交付申請しておきますね」
「ああ、よろしく頼むわ」
出町は、自分のパソコンに入っている「判決謄本交付申請書」の書式に必要事項を記入した上で、姉小路の職印を押印した。
その上で、京都地方裁判所の刑事部にその日のうちに、申請書を提出した。

事 件 時 系 列 表

日　　時		内　　容
12月19日	16:00	キャバクラ「桃」において、トイレの再度の故障。烏丸和則が、木津川一郎らを呼びつけて、店舗内で、クレームを言う。
翌年2月11日	8:15	丸太町警察署の警察官は、烏丸和則の自宅に行き、同人を恐喝未遂の容疑で逮捕した。
	11:00	烏丸和則の母である烏丸洋子から、東山法律事務所に刑事弁護の電話依頼があった。
	15:00	烏丸一郎及び洋子が東山法律事務所に来所し、弁護士の姉小路に相談した結果、委任契約を締結した（受任）。
	16:00	事務職員の出町は、姉小路から指示を受け、烏丸和則が御池警察署に在監していることを確認し、姉小路に伝えた。
	19:00	姉小路は、御池警察署へ行き、烏丸和則と接見し、弁護人選任届に署名・指印をもらった。
2月12日	14:00	送検
	14:30	勾留請求
	15:30	勾留質問
	17:00	京都地方裁判所令状部から、東山法律事務所に「被疑者烏丸和則が恐喝未遂で御池警察署に勾留された。接見禁止が付いている」との電話連絡があった。

日　時		内　容
2月13日	9:45	烏丸一郎及び洋子は、東山法律事務所に来所し、着手金を支払った。
	10:00	出町は、京都地方検察庁の事件係へ行き、弁護人選任届を提出し、捜査担当検事の名前を確認した。
	10:30	出町は、京都地方検察庁の帰りに、京都地方裁判所に立ち寄り、令状係に勾留状謄本交付申請書を提出した。
	12:00	出町は、妻まみに電話をかけ、接見一部解除の申立てをするために必要事項（住所・氏名・生年月日・接見事項）を確認した。
	13:30	事務職員の佐藤は、京都地方裁判所令状部へ行き、妻まみの接見禁止一部解除の申立書を提出した。
	16:30	出町は、京都地方裁判所から接見禁止一部解除の判断の連絡がないため、確認の電話連絡をした。同裁判所からは、「判断が出たら連絡します」との回答を受けた。
	17:15	出町は、京都地方裁判所令状部から、接見禁止一部解除につき、「職権発動せず」との電話連絡を受けた。
	17:15	出町は、烏丸和則の接見禁止一部解除の申立について、職権が発動しなかったことを妻まみに連絡した。
2月18日	15:00	京都地方裁判所令状部から東山法律事務所に「勾留状謄本ができている」との電話連絡を受け、佐藤が勾留状謄本を取りに行った。
2月21日	16:30	出町は、姉小路から烏丸和則の処分結果について確認するよう指示を受け、勾留延長について、京都地方検察庁の捜査担当検事に確認したところ、勾留延長請求するとの回答を受けた。
3月2日	15:00	出町は、姉小路から烏丸和則の処分結果について確認するよう指示を受け、OJTをかねて佐藤が、京都地方検察庁の担当捜査検事に確認したところ、「公判請求予定（起訴）、接見禁止を請求します。覚せい剤で再逮捕予定」と確認できた。
		京都地方検察庁が、京都地方裁判所へ烏丸和則を恐喝未遂で起訴。
3月3日	9:30	丸太町警察署から、覚せい剤取締法違反で烏丸和則を逮捕したとの連絡があり、姉小路が接見に行き、同罪についても弁護人となった。
	10:30	送検

日　時		内　容
3月3日	11:00	勾留請求
	11:45	京都地方裁判所令状部から東山法律事務所に「被疑者烏丸和則が罪名覚せい剤取締法違反で御池警察署に勾留された。接見禁止が付いている」との勾留通知の電話連絡を受けた。
3月4日	10:00	出町は、京都地方検察庁事件係に覚せい剤取締法違反の弁護人選任届を提出（持参）し、帰りに京都地方裁判所令状部に勾留状謄本交付申請書を提出した。
	13:30	京都地方裁判所第1刑事部の担当書記官から東山法律事務所に電話連絡があり、出町が、第1回公判期日を調整し、第1回公判期日を4月23日午前10時と決め、期日請書を京都地方裁判所第1刑事部宛にＦＡＸした。
	14:00	出町は、京都地方検察庁のＫＰＯ謄写センターに対して、烏丸和則の恐喝未遂被告事件について、公判記録謄写依頼書及び証拠書類・証拠物閲覧申請書兼委任状の2枚をＦＡＸした。
3月12日	15:30	出町は、姉小路から烏丸和則の処分結果について確認するよう指示を受け、勾留延長について、京都地方検察庁の捜査担当の山本検事に確認したところ、勾留延長請求するとの回答を受けた。
3月20日	16:30	出町は、姉小路から烏丸和則の処分の結果について確認するよう指示を受け、京都地方検察庁の捜査担当山本検事に電話をかけ、処分の結果について確認したところ、「公判請求予定（起訴）、接見禁止を請求する」との回答を受けた。
		京都地方検察庁が京都地方裁判所へ烏丸和則を覚せい剤取締法違反で追起訴。
3月24日	9:30	出町が京都地方検察庁のＫＰＯ謄写センターに対し、烏丸和則の覚せい剤取締法違反被告事件について、公判記録謄写依頼書及び証拠書類・証拠物閲覧申請書兼委任状の2枚をＦＡＸした。
4月7日		烏丸和則は御池警察署から京都拘置所に移送された。
4月10日		検察庁より、京都弁護士会の姉小路のレターボックスに烏丸和則が移送された旨の移送通知書が届いた。
4月23日	10:00〜10:40	第1回公判期日　起訴状朗読、冒頭陳述

日　時		内　容
5月28日	10:40 〜 12:00	第2回公判期日　証拠調べ検察官請求証人尋問（安心館社員2名）
7月2日	15:00 〜 16:00	第3回公判期日　弁護人請求証人尋問（被告人の妻）
7月30日	10:40 〜 12:00	第4回公判期日　被告人質問（恐喝・覚せい剤）
9月3日	13:50 〜 14:40	第5回公判期日　論告求刑　最終弁論
	14:45	姉小路から指示を受け、出町が、保釈請求書及び身元引受書を京都地方裁判所刑事訟廷部に提出し、その際に保釈の面談も希望した。
9月4日	10:00	京都地方裁判所第1刑事部の書記官から、保釈についての面談の時間の打合せの電話があった。
	16:30	姉小路が、京都地方裁判所第1刑事部に出向き、裁判官と保釈請求の面談をした。
	18:30	京都地方裁判所第1刑事部の担当書記官から東山法律事務所に電話連絡があり、「保釈許可決定(恐喝未遂で保証金額150万円、覚せい剤取締法違反で保証金額150万円）がでた」との連絡を受けた。
	18:35	出町が、保釈保証金300万円を京都地方裁判所に持参し、京都地方裁判所第1刑事部で保釈許可決定を受領し、保釈保証金を出納課に納付した。
10月1日	10:00	烏丸和則と姉小路が東山法律事務所で打合せし、実刑判決の場合に備えて、控訴申立書・弁護人選任届・保釈請求書及び身元引受書を準備した。
	10:30	判決期日（主文　被告人を懲役3年に処する）
	11:00	実刑判決だったので、烏丸和則は法廷で収監された。
	11:00	出町は、姉小路から指示を受け、判決謄本交付申請書・控訴申立書・弁護人選任届・保釈請求書及び身元引受書・保釈保証金充当許可申請書を京都地方裁判所刑事訟廷部に提出した。
	13:00	姉小路は、京都地方裁判所に出向き、裁判官と保釈請求の面談をした。

日　時		内　容
10月1日	16:30	京都地方裁判所第1刑事部の担当書記官から東山法律事務所に電話連絡があり、「保釈許可決定（恐喝未遂で保証金額200万円、覚せい剤取締法違反で保証金額200万円）がでた」との連絡を受けた。

第2編　解説

第 1 章

刑事手続の概要

　犯罪が発生すると、国は、犯罪を犯したと疑いのある者を発見・確保するために、証拠を収集する等の捜査を開始します。犯罪を犯したと疑いのある者を刑事裁判にかけて、公判で犯罪事実を明らかにします。犯罪を犯した者に判決を言渡し刑が確定すると、その者に刑罰を科します。

　犯罪を犯した者に刑罰を科す手続を「刑事手続」や「刑事訴訟」といいます。また、その刑事手続の全体を通して、一般に「刑事事件」といいます。

1 刑事手続の目的

(1) 刑事手続の目的

> **刑事訴訟法1条**
> 　刑事事件につき、公共の福祉の維持と個人の基本的人権の保障とを全うしつつ、事案の真相を明らかにし、刑罰法令を適正且つ迅速に適用実現することを目的とする。

　刑事訴訟法の目的として、①「事案の真相」を明らかにすることと、②「個人の基本的人権の保障」を全うすることの2つの目的が明記されています。

　刑事訴訟法は、犯罪を犯した者に刑罰を科すための手続について定めた法律

ですので、刑事訴訟法の定める手続は、犯罪を犯した者を捕まえて適正に処罰できるように、事件の真相を発見しやすい手続でなければなりません。

しかし、犯罪を犯した者を捕まえることだけを強調しすぎると、あやしいというだけで身体を拘束して、自白を強要するなど、無実の人が処罰されるおそれが生じてしまいます。

つまり、刑事訴訟法には、犯罪を犯した者を早く見つけ出して適切に処罰しなければならないという要請があると同時に、犯罪を犯していない者を絶対に処罰してはならないという要請もあるのです。刑事訴訟法は、この「真実発見」と「人権保障」という２つのバランスを図ることがとても重要になります。

(2) 憲法と刑事訴訟法

> **憲法31条**
> 何人も、法律の定める手続によらなければ、その生命若しくは自由を奪はれ、又はその他の刑罰を科せられない。

これは、刑罰を科すための手続が「法律」で定められていることを要求しているものです。ここでいう法律の代表例が、刑事訴訟法になります。

刑事訴訟法には、国の最高法規たる憲法の要請を受けて、刑罰を科すための捜査手続や裁判手続が定めてられており、適正手続の保障をみたすものでなければなりません。憲法31条はこのことを唱っているのです。

2 刑事手続に関わる者

(1) 捜査機関（攻撃する者）

捜査の権限が認められているのは、一般に①司法警察職員、②検察官、③検察事務官になります。捜査を行うこれらの三者をまとめて「捜査機関」といいます。

① 司法警察職員

　刑事訴訟法上、一般の警察官のことを「司法警察職員」といいます。司法警察職員は、司法警察員と司法巡査に分かれ、司法警察員が捜査を中心的に行います。司法巡査は、司法警察員と比べて権限が限られているため、司法警察員の補助者として捜査を行います。

　司法警察職員は、「犯罪があると思料するときは、犯人及び証拠を捜査するものとする」と規定しています（刑訴法189条2項）。まず犯罪が発生すると、第一次的に捜査を行うのは、司法警察職員です。

② 検察官

　検察官は、捜査の権限及び公訴を提起（起訴）する等の権限が認められた法律専門家です。検察官は、国家公務員として職務を行い、検察庁という全国的に統一された組織の中で活動します。検察庁は、上から順に最高検察庁、高等検察庁、地方検察庁、区検察庁の4つで構成されています。検察官には、唯一、国の代表者として、犯罪を犯した者に公訴を提起（起訴）する権限が与えられています（刑訴法247条）。一般に、第1次的に捜査を行うのが司法警察職員に対して、検察官は、第2次的に捜査を行います。両者の関係は、互いに協力しあうことを基本としながら、検察官は、司法警察職員に対して指示・指揮する権限が与えられています（刑訴法193条）。

　なお、俗に法律事務所では、検察官を「捜査検事」「公判検事」ということがあります。事件数の多い検察庁では、公訴の提起までを担当する検察官（「捜査検事」という）と、公判立会いの検察官（「公判検事」という）に分かれており、それに対応して上記のような呼び方になっています。事件数の少ない検察庁では、捜査、公判立会い、判決まで同じ検察官が行います。

③ 検察事務官

　検察事務官は、検察官の指揮を受けて捜査を行うなど、検察官の職務を補佐します。検察事務官は、公判で検察官が提出する証拠を整理・作成する等の職務も行います。また、裁判が確定した懲役刑等の執行手続や罰金

の徴収業務に関わる職務も行っています。

(2) 被訴追者（防御する者）

① 被疑者・被告人

　刑事手続において、警察官・検察官と対置する関係にあるのは、被疑者・被告人です。捜査機関から犯罪を犯したと疑われている者を「被疑者」といい、公訴の提起（起訴）後は、「被告人」といいます。

　もっとも、被疑者・被告人が罪を犯したかどうかは、裁判所が審理をして有罪か無罪かの判決が出るまで分かりません。つまり、被疑者・被告人には、判決が言渡されるまで「無罪推定の原則」が及んでいます。このような観点から、被疑者・被告人には、黙秘権や弁護人依頼権などさまざまな防御活動を行う権利が保障されており、公正な裁判を受けることができるように配慮されています。

② 弁護人

　弁護人は、刑事手続において、被疑者・被告人の正当な権利・利益を保護するために、被疑者・被告人の弁護活動を行います。

　検察官は法律専門家であり、しかも国家権力を背景として強力な権力（捜査権限）を有しています。それに対して、被疑者・被告人は、法律的な知識に乏しく、心理的な面においても非常に弱い立場に置かれ、十分な防御を行うことは容易なことではありません。そこで、被疑者・被告人には、検察官と実質的に対等な立場にするため、検察官に対抗できるだけの法律知識をもつ者として、弁護人が必要になります。弁護人は、原則として弁護士の中から選任するとされています（刑訴法31条）。

(3) 裁判機関（審理する者）

　刑事裁判において、審理をする機関として裁判所があります（訴訟を扱う場合「受訴裁判所」といいます）。裁判所の種類は、上から順に最高裁判所、高等裁判所、地方裁判所、家庭裁判所、簡易裁判所の5つで構成されています。また、裁判所は、以下の者らによって構成されます。

① 裁判官

　裁判官は、検察官や被告人・弁護人の当事者から独立した第三者的立場から、事件について判断を行います。刑事裁判において、裁判官は、被告人について罪を犯したかどうか審理を行い、最終的に有罪か無罪かの判決を言渡します。また、裁判官は、捜査機関が強制捜査をする場合に、被疑者の基本的人権を守る観点から、逮捕令状や捜索差押令状などの令状を発付するか否かを判断する役割も果たしています。

　刑事裁判は、1名の裁判官によって行われる場合の裁判と数名の裁判官よって行われる場合の裁判があります。詳細は、第5章「公判」及び第8章「上訴」において解説します。

② 裁判所書記官

　裁判所書記官は、刑事裁判において、刑事訴訟法で定められた事務及び裁判官の行う法令や判例の調査等といった職務を行います。具体的には、公判に立会い、公判手続調書や証人尋問調書、被告人質問調書を作成するなどの職務を行います。

(4) 犯罪被害者(被害者)

　犯罪被害者とは、犯罪によって権利の侵害や損害を受けた者をいいます。

　従来、刑事裁判の当事者は検察官と被告人・弁護人であるという理由で、被害者は、刑事裁判にほとんど関与することができませんでした。

　しかし、2007(平成19)年の刑事訴訟法改正により、裁判所の許可を条件に被害者が刑事裁判へ参加できる制度が認められるようになりました。また、最近では、被害者保護という観点から、犯罪被害者がさまざまな法律援助等を受けられる制度が確立してきています。

　本書第2部においては、犯罪被害者側の視点から、刑事手続への関わり方について解説しています。

3 刑事手続の流れ

刑事手続の全体の流れを図に表わすと、次のとおりです。

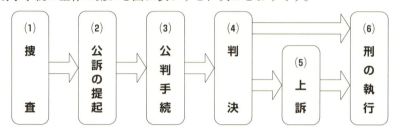

(1) 捜査

犯罪が発生すると、司法警察職員は、証拠を収集し被疑者の発見のために、捜査を開始します。捜査を進める中で、被疑者を発見して、必要が有れば、その身柄（身体）を拘束します。最初の身柄拘束を「逮捕」といいます。

その後、司法警察職員は、被疑者を引き続き身柄拘束をする必要があると判断したときは、被疑者を逮捕したときから48時間以内に被疑者の身柄と書類・証拠物を検察官に引き渡します。これを「検察官送致」又は「送致」といいます。

検察官は、送致を受けた後、再度、被疑者を留置する必要があると判断したときは、送致を受けたときから24時間以内に裁判官に対して、再度の身柄拘束の請求をします。この身柄拘束を「勾留」といいます。勾留の期間は、原則として、検察官が勾留を請求した日から10日以内となります。また、検察官の請求により、裁判官がやむを得ない事由があると判断したときは、10日を超えない限度で勾留の延長が認められています。

詳細は、第2章「捜査機関による身柄の拘束（逮捕・勾留）」において解説します。

(2) 公訴の提起（起訴）

検察官は、被疑者の勾留期間が満了するまでに、犯罪の立証ができるとの確信を得たときは、裁判所に起訴状を提出して公訴を提起します。これを一般に「起訴」といいます。すでに述べたとおり、検察官から裁判所に公訴の提起がなされると、「被疑者」から「被告人」に呼び方が変わります。

なお、公訴の提起は、基本的に「公判請求（正式裁判）」と「略式請求（略式裁判）」とがあります。公判請求は、公開の法廷で裁判が求められ、公判期日が開かれます。略式請求は、犯罪の証拠が明らかで、かつ簡易な事件について、簡易裁判所が公判を開かずに、100万円以下の罰金又は科料の刑を科す裁判をいいます。

詳細は、第4章「公訴の提起（起訴）」で解説します。

(3) 公判手続

検察官が裁判所に公判請求をすると、裁判所から公判期日が指定され、公判が始まります。刑事裁判の公判は、公開の法廷で裁判官が、検察官・被告人・弁護人などの立会いの上で行います。公判は、検察官が起訴状に記載した具体的な犯罪事実（訴因）が証明できるかをめぐり、当事者が互いに主張と立証の手続を行います。公判手続は、大きく分けて冒頭手続、証拠調べ手続、弁論手続の順に行われます。

詳細は、第5章「公判」において解説します。

(4) 判決

裁判所は、公判において、弁論手続が終了すると、判決を言渡します。

判決は、大きく分けて実体判決と形式判決とに分類されます。実体判決は、通常、刑事事件でよく見られる有罪判決や無罪判決です。また、有罪判決の一種として執行猶予付判決があります。

これに対して、形式判決は、そもそも有罪・無罪の判断に立ち入らずに、手続的な瑕疵等の判断で裁判を終了してしまう判決です。例えば、公訴棄却の判決、免訴の判決、管轄違いの判決等があります。

詳細は、第7章「判決」において解説します。

(5) 上訴

　裁判は、裁判官という人間が判断します。誤りがないように慎重に裁判をしたとしても、人間が判断を行いますから、当然、事実を見誤ることもあります。

　このような場合に、検察官・被告人・弁護人に裁判に対する不服申立てを行う方法が必要になります。不服申立ての中で、確定していない裁判に対して、上級裁判所に審判を求める不服申立てを「上訴」といいます。

　この点、我が国においては、第一審・第二審・第三審の3つの審級による裁判所を設け、原則として3回まで審理を行うことができます。これを「三審制」といいます。

　つまり、原則的な形態として、地方裁判所又は簡易裁判所のした第一審判決に対する「控訴」、高等裁判所のした第二審判決に対する「上告」という2度の不服申立てが許されています。

　次の図を参考にしてください。

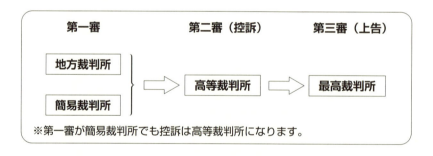

　また、決定や命令に対する上訴として抗告があります。
　詳細は、第8章「上訴」において解説します。

(6) 刑の執行

　刑の執行は、裁判を行った裁判所に対応する検察官が、裁判確定後に速やかに指揮することが原則となっています。しかし、人の生命を奪う死刑について

は、他の刑罰よりも特に慎重に行う必要があることから、死刑が確定しても、検察官だけの判断では死刑を執行することができません。よって、死刑については、法務大臣の執行命令を待ってから、検察官が執行を指揮することになります。

　刑の種類の詳細については、第7章「判決」の解説に記載してありますので、参考にしてください。

【参考】刑事事件と民事事件との呼称に関する比較

	刑事事件	民事事件
当　事　者	検　察　官 VS 被疑者・被告人	原　告 VS 被　告
弁　護　士	弁護人	代理人（訴訟代理人）
委任する書面	弁護人選任届	委任状(訴訟委任状)
訴える書面	起訴状	訴　状
事件番号　※	平成　年(わ)第　号	平成　年(ワ)第　号
期　　　日	公判期日	口頭弁論期日
証　　　拠	検号証、弁号証	甲号証、乙号証

※裁判所において、事件を管理する場合に付与する番号のことをいいます。
　（　）書きの中の文字は、事件の種別によって付与する文字が決められています。

法律事務職員になるためには?

コラム1

　法律事務職員になるためには、各法律事務所に採用される必要があります。必要となる資格は特にありません。法学部卒が多いですが、他の学部卒でも採用されています。

　採用方法は、一般企業における従業員の採用方法と同様に、基本的には、応募→書類選考→面接等→採用となります。ただし、定期的に求人を行っている法律事務所はごく僅かであり、弁護士が独立開業するときや、事務職員の欠員が生じたときに求人を行うのが一般です。

　法律事務所が事務職員の求人を行う場合は、就職情報サイトや新聞等に求人情報を掲載したり、大学に求人票を送ったり、ホームページを設けている法律事務所では、そのホームページに求人情報を掲載するなどしています。また、大阪弁護士会のように、弁護士会のホームページに各法律事務所の求人情報を掲載している弁護士会もあります。

　法律事務職員になりたい人は、これらの求人情報をチェックして、応募することになります。

　これとは別に、弁護士会に履歴書を預かってもらうという就職活動の方法があります。全国のどの弁護士会でも実施しているものではありませんが、例えば、京都弁護士会と大阪弁護士会では、就職希望者の履歴書を預かり、採用を希望する弁護士の閲覧に供しています（弁護士会が求人の仲介をするわけではありません）。採用を希望する弁護士が、弁護士会に出向き、専用ファイルに綴じられた履歴書を閲覧するというわけです。閲覧の結果、採用候補者に選ばれると、その弁護士から個別に面接等の連絡が入ることになります。私は、大学4回生のときに、この方法で大阪の法律事務所に採用されました（その後、京都の法律事務所に移籍しました）。

とても珍しい採用として、私の友人の男性法律事務職員（30代）は、大学4回生のときに、アルバイト先のお好み焼き屋で、常連客の弁護士から、「君は大学生か？　4回生？　就職は決まったんか？　決まってない？　それやったらうちで働かないか？」との誘いを受け、法律事務職員に採用されました。その友人は、文学部で法律事務職員という職種を全く知らなかったそうですが、今では、その弁護士から絶大な信頼を受け、法律事務職員として大活躍しています。
　その他裁判関連の職員採用について触れておきます。
　〇裁判所書記官になるためには？
　裁判所書記官になるためには、まず、裁判所職員（裁判所事務官等）となり（裁判所職員になるためには、裁判職員採用試験に合格し、各裁判所に採用される必要があります）、裁判所職員として一定期間勤務した後、裁判所職員総合研修所入所試験に合格し、同研修所で約1年から2年の研修を受ける必要があります。
　〇検察事務官になるためには？
　検察事務官になるためには、国家公務員採用一般職試験（大卒程度試験の行政区分又は高卒程度試験の事務区分）に合格し、試験合格後、各検察庁で実施される面接等に合格する必要があります。

（山本　真）

第2章

捜査機関による身柄の拘束
（逮捕・勾留）

1 令状主義

　もし、みなさんが、理由もなく、捜査機関から身体を拘束されたらどうでしょうか？　果たして、そのようなことが許されるのでしょうか？

　この点、我が国の憲法は、国民の人権について規定する中で、歴史的経験に基づき、国家権力による恣意的な身柄[1]の拘束がなされることを禁止しています。例えば、憲法33条及び同35条は、司法官権（裁判所および裁判官のことです）が事前に司法の観点から判断をして発付する令状がなければ、捜査機関が国民の身体を強制的に拘束したり、財産を押収したりできないという原則を定めています。これを「令状主義」といいます。

　また、捜査機関が、捜査のためになしうることにも限界があります。捜査機関の行う「強制の処分は、この法律に特別の定のある場合でなければ、これをすることができない」（刑訴法197条ただし書き）とされ、捜査機関は国民の権

---

*1　実務上は、身体の拘束のことを「身柄（みがら）」の拘束と言うことが多いです。一部の文献によると、「柄」とは物のことを指し、人に対する処分は「身体」と表現すべきとするものもあります（参照：武井康年＝森下弘編『ハンドブック刑事弁護』〔現代人文社、2005年〕75頁）。異論もありますが、本書においては、実務においてなお通例として使われている「身柄」の拘束という表現を用いることとします。

利を侵害するような処分（いわゆる強制処分[*2]）を行う場合には法律の規定が必要であるとして、その限界を設定しています。これを「強制処分法定主義」といいます。

我が国においては、刑事手続上、このような重要な原則が保障されていることをまずしっかりと理解する必要があります。

2 逮捕

(1) 定義

逮捕とは、捜査機関がある人物に対して「何らかの罪を犯したのではないか」との疑いをもったときに、法律に基づいてその人の身柄を比較的短期の期間拘束することをいいます。比較的短期といっても、最大で72時間の間、身柄が拘束されることになり、被疑者や被疑者の親族にとっては、物理的・精神的に大きな負担となります。短期という表現がされるのは、後述の起訴前勾留（「被疑者勾留」ともいいます）や起訴後勾留（「被告人勾留」ともいいます）に比べて短期という意味です。安易に被疑者だからということで身柄の拘束が許されるわけではありません。あくまでも、捜査の必要上、法律の要件を満たした場合に例外的に許容されるものなのです（「強制処分法定主義」の一場面です）。

また、逮捕も勾留も、身柄を拘束するという点では、人の権利を侵害するものですので、裁判官の審査を経るべきという「令状主義」が原則となります。

もっとも、すべての場合に令状が必ず必要であるとすると、社会秩序の維持が困難な場合があるため、そのような場合には、憲法も例外を許容し、令状が不要とされる場合があるとします。後述の現行犯逮捕がその例です（憲法33条は「現行犯として逮捕される場合を除いては」として、令状主義の例外を定めています）。

[*2] 最高裁判例によれば、強制処分とは「個人の意思を制圧し、身体、住居、財産等に制約を加えて強制的に捜査目的を実現する行為など、特別の根拠規定がなければ許容することが相当でない手段」のことだとされています（最三小決昭和51年3月16日刑集30巻2号187頁）。

ただし、例外が認められるための要件は、令状が発付される場合に比べて厳格なものとなっています（刑訴法212条をご自身で読んでみてください！）。

(2) 逮捕の種類

本事例では、警察官らが、烏丸和則の自宅を訪問して、逮捕令状を提示し、そのまま身柄を拘束しています。これを法律的には「通常逮捕」といいます 資料1 。

逮捕については、このような令状を示してなされる通常逮捕の他、令状を必要としない現行犯逮捕・準現行犯逮捕や、現場では令状が取れない場合に、その場で逮捕をして、追って令状の発付を受ける緊急逮捕があります。

みなさんは、逮捕といえば、刑事ドラマ等で捜査機関が犯罪を現認して、犯人の身柄を拘束する「現行犯逮捕」の場面をよく見かけると思います。しかし、刑事手続上、逮捕の方法にはいろいろなものがあるのです。

次の表（次頁）において各逮捕方法の差異を確認してください。

法律事務職員にとっては、依頼者がどのような種類の逮捕をされたかによって、関与する事務手続に差異が生じるということは少ないでしょう。しかし、公判手続において、その罪状及び量刑を争う弁護人の活動手法にも影響してくるものですので、逮捕の種類の概略程度は知っておくべきでしょう。

(3) 逮捕に伴う身柄拘束期間

警察官が逮捕した場合には、原則として、逮捕から48時間以内に、被疑者を釈放するか、もしくは事件を被疑者の身柄付きで検察官に送る（検察官送致。略して「送検」といわれます）のかを判断しなければなりません（刑訴法203条）。

また、検察官が送致を受けた場合は、被疑者に弁解の機会を与えた上で身柄を受け取ってから24時間以内に、かつ、逮捕時から72時間以内に、検察官が公訴提起（起訴）をするかもしくは勾留請求をしない限り、被疑者を釈放しなければならないとされています（刑訴法205条）。

他方、検察官が自ら逮捕した場合は、原則として、逮捕から48時間以内に公訴提起をするかもしくは勾留請求をしない限り、被疑者を釈放しなければな

	通常逮捕 （199条1項）	現行犯逮捕 （212条1項）	準現行犯逮捕 （212条2項）	緊急逮捕 （210条）
主体※	警察、検察	何人でも	何人でも	警察、検察
逮捕状の有無	あり	なし	なし	なし（ただし、逮捕後に請求する必要あり）
逮捕の要件	①罪を犯したことを疑うに足りる相当な理由 ②逮捕の必要性	①犯行と逮捕行為の時間的・場所的接着性 ②犯罪・犯人の明白性 ③逮捕の必要性	①犯行と逮捕行為の相当な程度の時間的・場所的接着性 ②犯罪・犯人の明白性 ③逮捕の必要性 ④212条2項各号のいずれかに該当する場合であること	①死刑又は無期懲役若しくは長期3年以上の懲役若しくは禁固に当たる罪を犯したことを疑うに足りる充分な理由 ②急速を要し、逮捕状の発付を求めることができない場合 ③上記①及び②の理由を被疑者に告知 ④逮捕の必要性

※逮捕をする者としては、警察官を想像する方が多いでしょう。しかし、刑事訴訟法上は、警察官の他に、検察官も逮捕を行うことができます。これに対して、現行犯逮捕は、警察や検察等の捜査機関の他、犯罪を現認した一般人も行うことができるとされています（法律上は、「何人でも」〔刑訴法213条〕と規定されています）。犯行が行われているのに、それを放置しておくことは社会秩序維持の観点から妥当でないという法政策的な趣旨だと考えられます。ただし、私人による逮捕が行われた場合、直ちにこれを捜査機関に引き渡さなければなりません（刑訴法214条）。

りません（刑訴法204条）。

つまり、逮捕による身柄拘束時間は、

- ●警察官が逮捕した場合　→　最大72時間
- ●検察官が逮捕した場合　→　最大48時間

ということになります。

　これらの時間制限に関しては、後述の勾留状謄本の交付請求をいつ行うか等の点で、法律事務職員にも関係してくることですので、基本的な事項として理解が必要です。

3 捜査機関による身柄拘束の手続

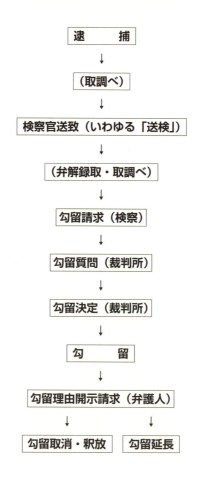

80　第1部　刑事弁護

4 勾留

(1) 定義

勾留（こうりゅう）とは、被疑者又は被告人を拘束する裁判およびその執行をいいます。

「勾留」という言葉は、刑事被告人が有罪となった際になされる刑罰の一種である「拘留」（刑法第9条、同16条参照）と読み方が共通するので混同しがちですが、両者は違った概念ですので、両者の違いをしっかりと理解しておく必要があります。

(2) 起訴前勾留（被疑者勾留）と起訴後勾留（被告人勾留）

勾留は、被疑者段階で行われる起訴前勾留（被疑者勾留）と、起訴後（起訴については第4章「公訴の提起（起訴）」参照）に行われる起訴後勾留（被告人勾留）に分けられます。両者は、犯罪証拠（罪証）隠滅の防止を図りつつ、将来の公判への出頭の確保を行うという目的は共通します。

しかし、両者は、身柄の拘束期間において大きく異なります。起訴前勾留は、検察官が捜査を行い、起訴することが相当か否かを判断するための期間、身柄を拘束するためのものであるため、起訴後勾留に比べて短期の期間となっています。

この点、身柄を拘束する手続という点で、逮捕、起訴前勾留、起訴後勾留の異同を比較して押さえておくと理解しやすいでしょう（次頁の図を参照）。

5 逮捕・勾留中の取調べ

逮捕・勾留の手続は、罪証隠滅の防止及び公判への出頭を確保する目的で行われるものであり、直接的には、捜査機関が取調べを行うためのものではありません。

逮捕・勾留に伴う身柄拘束期間、不服申立ての可否などの異同

	逮 捕	起訴前勾留 （被疑者勾留）	起訴後勾留 （被告人勾留）
拘束期間	最大で72時間	最大で25日 原則：10日間 例外：10日間の延長可能（特殊な事件の場合、更に5日間の延長）	原則：2カ月 その後1カ月ごとに更新
不服申立て	できない （判例・実務）	準抗告（429条）	抗告（420条2項） 準抗告（429条）
保釈の可否	不可	不可	可能

　しかし、刑訴法198条は「逮捕又は勾留されている場合を除き」出頭及び取調べを拒むことができるとしていることから、実務上は、逮捕・勾留中は、取調べに応じる義務があると考えて、取調べが行われることが通常です。

　そして、取調べが行われた際には、被疑者等の供述を書面に記載し、証拠とされます。公判記録等で見かける警察官の警察官面前調書（いわゆる「員面調書」）や検察官面前調書（いわゆる「検面調書」）がその例です。

6　身柄拘束の場所

　被疑者が勾留をされる場合、勾留状において「勾留場所」が記載要件となっています。

　この勾留場所とは、原則として拘置所のことを言いますが、警察署に付属した留置場を代用することができる（これを一般的に「代用監獄」といいます）とされており（収容法第15条）、被疑者勾留の場合には、この代用監獄で勾留されていることがほとんどのようです。これは、全ての被疑者を収容できるだけの刑事施設が存在しないため、さまざまな収容施設を利用せざるを得ない実情

に基づくとされています。他方、取調べのために、拘置所からの移動時間に多大な時間を要すると捜査機関の立場から不都合な点が多いといった要請があるからとも言われています。後者の点に関しては、被疑者の人権の保護の観点から、さまざまな批判もあるようです。

　法律事務職員としては、弁護士が被疑者・被告人との接見に赴く際に、被疑者・被告人がどこに勾留されているか確認する必要があります。その際に警察署（いわゆる代用監獄）に勾留されているのか、拘置所に勾留されているのか等の確認を取ることになりますので、上記の実務的な運用の実際を知っておくことは有益です。

時間との勝負

コラム2

　刑事事件においては、弁護人の弁護活動は、迅速な処理が要求される場合がほとんどです。

　それは、刑事事件の手続が民事事件（特に民事訴訟）に比して、短期間の間に手続が進行することに起因します（刑事訴訟手続は、民事訴訟よりもより集中的に審理がなされるものがほとんどです）。

　被疑者・被告人が、逮捕や勾留で身柄を拘束され、身体の自由等を制約されている場合には、迅速性の要請は更に高まります。

　そのために、弁護人は、被疑者段階では被疑者が速やかに釈放されるように、また訴訟手続中でも保釈が許可され、身体の自由を得られるように手を尽くすのです。

　刑事事件に携わる法律事務職員も、常に迅速な処理に対応できるよう、日々の業務においても先を見越して書類等の処理をするように心がける必要があります。

（吉山　仁）

法律事務所の仕事1

勾留・接見禁止等に対する対応

1 勾留状謄本の交付申請

　裁判官が勾留決定をし、勾留がされる結果となった場合には、裁判所から勾留状が発せられ、その中で勾留の理由が示されます。弁護人としては、勾留状謄本 資料2 を取り寄せて、勾留状の内容を確認する必要があります。

　法律事務職員としては、勾留請求がなされた場合は、弁護士の指示のもと、速やかに勾留状謄本の交付申請を行う必要があります。

　勾留状謄本の交付申請は、裁判所の刑事令状部に勾留状謄本交付申請書 書式3 を提出して行います。この際に、検察庁（もしくは警察署）に弁護人選任届 書式4 が既に提出されていることが必要です。勾留状謄本の交付申請とともに、弁護人選任届を裁判所に提出してしまうと、勾留状謄本の交付申請のみに関する弁護人選任届として扱われてしまい、事件自体の弁護人選任と見られなくなってしまうので、くれぐれも弁護人選任届の提出先を間違えないように注意しましょう（被疑者段階の弁護人選任届の提出先は、事件が検察庁に送致されるまでは警察署、送致後は検察庁に提出することになります）。また、申請書の宛名欄の裁判所は、〔地方・簡易〕と記載しておくことが一般的です。これは、その日によって勾留状を発付する裁判官が、地方裁判所の裁判官か、簡易裁判所の裁判官のどちらであるか不明であるために、どちらであっても対応できるよう、慣行としてそのようにすることとなっています。

　なお、遠方等の裁判所への申請の場合、郵送でも申請を行うことができます。この場合には、所定の郵便切手を貼付した返信用封筒も同封した上で、郵送で申請します。大阪地裁に係属している事件であれば、勾留状謄本の申請の際に、弁護人選任届の写しを添付する必要があったりしますので、郵送で行う場合は、裁判所の刑事令状部に確認する必要があります。

2 勾留理由の開示請求

　我が国においては、憲法上、公開の法廷での勾留の理由の開示が保障されており（憲法34条）、これを受けて刑事訴訟法上も勾留理由開示がなされることとなっています（刑訴法83条、207条）。被疑者や弁護人等から勾留理由開示請求（刑訴法82条）がなされると、請求日から5日以内に勾留理由開示期日が指定されることになります（刑訴規則84条）。

　弁護人としては、「勾留理由開示請求書」を提出することにより、公開の法廷で被疑者の勾留理由を明らかにさせることができます。勾留理由開示を通して、勾留が取り消される割合は決して高いものではありませんが、このような可能性を探ることも1つの弁護活動であると言えます。

3 勾留決定に対する不服申立て

　弁護人としては、勾留を解いて、釈放をしてもらう必要がある場合（例えば、罪証隠滅のおそれがなく、家族等の保護の下、出頭の確保の点も保障される）にもかかわらず、勾留がなされてしまった場合には、勾留決定に対する準抗告（起訴後は抗告）の申立てを行います。この場合には、「準抗告申立書」を裁判所の刑事訟廷部に提出して申立てます。

4 接見等禁止決定に対する不服申立て

　弁護人は、家族等との接見の禁止自体を解いてもらうよう、接見等禁止の判断自体に不服があるとして争うことができます。その場合、接見等禁止の決定に対する準抗告（起訴後は抗告）の申立てをします。

　また、接見等禁止の決定自体を争うことが難しい場合においては、特定の者との接見を許可してもらうための申立てをすることもできます。

　この場合には、「接見等禁止決定一部取消の申立書」もしくは「接見等禁止決定一部解除の申立書」　書式5　の提出をします。実務的には、後者の申立

てを行うことが多いでしょう。この申立ては、裁判所の令状部に提出します。接見等禁止決定一部解除の申立ては、あくまでも裁判所に職権発動を促す行為とされているので、申立てが認められない場合には裁判から法律事務所に「職権発動せず」という電話がかかってくるだけです。

※　身柄拘束を受けている被疑者・被告人には、弁護人及び弁護人になろうとする弁護士と接見交通権が保障されています（刑訴法39条1項）。この弁護士との接見及び書類の授受は禁止（制限）できないこととなっています。これに対し、弁護人以外の者と接見する場合は、「法令の範囲内」で接見し、物等の授受を行うことができますが（刑訴法80条）、証拠の隠滅のおそれがある場合や、共犯事件等で他の共犯との連絡等により捜査に支障が生じるおそれがある場合には、検察官の請求を受け、裁判所の判断によって、制限ができるとされています（刑訴法81条）。これを「接見等禁止（せっけんとうきんし）」といいます。

接見等が禁止されると、家族等を含めて、弁護人以外の全ての人との接見交通（手紙のやりとり等も含む）ができなくなります。家族等と接見ができなくなることは、被疑者にとって、精神的な拠り所を失うことにもなりますので、家族との接見ができるように上記の申立てを積極的にしていく必要があります。

5 物品の授受

接見等禁止の決定がされていない場合もしくは一部解除がされている場合においては、勾留中においても物品の授受が認められます。

一般に、外部の者から被疑者に物品を渡すことを「差入れ」、被疑者から外部の者に物品を渡すことを「宅下げ（たくさげ）」といいます。

被疑者の親族から、法律事務所に対して、物品の授受の方法に関して問い合わせがあることもあります。

この点、どのような物品のやりとりができるかや、どのような方法によるかは、各地域の警察署や拘置所によって扱いが異なりますので、被疑者が勾留されている警察署等に問い合わせて確認する必要があります。

被疑者はどこに？
（在監の確認と接見の調整）

コラム3

　法律事務職員は、弁護士から、「今日、○○さんとの接見に行くから在監確認しといて」と指示を受けることがあります。その場合、まず被疑者が勾留されている警察署の留置管理課に電話をかけ、「被疑者○○○○の在監の確認です。在監していますか？」と問い合わせします。職員から、「本日は在監しています」とか、「本日は、捜査のために外に出ます」などの回答を得られますので、法律事務職員は、その内容を弁護士に伝えます。

　ときには、「検事調べでおりません」とか「送致で検察庁に行っています」と回答を得られることもあります。こういった場合、検察庁で接見できることもあります。検察庁で接見したい旨の弁護士の指示があれば、接見室の確保のために、必ず検察庁に事前に電話をしましょう（警察署の場合は、在監確認をするだけで接見を事前に申し出る必要はありません）。

　また、被疑者が勾留質問などで裁判所に出頭することがあります。この場合は、検察庁と同様に裁判所で接見できることもあります。裁判所で被疑者との接見を申し出る場合も、事前に裁判所の令状部に電話をかけ、被疑者が裁判所に居ること又は来ることを確認し、被疑者と何時頃に接見をしたいのかを伝え、令状部の書記官と時間を調整することになります。

　弁護士は、被疑者が勾留されている警察署に接見に行くよりも、検察庁や裁判所で接見する方が、事務所からの距離が近い場合もあり、警察署に接見に出向く時間を考えるとかなりの時間を短縮することができます。上手く調整するようにしましょう。

（西垣貴文）

勾留状謄本の受領に時間がかかる⁉

　弁護士は、裁判官のなした被疑者の勾留決定を争う場合、勾留状謄本記載の被疑事実等を確認し、主に準抗告申立てや勾留取消請求、勾留理由開示請求等を検討します。その場合、法律事務職員は、判断材料となるための勾留状謄本を早急に取り寄せる必要があります。

　しかし、裁判所の令状部に勾留状謄本交付申請書を提出する際に、何も言わずに提出すると、申請日から受領するまで2〜3日かかることもあります。これでは、弁護活動が遅れてしまい、被疑者にとっても不利益が生じてしまう可能性があります。そこで、早急に勾留状謄本を受領したい場合、法律事務職員は、必ず勾留状謄本を申請する際、裁判所の令状部に対し、至急に勾留状謄本が欲しい旨を伝えます。

　また、勾留状謄本交付申請書を提出すると、通常であれば、裁判所の令状部から法律事務所に対し、「被疑者〇〇の件で、勾留状謄本が渡せる」旨の電話連絡があります。

　もし、裁判所の令状部から連絡がない場合は、まず、裁判所の令状部に電話をかけ、「被疑者〇〇の件について、勾留状謄本ができているかどうか」を確認します。裁判所の令状部から「検察庁に依頼していますが、まだ裁判所に届いていません。検察庁に確認していただけますか」と言われる場合もあります。その場合は、検察庁の事件管理課に電話をかけ、「被疑者〇〇の件について、裁判所に勾留状謄本の申請をしていますが、まだ、裁判所に届いていないと聞きましたので、早急に勾留状謄本を裁判所に送ってもらいたい」旨を伝えます。そうすることで、勾留状謄本を早く受け取れる場合がありますので、裁判所及び検察庁に電話をしてみるのもひとつでしょう。

（西垣貴文）

コラム4

第 3 章

事件の受任

1 刑事事件の依頼（相談）から受任

　法律事務所は、刑事事件の依頼（相談）をどのような形で受けて、受任に至るのでしょうか。
　依頼（相談）の多くは、被疑者本人やその家族又は友人等からの電話によるもので、内容は次のようなものがあります。

① （被疑者本人の場合）
　　私は、警察に任意出頭を求められています。逮捕されるかもしれないので、出頭する前に先生に依頼したい。
② （家族の場合）
　　夫（子ども）が警察に逮捕されたんですが、先生にお願いできないでしょうか。
③ （友人の場合）
　　友人が警察に逮捕されました。先生にすぐに接見に行ってほしいので、至急、先生にお会いしたい。
④ （警察署からの場合。ただし、この場合の依頼者は被疑者もしくは被告人本人ということになります）
　　○○警察署留置管理課の△△ですが、現在、勾留中の□□が、◇◇先

生に接見を希望しています。来ていただけますでしょうか。

　また、電話以外の依頼（相談）は、手紙や電報といったものがあります。これら場合は、被疑者や被告人本人からによるもので、その家族等から来ることはほとんどありません。手紙等の内容は次のようなものがあります。

> ①　私は、○○警察に恐喝で勾留されている□□□□です。一度、接見に来ていただけないでしょうか。
> ②　はじめまして、□□□□と申します。私は、詐欺で○○警察署に勾留されていますが、警察署内で刑事弁護の依頼をするのであれば、有名な◇◇先生にお願いした方がいいと言われ、手紙を書きました。一度、接見に来ていただけないでしょうか。

　このように法律事務所は、被疑者・被告人本人や家族らの電話・手紙等による刑事事件の依頼（相談）を受けます。弁護士は、相談者から相談内容を聞き、被害者から依頼を受けているなどの利害関係がないことを確認した上で、受任の可否について判断します。弁護士は、その被疑者・被告人の事件を受任することになると、弁護人選任届や委任契約書を作成します。
　ここでは、私選弁護人の場合の依頼（相談）を説明しましたが、その他に、国から選任される国選弁護人というものもあります。
　また、自分や家族等が逮捕されてしまい、弁護士と面会したいが、知り合いに弁護士がいない場合には、当番弁護士制度を利用するという方法もあります。

2 当番弁護士制度

　当番弁護士制度とは、被疑者やその家族等の接見の申出により、弁護士会を通じて、その日の当番として待機している弁護士が要請に応じて、土日祝日を問わず、被疑者と面会する制度です。また、当番弁護士制度は、当番弁護士の

派遣依頼を私選弁護人の紹介申出（刑訴法31条の2）として扱い、被疑者等に私選弁護人を選任する機会を与えています。また、被疑者等が私選弁護人として依頼しない場合に、国選弁護人をスムーズに請求できるよう配慮されています。初回の接見に限り、無料で弁護士と面会することができます。成人だけではなく、未成年の少年でも当番弁護士を依頼することができます。

面会に行く当番弁護士は、逮捕された人が保障されている諸権利や今後の手続の流れ、事件の見通しなどについて助言します。

逮捕された被疑者は、身柄が拘束されている警察署の職員に当番弁護士を要請してほしい旨を伝える方法により、警察署の職員が当番弁護士を要請します。また、被疑者の家族等が要請する場合は、弁護士会を通じて当番弁護士を要請することになります。

逮捕されてしまって知り合いに弁護士がいない場合は、まず当番弁護士を依頼することが望ましいでしょう。

3 刑事事件の弁護人

弁護人とは、被疑者・被告人の正当な利益と権利を擁護することを任務とする者です。原則は、弁護士の中から選任されますが（刑訴法31条1項）、簡易裁判所又は地方裁判所においては、裁判所の許可を得て、弁護士でない者を選任することができます（同条2項）。

憲法37条3項は、「刑事被告人は、いかなる場合にも、資格を有する弁護人を依頼することができる。被告人が自らこれを依頼することができないときは、国でこれを附する」と弁護人を選任する権利を保障しています。

刑事訴訟法30条1項は、「被告人又は被疑者は、何時でも弁護人を選任することができる」と規定しています。

司法警察職員や検察官は、被疑者を逮捕したとき、弁護人を選任することができる旨を告げなければなりません（刑訴法203条、204条）。また、被疑者・被告人は、弁護士又は弁護士会を指定して弁護人の選任を申し出ることができ

ます（刑訴法 78 条、207 条 2 項）。

　以下では、被疑者・被告人又はその家族等が弁護人を依頼する私選弁護人と国から選任される国選弁護人について、解説をしていきます。

4 私選弁護人

　私選弁護人とは、被疑者・被告人やその家族等が弁護士費用を私費で支払うことで、選任した弁護士のことです。逮捕されると、当然、私選弁護人を選任することができますが、任意に取調べを受けている段階で、身柄の拘束を受けていない場合であっても弁護人を選任することはできます。

(1) 弁護人の選任権者
　弁護人の選任権者は、被疑者・被告人本人だけでなく、本人の法定代理人、保佐人、配偶者、直系の親族及び兄弟姉妹も選任することができます（刑訴法 30 条 2 項）。

(2) 弁護人選任届の作成方法
　弁護人選任届は、弁護人になろうとする者と弁護人選任者が弁護人選任届に連署する方法によって、作成します（刑訴規則 17、18 条）。
①　被疑者・被告人が弁護人を選任する場合
　　弁護士は、被疑者・被告人に面会したときに弁護人選任届を被疑者・被告人に差入れて、署名・押印（指印）をしてもらいます。そして、被疑者・被告人に弁護人選任届の宅下げの手続をしてもらい、弁護士は、弁護人選任届を受領することになります。身柄の拘束を受けている被疑者・被告人が印鑑を持っていることはほとんどないため、指印になります（指印とは、指に印肉などを付けて指形を押し、印判を押すのに代えることをです）。
②　被疑者・被告人以外の者が弁護人を選任する場合
　　弁護人選任届に被疑者・被告人との関係を記載することになりますので、

その関係を示す資料として、住民票や戸籍謄本などが必要になります。

本事例では、姉小路弁護士が被疑者・烏丸和則本人から弁護人選任届を受け取り、弁護人に選任されました。また、弁護人選任届の提出方法は、東山法律事務所の事務職員の出町が検察庁に弁護人選任届を持参して提出しました。

(3) 委任契約

委任契約は、依頼者（委任者）が弁護士に対して、ある特定の法律行為をしてもらうように委託し、弁護士がその委託を受けることです。

弁護士が刑事事件を受任する際は、原則として委任契約書 書式6 の作成義務があります（弁護士職務基本規程30条）。委任契約書には、被疑者・被告人の受任範囲（一審・控訴審・上告審等）や弁護士費用等（着手金・実費費用・旅費日当・報酬金等）等が記載されています。

本事例では、姉小路弁護士と被疑者の父親である烏丸一郎と委任契約を締結しました。

5 国選弁護人

国選弁護人とは、被疑者・被告人が貧困その他の事由により弁護人を選任することができないとき、裁判所又は裁判長が選任する弁護人のことです。

国選弁護人は、弁護士の中から選任しなければなりません（刑訴法38条1項）。

国選弁護人は、被疑者・被告人やその家族等から弁護人選任届をもらう必要がありません。裁判所から国選弁護人選任書を受領します。

2006（平成18）年10月までは、起訴後（被告人）でなければ国選弁護人は選任されませんでしたが、現在は、一定の要件を満たした事件につき、被疑者段階（起訴前）でも国選弁護人が選任されるようになりました。

なお、起訴前、起訴後にかかわらず、弁護士が国選弁護人の受任を希望する場合は、日本司法支援センター（以下「法テラス」という。）との間で国選弁護

人契約を締結しておく必要があります。

(1) 被疑者国選弁護制度

被疑者国選弁護制度とは、「死刑又は無期若しくは長期3年を超える懲役若しくは禁錮にあたる事件」について、被疑者に勾留状が発せられている場合において、被疑者が貧困その他の事由により弁護人を選任することができないときは、裁判官に対し、弁護人の請求をすることができる制度です（刑訴法37条の2）。

また、裁判官は、被疑者に対して勾留状が発せられ、かつ、これに弁護人がない場合において、精神上の障害その他の事由により弁護人を必要とするかどうかを判断することが困難である疑いがある被疑者について必要と認めるときは、職権で弁護人を付することができます（刑訴法37条の4）。

被疑者が国選弁護人を請求するためには、資力申告書を提出しなければなりません。また、資力が政令で定められた基準額（50万円）以上の場合には、弁護士会に私選弁護人選任申出の手続きをする必要があります（刑訴法37条の3）。

(2) 被告人国選弁護制度

被告人国選弁護制度とは、被告人が貧困その他の事由により弁護人を選任することができないときは、裁判所が、被告人の請求により、弁護人を選任する制度です（刑訴法36条）。

被告人国選弁護事件については、「必要的弁護事件」と「任意的弁護事件」があります。

① 必要的弁護事件

「死刑又は無期もしくは長期3年を超える懲役もしくは禁錮に当たる事件」を審理する場合には、弁護人がいなければ、開廷することができません。このような事件を必要的弁護事件といいます（刑訴法289条1項）。私選弁護人が選任されていない場合は、裁判所は国選弁護人を選任しなければなりません（刑訴法36条）。

② 任意的弁護事件

必要的弁護事件以外の事件が対象となります。

被告人が国選弁護人を請求するためには、資力申告書を提出しなければなりません（刑訴法36条の2）。また、資力が政令で定められた基準額（50万円）以上の場合には、弁護士会に私選弁護人選任申出の手続をする必要があります（刑訴法36条の3）。

また、被告人が未成年者、年齢が70歳以上の者であるとき等、その他裁判所が必要と認めるとき、被告人から請求がなくても、裁判所が職権で国選弁護人を選任することができます（刑訴法37条）。

6 刑事被疑者弁護援助制度

被疑者が弁護人の選任を希望しているが、被疑者国選対象外事件であったり勾留決定前の段階（逮捕段階）であったりして、被疑者国選弁護制度を利用できない場合で、かつ、被疑者の資力が乏しく弁護士費用を負担できない場合には、刑事被疑者弁護援助制度を利用することができます。

これは、日本弁護士連合会が法テラスに委託をして実施している「刑事被疑者弁護援助事業」によるもので、一定の要件を満たす場合に、被疑者又はその家族等が選任した弁護人につき、弁護士報酬について援助を受けることができる制度です。

この制度を利用する場合は、弁護士会に援助の申込みを行い、弁護の必要性や援助の相当性等について審査を受けることになります。そのため、被疑者等に対しては、審査結果によって援助が受けられなかったり、援助を受けた金額の全部又は一部について償還義務が生じたりすることがあります。

なお、この制度を利用した場合には、別途、被疑者等から弁護士報酬などを受領してはいけません。

援助の申込み方法については、各弁護士会の取扱いが異なりますので、確認する必要があります。

法律事務所の仕事2

当番弁護士出動要請への対応

1 法律事務所に当番弁護士の出動要請があった場合

　弁護士が当番弁護士としての活動を希望する場合は、まず弁護士会の当番弁護士名簿に登録する必要があります。当番弁護士の出動要請は、弁護士会から法律事務所に「当番弁護士報告書（兼出動依頼書）」及び「私選弁護人選任申出書」がFAXで送られてくる場合と、電話で連絡がなされる場合があります。法律事務職員は、弁護士に当番弁護の依頼があったことを速やかに伝え、弁護士が何時頃に接見に行くかどうかを確認します。その後、法律事務職員は、被疑者の身柄が拘束されている警察署の留置管理課に電話をかけて、その時間に被疑者が在監しているかどうかを確認します。被疑者が在監していることを確認できたら、その旨を弁護士に伝えます。もし、被疑者が送致や勾留質問、検事調べ等で警察署にいない場合は、被疑者が何時頃に警察署に戻ってくるのか確認します。被疑者が警察署に戻ってくる時間が遅い場合は、現在、被疑者がいる検察庁や裁判所に電話をかけ、被疑者がいることを確認して、接見の申出を行い、検察庁や裁判所で接見することができます。

　当番弁護の報告については、弁護士が被疑者に接見した後、早急に「当番弁護士報告書（兼出動依頼）」及び「接見記録紙」に必要事項を記載して弁護士会にFAXします。また、私選弁護人として受任しない場合は、「私選弁護人選任申出書（兼不受任通知）」も記載して弁護士会にFAXします。

　弁護士が被疑者の国選弁護人として受任する場合は、法テラスに電話をかけ、被疑者○○○○の国選弁護人になる旨を伝えます。その後、速やかに「被疑者国選弁護人選任事前承諾書（FAX送信書）」を法テラスにFAXします。

　なお、当番弁護士制度の運用状況は、各弁護士会により取扱いが異なりますので、各地方の弁護士会に確認する必要があります。

2 弁護人選任届の提出方法

　弁護人選任届の提出先は、原則として時期によって次のように提出先が異なります。提出方法は、持参して提出する場合と郵送で提出する場合があります。

> ・　事件が検察庁に送致されるまで→被疑者の捜査を担当する警察署
> ・　事件が検察庁に送致された後から公訴を提起（起訴）されるまで→管轄のある検察庁
> ・　公訴を提起（起訴）された後→管轄のある裁判所の係属部

　法律事務職員は、弁護人選任届を提出する前に、上記の提出先に電話をかけ、罪名や被疑者・被告人の氏名に間違い（漢字表記の間違いがないかどうか）がないかを確認しておくと良いでしょう。
　検察庁に持参して提出する場合は、事件係の職員の方から送致日を聞かれることもありますので、事前に弁護士又は警察署に確認してから提出する方が望ましいです。
　また、弁護人選任届を持参した際には、担当検察官の名前を確認しておくとよいです（まだ、担当検察官が決まっていない場合は、後日電話にて確認します）。これは、弁護士が担当検察官に事件について問い合わせをすることがあるためです。
　なお、郵送で検察庁に弁護人選任届を提出する場合は、必ず捨印を押印しておくようにしてください（弁護人選任届に訂正があった場合は、捨印で訂正して、処理してもらえることがあります）。

3 委任契約書の作成方法

　まず、弁護士と依頼者（受任者）との間で、事件に関する委任事項（受任の範囲、弁護士費用等）を決めてもらいます。委任する内容が決まった場合、委

任契約書の内容を記入し、委任契約書を2部作成します。その委任契約書2部に弁護士の記入欄に弁護士の職員を押印します。その委任契約書の内容を依頼者と確認し、委任契約書2部に依頼者の署名及び押印をもらいます。委任契約書1部は、依頼者に交付し、もう1部は法律事務所で保管することになります。

委任契約書を作成することで、依頼者との金銭等のトラブルを防止することができますので、法律事務職員は、大切に保管する必要があります。

4 被疑者国選弁護を受任する場合

被疑者国選弁護人を弁護士が希望する場合は、まず弁護士会の被疑者国選弁護人名簿に登録する必要があります。登録をすれば、年間の被疑者国選の割当て担当日が決まります。その担当日に被疑者国選の対象事件があると、法テラスから法律事務所に被疑者の勾留状と一緒に被疑者国選依頼のFAXが送られてきます。法律事務職員は、弁護士に被疑者国選の依頼があったことを伝え、弁護士が何時頃に接見するかを確認します。被疑者の身柄が拘束されている警察署に電話をし、その時間に在監しているかを確認します。

弁護士は被疑者と接見した際に、被疑者との利害関係や利益相反することがないかを確認し、被疑者の国選弁護人を担当する旨を法テラスに連絡します。弁護士が被疑者の国選弁護人に選任されることになれば、裁判所の令状部から「国選弁護人選任書」を取りに来るよう電話がありますので、法律事務職員は弁護士の職印を持って取りに行きます。

被疑者国選の対象事件であり、起訴後も被告人国選の対象事件である場合は、弁護士はそのまま継続して被告人国選の弁護人になります（被告人国選弁護人の指名通知用名簿に登録されていることが前提です）。弁護士は、被疑者と接見する際に記載した「日本司法支援センター提出用接見資料」の写しを持ち帰ります。被疑者段階終了後、「被疑者国選弁護報告書」を法テラスに提出する際に、同書面も必要になりますので、事前に接見をした回数や日時等について、確認しておくとスムーズに報告することができます。被疑者が起訴（公判請求）された場合であっても、被疑者段階が終了すれば、一旦「被疑者国選弁護報告書」

を提出する必要があります。また、その際に起訴状も一緒に法テラスにFAXする必要がありますので、法律事務職員は、すぐに起訴状を裁判所に取りに行くか、裁判所が遠方の場合は郵送で送ってもらうようにしましょう。

　被疑者国選事件の法テラスに対する報告期限は、活動終了日から法テラス営業日の14日以内になりますので、注意してください。

5　被告人国選弁護を受任する場合

　被告人国選弁護人を弁護士が希望する場合は、まず弁護士会の被告人国選弁護人名簿に登録する必要があります。被告人国選弁護を受任する場合は、弁護士会に弁護人が付いていない被告事件のリストがありますので、それを閲覧して、被告人○○の国選弁護人を希望することを弁護士会に伝えます。すると、裁判所の係属部から「国選弁護人選任書」を取りに来るよう電話がありますので、法律事務職員は弁護士の職印を持って取りに行きます。

　被告人国選弁護の報告については、事件終了後、法テラスに「被告人国選弁護報告書」を提出します。法律事務職員は、公判日程や謄写枚数、旅費交通費等を確認し、その資料を提出するために整理しておくとスムーズに報告することができます。

　被告人国選事件の法テラスに対する報告期限は、被疑者国選弁護報告と同様に、活動終了日から法テラス営業日の14日以内になりますので、くれぐれも注意してください。

「銃刀法(じゅうとうほう)」？

コラム5

　刑事事件においても、実務上、いろいろな略称や通称が使われる事があります。
　例えば、「じゅうとうほう」という言葉。
　これは、漢字にすると「銃刀法」。この言葉は皆さんも良く新聞でみかけますよね。
　でも、この言葉は、実は「銃砲刀剣類所持等取締法」の略称です。
　法律事務所においても、弁護人選任届への罪名記載の場合に、捜査機関（たとえば留置管理課）に罪名の確認を取る場合があります。その時、電話で「銃刀法違反被疑事件です」などと言われるかもしれません。しかし、弁護人選任届には、罪名を正確に記載しなければなりません。
　仮に、「銃刀法違反被疑事件」と記載してしまうと、後で、訂正をしなければならないことになります。正確に「銃砲刀剣類所持等取締法違反被疑事件」と書かなければなりません。
　事務職員が罪名の確認を取る場合も、正式な罪名を正確に聞き取るようにし、記載も間違いのないようにする必要があります。

（吉山　仁）

被疑者段階での弁護人選任届の提出

コラム6

　弁護士は、通常、被疑者と接見をした際に、被疑者に弁護人選任届を差入れ、弁護人選任届に署名及び指印をもらいます。その後、捜査機関を通じて弁護人選任届を宅下げ（捜査機関等を通じて受け取ること）をしてもらった後に、弁護士は、弁護人選任届を事務所に持ち帰ります。

　法律事務職員は、弁護士から弁護人選任届の提出の指示を受けた場合、①どこの警察若しくは検察庁に提出したらいいのか②罪名は何なのか、を確認する必要があります。また弁護士の名前の欄に弁護士の署名がない場合もあるので、その際には、弁護士に署名をもらうことも必要となります。弁護士の署名は、刑事事件の場合は、実務上は「自署」によるものとされています（刑訴規則17条・同18条参照）。「スタンプ印」や「印刷した記名」で良いのでは？　と思うかもしれませんが、実務上は自署を要求される運用となっていますので、憶えておきましょう。

　提出先については、まず弁護士に確認しましょう。では、弁護士も提出先が不明の場合は……。

　そんなときは、被疑者が身柄拘束されている警察署の留置管理課に確認してみてください。被疑者名を告げて、弁護人選任届を提出したい旨を告げると、管轄の警察もしくは検察庁を教えてくれます（ほとんどの場合、地方検察庁宛に提出することになりますが、軽微な事件によっては区検察庁宛に提出することもあります）。

（西垣貴文）

被告人国選事件の立会時間の確認

コラム7

　弁護士が刑事事件の国選弁護人となった場合、日本司法支援センター（法テラス）に提出する報告は、「被疑者段階」と「被告人段階」に分かれています。

　「被告人段階」の報告をする際に、公判の立会時間（開始時間と終了時間）を記載しなければなりません。公判の開始時間は、事務所の手帳や事件の記録（ファイル）を確認することで分かると思いますが、公判の終了時間は、記載していないことが多いと思われます。また、最近では、裁判所の係属部に公判の立会時間を確認しても教えてもらえないことがありますので、公判が終了した時間を必ず記録に記載するようにしましょう。

　法律事務職員は、弁護士が法廷から事務所に戻ってきたら、記録に公判の終了時間の記載があるかどうか確認し、記載のない場合は、すぐに弁護士に確認をして記録に記載しておくことで、被告人国選の弁護報告がスムーズにおこなうことができます。

（西垣貴文）

弁護人選任届の提出先って……⁉

失敗談1

　ある日、いつもと同じように、弁護士から弁護人選任届（弁選）を提出するよう指示を受けた時のことです。いつもであれば、被疑者が検察庁に送致されるのを待ってから、検察庁に弁選を提出します。しかし、その日に依頼を受けたのは、逮捕直後の否認事件で、弁護士から弁選を警察署に提出するよう指示を受けましたが、警察署に弁選を提出することは初めてでした。一応、被疑者の身柄が拘束されている京都府警本部に被疑者の罪名を確認し、罪名と被疑者名に加え、「京都府警本部御中」と手書きし、弁護士には、弁護人署名欄に署名してもらい、職印を押印しました。

　京都府警本部は、自転車で約10分もかからない場所にあり、私は、弁選を持参して提出することにしました。京都府警本部に着き、「弁護人選任届を提出しに来ました」と警察の方に伝えると、「事件名は何ですか？」と聞かれたので、「○○です」と答えると、4階のところに提出するよう案内してくれました。私は入口に入り弁選を渡しました。すると、「調べますので、廊下の椅子でお待ちください」と言われ、私は廊下の椅子で待つことに。

　数分後……。

　警察の方が出てきて「ここではこのような事件は扱ってないのですが……」と言われたのです。

　でも、私は、自分が間違っていないと思っていたので、「ここに現在被疑者が拘束されています」と伝えると、警察の方が「もう一度、調べますので、待っててください」と言って、中に入って行きました。ところが……。

　直ぐに出てきて「これ管轄が違います！　被疑者の身柄が拘束され

法律事務所の仕事2　103

ているのはここですが、捜査をしている警察署は宇治警察ですよ！」と言われてしまいました。

（20代男性事務職員）

コメント 吉山仁

　このように、弁護人選任届を警察に提出する際には、被疑者が身柄拘束されている警察とは違う警察に弁護人選任届を提出する必要がある場合もあります。上記の失敗談の場合は、捜査をしている宇治警察署に弁選を提出する必要がありました。

　結局、郵送でやりとりすることとなり、記載内容を「宇治警察署御中」と訂正し、訂正印を押さなければいけなかったそうです。

　警察署に弁選を提出する場合には、被疑者が身柄拘束されている警察署だけでなく、事件を捜査している警察署も弁護士に確認するなどしてしっかりと確認しておくと良いですね。

第4章

公訴の提起（起訴）

1 概説

　警察は、捜査を終えると、原則として、検察官に事件を送致します。事件の送致を受けた検察官は、補充捜査をするなどして、裁判所の審判を求めるか否かを判断します。裁判所の審判を求めることを「公訴の提起」といい、一般に「起訴」といいます。これに対して、裁判所の審判を求めないことを「不起訴」といいます。起訴されると、裁判所に事件が係属し、裁判所は、その事件について裁判をして、有罪・無罪等の判決を言い渡します。すなわち、裁判所は、起訴がない限り、いかなる犯罪についても、裁判をすることができません（これを「不告不理の原則」といいます）。

　我が国では、起訴する権限を国家機関である検察官のみに与えています（刑訴法247条）。すなわち、被害者等の私人や検察官以外の国家機関には起訴する権原がありません。このことから、一般に「国家訴追主義」とか「起訴独占主義」といわれています。

　また、検察官は、被疑事実が明白な場合であっても、刑事政策上の観点から、犯人の性格、年齢、境遇、犯罪の軽重、情状、犯罪後の情況といった事情に照らして、裁量で不起訴とすることができます（刑訴法248条）。この制度を一般に「起訴便宜主義」といい、この制度によって不起訴とすることを一般に「起訴猶予」といいます。実際に多くの事件が起訴猶予となっています（後記〔110

頁〕**参考資料**参照)。被疑者にとって、起訴猶予となるか否かは、人生の大きな分かれ目といっても過言ではありません。

なお、検察官以外の者が公訴に全く関与できないわけではありません。起訴に不服のある被害者等は、不起訴処分の当否について、検察審査会に審査の申立てをすることが認められています(第2部第3章「捜査段階での被害者支援」第4項参照)。また、不当な不起訴処分が行われるおそれがある公務員の職権乱用等の罪(刑法193条等)については、告訴人等の請求によって、裁判所が決定によって事件を審判に付す制度があります(刑訴法262条・付審判請求手続)。

このように、検察官は、主として、刑事事件(被疑事件)の捜査をして、起訴すべきかどうかを判断し、起訴・不起訴の処分を行うとともに(捜査活動)、起訴した事件について有罪判決獲得のための立証活動を行います(公判活動)。

【検察庁】

　検察庁は、検察官の行う事務を統括するところです。最高検察庁、高等検察庁、地方検察庁、区検察庁があります。それぞれ、最高裁判所、高等裁判所、地方裁判所、簡易裁判所に対応しています。

　多くの地方検察庁・区検察庁では、捜査を担当した検察官がそのまま公判を担当するシステムが採られていますが、大規模の地方検察庁(東京、大阪、名古屋、横浜、さいたま、千葉、京都、神戸、福岡、札幌、広島、仙台、高松の各地方検察庁)及び東京区検察庁では、捜査と公判とは別の検察官が担当するシステムが採られています(起訴前と起訴後では、担当検察官が異なります)。

　また、通常、検察官には立会事務官と呼ばれる検察事務官が1人ついています。立会事務官は、検察官と二人三脚で事件の捜査や公判の準備に当たっています。担当検察官に電話すると、立会事務官が応対することが多いです。

2 公訴の提起（起訴）

公訴の提起（起訴）には、基本的に、①「公判請求」と②「略式命令請求」とがあります。なお、起訴されると、「被疑者」は「被告人」となります。

(1) 公判請求（正式裁判）

公訴の提起（起訴）のうち、公開の法廷で審判（公判）を求めるものを「公判請求」といいます。

公判請求は、検察官が当該事件の第一審の事物管轄及び土地管轄を有する裁判所に対し、起訴状 **資料7** を提出して行います（刑訴法247条、256条1項）。手続の明確化と被告人の防御権の保護のため、口頭による起訴はできません。

起訴状には、公訴事実、罪名及び罰状を記載しなければならず（刑訴法256条2項、4項）、被告人が逮捕又は勾留されているときはその旨も記載されますが、裁判官に予断を生ぜしめるおそれのある書類等を添付したり、その内容を起訴状に引用してはなりません（刑訴法256条6項）。これは、起訴状に記載されていること以外のことについて、裁判官に白紙の状態で公判期日を迎えさせることによって、公平な裁判（憲法37条1項）を保障しようとするものです。これを、一般に「起訴状一本主義」といいます。

公判請求と同時に裁判所に提出される書類には、①起訴状謄本（被告人の数）、②弁護人選任届（検察官又は司法警察員に差し出された場合）、③逮捕状・勾留状等があります。

(2) 略式命令請求

罪証明白、事案簡易な事件について、簡易裁判所が公判手続（正式裁判）によらないで、検察官の提出した資料だけを調査して、100万円以下の罰金又は科料の刑を科す裁判を略式命令といいます。一般に「略式手続」といい、この手続を求めることを略式命令請求といいます。略式手続によることについて被疑者に異議がないことが必要です（刑訴法461条の2）。

略式手続は、検察庁や裁判所にとって人的・物的負担の軽減になり、被告人にとっても公開の法廷への出頭などの負担がないことから、多くの事件がこの手続によって処理されています（後記〔110頁〕 **参考資料** 参照）。

　実務上、起訴状の冒頭に「公訴を提起し、略式命令を請求する。」と記載され、証拠書類・証拠物や科刑意見書も併せて提出されます（起訴状一本主義の例外）。

　略式命令に不服がある場合、その告知を受けた日から14日以内に正式裁判の請求をすることができます（刑訴法465条）。

3 不起訴処分

　公訴を提起しない処分を不起訴処分といいます。不起訴処分には、主に次のようなものがあります。また、前述した起訴猶予処分も不起訴処分の一種です。

(1) 訴訟条件を欠く場合
　例えば、被疑者が死亡したとき（被疑者である法人が消滅したとき）、親告罪について告訴が取り消されたときなどです。

(2) 被疑事件が罪とならない場合
　例えば、被疑者が犯罪時14歳に満たないとき、被疑者が犯罪時心神喪失であったとき、被疑事実が構成要件に該当しないとき（又は犯罪の成立を阻却する事由のあることが明白なとき）などです。

(3) 犯罪の嫌疑がない場合
　例えば、被疑者が犯人でないことが明白なとき（嫌疑なし）、犯罪事実を立証する証拠が不十分なとき（嫌疑不十分）などです。

4 家庭裁判所送致

　未成年者による犯罪については、少年法によって、原則として、成人同様の刑事処分を科すのではなく、家庭裁判所による更生保護のための処分を行うことになっています。したがって、検察官は、未成年者の被疑事件については、犯罪の嫌疑があると認められたときは、全ての事件を家庭裁判所に送致しなければなりません（起訴猶予とすることはできません）。

5 追起訴

　逮捕・勾留された被疑者が、その理由となった犯罪とは別の犯罪を犯していることがあります。例えば、本事例において、烏丸和則は、恐喝未遂を理由として逮捕・勾留されましたが、その後、覚せい剤取締法違反が発覚しました。この逮捕・勾留の理由となった犯罪とは別の犯罪を一般に「余罪」といいます。本事例でいうと、覚せい剤取締法違反が余罪となります。
　余罪については、多くの場合、先に起訴されている犯罪（以下「本罪」といいます）の裁判と併合して裁判することになります。この余罪について、本罪の裁判に併合することを求めて起訴することを一般に「追起訴」といいます。
　一般的に、捜査機関は、余罪がある場合、本罪の起訴と同時に、余罪について逮捕・勾留し、取調べを行います（この余罪の逮捕のことを「再逮捕」と呼ぶことがあります）。すなわち、本罪の被疑者は、本罪の被告人となると同時に、余罪の被疑者となり、被疑者としての拘束を受けます。
　本事例では、烏丸和則は、恐喝未遂の起訴と同時に、覚せい剤取締法違反で逮捕・勾留され、追起訴されました。

【参考資料】 検察庁終局処理人員

	平成22年	平成23年	平成24年	平成25年	平成26年
起　　　訴	518,253人	474,125人	443,965人	405,415人	377,539人
公 判 請 求	109,572人	101,755人	96,263人	90,486人	90,840人
略式命令請求	408,681人	372,370人	347,702人	314,929人	286,699人
不 起 訴	913,356人	880,287人	861,137人	829,093人	772,221人
起 訴 猶 予	839,982人	810,344人	789,392人	758,164人	701,081人
そ の 他	73,374人	69,943人	71,745人	70,929人	71,140人
家 裁 送 致	145,760人	132,854人	116,412人	106,388人	93,259人
合　　計	1,577,369人	1,487,266人	1,421,514人	1,340,896人	1,243,019人

法務省法務総合研究所編『犯罪白書〔平成27年版〕』に基づき作成。

法律事務所の仕事3

処分結果の確認とその後の対応

1 処分結果の確認

　勾留の満期日に処分の結果（起訴・不起訴）を担当検察官に確認します。起訴された場合は、接見等禁止決定がなされているかどうかを確認し、また、再逮捕の予定があるのかどうかを確認します。再逮捕の予定がある場合には、その被疑罪名を確認します。

2 起訴状の写しの受取り

　被疑者が起訴された場合は、公判が係属している担当部（係属部）に起訴状の写し 資料7 を受け取りに行きます（受領印は不要です）。担当部がわからない場合は、裁判所の刑事訟廷事務室（刑事受付）に電話し、被告人の氏名及び罪名を告げれば、教えてもらえます。

　なお、接見禁止決定がなされている場合、起訴状を受け取る際に、接見禁止決定謄本 資料10 を渡されることもあります。

　裁判所が遠方の場合は、裁判所の担当部に送料分の郵券を貼付した封筒を送付すれば、起訴状を郵送してもらえます。封筒を送付する際、送付書等に事件番号、罪名、被告人名を記載しておきます。

3 証拠書類等（公判前記録）の閲覧・謄写

　被疑者が起訴された場合は、検察庁から証拠書類等（この証拠書類等を「公判前記録」と呼ぶことが多いです）が開示されますので、この証拠書類等を閲覧・謄写します。

閲覧は、弁護士自身が行うことがほとんどです。閲覧方法は、各検察庁によって異なりますが、一般的に、印鑑（職印）及び身分証明書が必要となります。

謄写は、事務員が弁護士から指示を受けて行うことが多いです。全ての証拠書類等を謄写するのか、あるいは、一部の証拠書類等のみ謄写するのかは、弁護士が判断することですので、弁護士の指示を仰ぎます。謄写方法や申請用紙は、各検察庁によって異なります。京都地検の場合は、証拠書類・証拠物閲覧申請書 書式11 及び公判記録謄写依頼書 書式12 を記入し、京都地方検察庁内にある KPO 謄写センターに FAX で申請します。

※ 検察官が証拠書類等を整理するまでは、証拠書類等を閲覧することはできず、謄写物も完成しませんが、謄写申請をすることはできますので、速やかに申請手続を行うべきです。もっとも、証拠書類等の全てではなく、一部のみを謄写する場合は、予め閲覧をしたり、証拠等関係カード 資料13 を確認したりしなければ、謄写範囲を特定することができず、謄写申請をすることができません。裁判所から検察庁に対しては、起訴後２週間以内に証拠書類等を弁護人に開示するように要請しているとのことですが、証拠書類等の開示が遅いときは、弁護人からも検察庁に催促することが望ましいです。

4 検察側の証拠に対する意見の通知（検察庁宛）

検察庁から開示された証拠書類等に対し、弁護人の意見を検察官に通知します。

各検察庁によって、意見の通知方法が異なりますが、一般的には、検察庁から送付される「証拠意見の回答依頼書及び同意見書」 書式14 に意見を記載して、検察庁に FAX で送付することが多いです。

5 事前準備連絡票の提出（裁判所宛）

裁判所から、計画的かつ実質的な審理が行えるよう、公判前の事前準備を求められることがあります。具体的には、裁判所から、事前準備についてのお願いという書類 資料8 と事前準備連絡票 資料9 が送付されます（起訴状の

写しを受け取る際に渡されることが多いです）。

　事前準備連絡票 資料9 は、弁護士が必要事項を記載し、裁判所にFAXで送付します。

　なお、第1回公判期日前は予断排除の原則が徹底されなければなりませんので、公判準備は予断を生じさせない限度で行う必要があります。

略式命令で罰金になる場合

コラム8

　弁護士は、被疑者ができるだけ公判請求がされないよう、被疑者段階で被害者がいる場合、示談交渉や被害弁償等を行い、罰金で事件が終了するように弁護活動を行います。

　被疑者段階で示談・被害弁償ができた場合、その示談書及び被害者に送金した振込明細書を早急にFAX又は持参して検察庁の担当検察官（捜査検事）に提出します。

　京都地検では、検察官が略式請求をして罰金になる場合は、まず、被疑者の処分が決まる数日前に、検察庁の担当検事から弁護士人の法律事務所に対し、「被疑者○○の件について、罰金○○万円の略式請求をします」との電話連絡が入ります。また、罰金を納付する日時について、担当検察官から「検察庁に○月○日の○時に来てください」と言われます。その際には、罰金を納付するためにお金が必要になりますので、前もって担当検察官に誰（被疑者の家族又は関係者・弁護士・法律事務職員）が罰金を納付するのかを伝えておく必要があります。そのために、弁護士は、事前に被疑者やその家族等と打合わせをして納付者や納付の方法を決めておきます。

　法律事務職員が、罰金を検察庁に納付する場合もありますので、弁護士の指示のもと、罰金を納付する日時や金額、検察庁の罰金を納付する場所（検察庁○階の○○課など）を事前に検察庁に確認しておくとよいでしょう。

（西垣貴文）

待ちくたびれて

失敗談2

　刑事事件の流れをよく理解していなかった頃のことです。
　弁護士から「今日は、裁判が入っていて検察庁に行けないから、代わりに罰金の納付に行って来て。午後2時頃らしいから間に合うように行ってください」と言われました。
　私は、午後2時に間に合うように、検察庁に自転車で向かいました。午後2時前に検察庁に着き、担当事務官の指示で、待合室で待つことになりました。待合室の椅子は固く、長時間座っていたらお尻も痛くなるような固さでした。最初は本を読みながら待っていましたが、しばらく経っても呼ばれることもなく、そのうち眠くなり、ウトウト……。
　結局、罰金を納付したのは、午後4時30分頃でした。
　今ならわかります。
　罰金の納付は、裁判所の判断があり、その判断を受けて納付に行けば良いことを。

（20代女性事務職員）

コメント　吉山仁

　この方は、弁護士の指示に従い、言われた時間に検察庁から決定が出ると信じて、待っていたようです。しかし、罰金の判断は、裁判所が行い、その判断を受けて、刑の執行機関である検察庁が罰金の納付を受けるため、裁判所の判断の時間によって、納付ができる時間がずれることもあります。もし、検察庁が近ければ、判断が出たことを裁判所もしくは検察庁に電話で確認して、それから検察庁に向かっても、納付時間には間に合うこともあります。
　もちろん、納付時間に間に合わない方が問題ですので、納付先である検察庁が事務所から離れている場合などには、納付時間の目途をきちんと確認し、早めに行くことは大切なことです。

第 5 章

公　判

1 公判

　刑事裁判の公判とは、公開の法廷で、裁判官が、検察官・被告人・弁護人などの立会いのうえ、被告人の有罪か無罪かを審理する手続をいいます。民事裁判の口頭弁論手続に相当します。

　公判手続は、公訴の提起（起訴）から始まり、冒頭手続、証拠調べ、被告人質問、検察官の論告・求刑、弁護人の弁論、被告人の意見陳述、判決宣告という流れで行われます。

　また、公判準備手続として、第1回公判期日前に行われる「公判前整理手続[*1]」（刑訴法 316 条の 2 〜 316 条の 27）や第 1 回公判期日後に行われる「期日間整理手続」（刑訴法 316 条の 28）があります。

2 裁判体

　刑事裁判は、1 名ないし数名の裁判官によって行われます。1 名の裁判官による場合の裁判を「単独体」といい、数名の裁判官による場合の裁判を「合議

[*1]　司法制度改革の一環として 2009（平成 21）年から、公判前整理手続を経てなされる裁判員制度が導入されているが、本書において、詳述は控えます。

体」といいます。

　簡易裁判所は、1人の裁判官がすべての事件を審理します（裁判所法35条）。

　地方裁判所は、原則として1人の裁判官がすべての事件を審理します（裁判所法26条1項）。例外的に、死刑又は無期若しくは短期1年以上の懲役若しくは禁錮に当たる事件等については、3人の裁判官が審理します（裁判所法26条2項、3項）。これを「法定合議事件」といいます（裁判所法26条2項2号）。また、争点が複雑であることなどの理由から、本来は単独体で審理できる事件を特に合議体で審理する必要があるとして、その決定をする場合もあります。これを「裁定合議事件」といいます（裁判所法26条2項1号）。

　高等裁判所や最高裁判所は、常に合議体で審理します（裁判所法9条、18条）。

　各裁判所の構成については、次の表を参照してください。

簡易裁判所	地方裁判所	高等裁判所	最高裁判所
単独体	＜原則＞単独体 ＜例外＞合議体	合議体	合議体

3 公訴の提起（起訴）から第1回公判期日前まで

(1) 起訴状謄本の送達

　裁判所は、公訴の提起があったときは、遅滞なく起訴状の謄本を被告人に送達しなければなりません（刑訴法271条1項）。仮に、公訴の提起があった日から2カ月以内に起訴状の謄本が送達されないときは、公訴の提起は、さかのぼってその効力を失います（刑訴法271条2項）。

(2) 弁護人選任等の告知

　裁判所は、公訴の提起があったときには遅滞なく、被告人に対し弁護人を選任できること、私選弁護人を選任できないときは国選弁護人を選任できること、必要的弁護事件については、弁護人がなければ開廷することができないことを

知らせなければなりません（刑訴法272条、刑訴規則177条）。

裁判所は、被告人から国選弁護人の選任請求があったとき、又は必要的弁護事件について被告人に対し弁護人を請求するかどうかの確認を求めたが、その回答がなかったときや、弁護人の選任がないときは、被告人のために国選弁護人を選任します（刑訴法36条、刑訴規則178条）。

(3) 公判期日の指定

公判期日とは、公判の手続を行う期日のことをいいます。公判期日は裁判長が指定し、被告人を召喚しなければなりません。また、検察官、弁護人らに通知をします（刑訴法第273条）。

被告人には、裁判所から召喚状が送達されます（刑訴法65条）。

召喚状の送達と第1回公判期日との間には、裁判所の規則で定める猶予期間を置かなければなりません（刑訴法275条）。

4 公判手続

次の図（次頁）を参考にして公判手続の流れを順に見ていきます。

法律事務職員は、弁護士が受任している刑事事件の法廷に行くことはほとんどありませんが、現在どのような公判手続の段階にあるのかぐらいは知っておく必要があります。

(1) 冒頭手続

冒頭手続とは、公判期日における被告人に対する人定質問から罪状認否までの手続をいいます。

　ア　被告人に対する人定質問

　　裁判長は、検察官の起訴状の朗読に先立ち、被告人に対し、人違いでないことを確かめるため、必要な事項を質問します（刑訴規則196条）。例えば、氏名、生年月日、職業、住居等について尋ねます。

- (1) 冒頭手続
  - ア 被告人に対する人定質問
  - イ 起訴状朗読
  - ウ 被告人に対する黙秘権の告知
  - エ 被告人・弁護人の陳述（罪状認否）
- (2) 証拠調べ手続
  - ア 検察官の冒頭陳述
  - イ 検察官の立証
  - ウ 被告人・弁護人の立証
  - エ 被告人質問
- (3) 弁論手続
  - ア 検察官の論告・求刑
  - イ 弁護人の最終弁論（弁論要旨）及び被告人の最終陳述
  - ウ 弁論の終結（結審）
- (4) 判決の宣告

イ　起訴状朗読

　検察官が起訴状を朗読します（刑訴法291条1項）。

ウ　被告人に対する黙秘権の告知

　起訴状朗読後、裁判長は被告人に対し、終始沈黙し又は個々の質問に対し陳述を拒むことができること（刑訴法291条3項前段）、陳述することもできること及び陳述すれば自己に不利益な証拠ともなり又利益な証拠ともなることを告げなければなりません（刑訴規則197条1項）。

エ　被告人・弁護人の陳述（罪状認否）

　裁判長は、被告人及び弁護人に対し、被告事件について陳述する機会を与えねばなりません（刑訴法291条3項後段）。被告人及び弁護人が刑事裁判において、公訴事実を認めるかどうか、陳述することになります。

(2) 証拠調べ手続

証拠調べ手続とは、検察官の冒頭陳述から始まり、検察官の立証、被告人調書の請求・取調べ、被告人・弁護人の立証、被告人質問までの手続をいいます。

ア　検察官の冒頭陳述

証拠調べのはじめに、検察官は、証拠により証明すべき事実を明らかにしなければなりません（刑訴法296条）。これを検察官の冒頭陳述といいます。

裁判所は、検察官の冒頭陳述の後、被告人又は弁護人にも、証拠により証明すべき事実を明らかにすることを許すことができます（刑訴規則198条）。

イ　検察官の立証

(ア)　検察官の証拠調べの請求

検察官は、証拠調べを請求することができます（刑訴法298条1項）。

(イ)　被告人・弁護人の意見、証拠決定

裁判所は、証拠調べ請求に対し、証拠調べをするのか請求を却下するのかの決定をしなければなりません。決定するには、証拠調べの請求の場合は、相手方又はその弁護人の意見を、職権による場合は、検察官及び被告人又は弁護人の意見を聴かなければなりません（刑訴規則190条1項、2項）。

(ウ)　証拠調べの実施

証人等は、尋問により証拠調べを行います（刑訴法304条）。

証拠書類は、朗読により証拠調べを行います（刑訴法305条）。現実には、全文の朗読は殆どなく、要旨のみが述べられます。

証拠物は、その物を示して証拠調べを行います（刑訴法306条）。

証拠調べの内容は、裁判所の証拠等関係カードに記載されます。

(エ)　証拠調べに関する異議

検察官、被告人又は弁護人は、証拠調べに関し異議を申立てることができます。このほか、裁判長の処分に対しても異議を申立てることができます（刑訴法309条1項、2項）。申立ては簡潔に理由を述べる

必要があります（刑訴規則205条の2）。
　(オ)　証拠書類等の提出
　　　　証拠調べを終わった証拠書類又は証拠物は、遅滞なく裁判所に提出しなければなりません。通常は証拠調べの直後に、法廷で引き渡します。裁判所の許可を得たときは、原本に代えて、その謄本を提出することができます（刑訴法310条）。
ウ　被告人・弁護人の立証
　　検察官と同様の手続を行います。
エ　被告人質問
　　被告人が任意に供述する場合には、裁判長は、何時でも必要とする事項につき被告人の供述を求めることができます（刑訴法311条2項）。また、陪席の裁判官、検察官、弁護人、共同被告人又はその弁護人は、裁判長に告げて、被告人の供述を求めることができます（同条3項）。この被告人に供述を求める手続を被告人質問といいます。

(3) 弁論手続

ア　検察官の論告・求刑
　　証拠調べが終わった後、検察官は、事実及び法律の適用について意見陳述します（刑訴法293条1項）。これを論告といいます。このとき、被告人にどのような刑罰を科すべきかについての意見も述べます。これを求刑といいます。
イ　弁護人の最終弁論（弁論要旨）及び被告人の最終陳述
　　被告人及び弁護人は、意見を陳述することができます（刑訴法293条2項）。
　　弁護人の意見陳述は、弁論といい（弁論要旨を書面で提出します）、被告人の意見陳述は、最終陳述といいます。
ウ　弁論の終結（結審）
　　検察官の論告・求刑、弁護人の最終弁論、被告人の最終陳述によって審理手続は終了します。これを弁論の終結（結審）といいます。

なお、結審後、判決までの間に被害者と示談ができた場合等、証拠調べをする必要が生じた場合は、弁論再開の申立てをすることができます（刑訴法313条1項）。

(4) 判決の宣告

判決の宣告は、裁判長が公判廷において、主文及び理由を朗読し、又は主文の朗読と同時に理由の要旨を告げなければなりません（刑訴法342条、刑訴規則35条）。民事事件の判決のように予め判決書ができ上がっていない場合もあり、裁判長が手元の原稿で言渡すことも多いようです。

法律事務所の仕事4

公判期日に向けての対応

1 期日請書

　第1回公判期日は、電話で裁判所書記官と期日を調整して決めます。期日が決まれば、期日請書 書式15 を裁判所に提出します。法律事務職員は、公判期日などが入ると事務所の手帳に必ず記載して、期日管理をきちんと行いましょう。

2 公判期日変更申請

　裁判所は、検察官、被告人若しくは弁護人の請求により又は職権で、公判期日を変更することができますが（刑訴法276条1項）、変更をするには、裁判所の規則の定めるところにより、あらかじめ、検察官および被告人又は弁護人の意見を聴かなければなりません（同上2項）。
　公判期日の変更は、最初に裁判所へ電話をし、変更とその理由を伝え、公判期日変更申請書を提出し、裁判所の判断を待ちます（公判期日前日又は当日に変更する場合は、先に書面をFAXしますが、必ず原本を裁判所に提出すること）。裁判所は、検察官の意見を聞きますので、検察官にも同様にFAXしておく方がよいでしょう。被告人が病気等で公判期日に出頭できない場合は、公判期日変更申請書に診断書を添付して提出します。

3 弁護人証拠（弁号証）の作成方法

　弁護人から提出する証拠（弁号証）の作成について、まず、法律事務職員は、弁護士に提出する証拠書類を確認して、その証拠となる書類をコピーします。そのコピーした書類の右上に「弁号○号証」と記載します（事務所に「弁　号証」というスタンプがあればそれを使用します）。証拠書類（弁号証）は、「弁第1号証」

から順番に通し番号にします。民事事件と違い、刑事事件の場合には、書証番号に枝番（弁第1号証の1）は付けることはありませんので注意してください。

4 弁護人証拠書類（弁号証）の提出方法

　弁護人の証拠書類（弁号証）の提出方法は、民事事件での訴訟における証拠の提出方法と異なります。民事事件の場合、同時に裁判所と相手方の両方に、送付又はFAXの方法で証拠の提出を行います。

　刑事事件の場合は、まず検察庁に、「証拠調べ請求書」 書式16 （民事事件の「証拠説明書」）と証拠書類の「弁号証」 資料17 （民事事件の「甲号証・乙号証」）を送付又はFAXします。裁判所には、「証拠調べ請求書」のみを送付又はFAXしておきます。「証拠調べ請求書」の代わりに弁護人用の「証拠等関係カード」を送付又はFAXする場合もあります。

　検察庁に送付又はFAXした証拠書類（弁号証）について、検察官から証拠書類（弁号証）に対する意見（同意・不同意）を聴きます。証拠書類（弁号証）に対する検察官の意見について、次回の公判期日までに意見を確認する場合と、次回の公判期日で意見を確認する場合があります。そして検察官から同意のあった証拠書類（弁号証）について、裁判所に提出することになります。

　次回の公判期日に、証拠書類（弁号証）が提出できるように裁判所用1部を用意しておきます。また、先に検察庁にFAXした証拠書類（弁号証）について、不鮮明で見えにくい場合は、検察官用にもう1部用意しておくことが望ましいでしょう。

　また、弁護士は、公判で証拠請求した証拠（弁号証）について、原本又は写しを提示する必要がありますので、法律事務職員は、事前に弁護士が提示しやすいように整理しておきましょう。

5 公判記録の閲覧・謄写の方法

　第1回公判期日以降、公判調書等を裁判所に閲覧・謄写を申請する場合は、

刑事事件記録等閲覧・謄写票（原符） 書式18 を作成します。提出先は、地域によって異なりますが、京都においては、京都弁護士会（弁護士協同組合）に提出します。

「検号証」と「弁号証」

　裁判では、証拠に基づいて裁判官が判決を言い渡します。この点は、民事事件と刑事事件で異なりません。しかし、実務上は、刑事事件と民事事件において提出する証拠の呼び名が異なります。民事事件の場合、原告提出の証拠を「甲号証」、被告提出の証拠を「乙号証」と呼びます。これに対して、刑事事件の場合は、検察官の提出した証拠を「検号証」、弁護人が提出した証拠を「弁号証」と呼びます。また、検号証の中で「甲号証（犯罪事実に直接関係のある証拠で被告人の供述調書以外のもの）・乙号証（被告人の供述調書と情状関係の証拠）」が振り分けされます。

　実際には、犯行の武器や実況見分調書、被害者や第三者の供述に係るものは甲号証となり、被告人の供述調書、被告人の身元関係の書類（戸籍謄本等）や前科関係の書類が乙号証となります。

　さらに、民事事件と違い、刑事事件の証拠には枝番（第○号証の1、第○号証の2）を付けることはありません。証拠の一つひとつに細かく証拠採用の認否をすべきだからと考えられます。

　法律事務所では、刑事事件と民事事件がいくつも同時並行で処理されていく場合がほとんどです。刑事と民事で混乱してしまわないよう注意しましょう。

（吉山　仁）

コラム9

第6章

保　釈

1 概説

　保釈とは、保釈保証金（保釈金）を納めること等を条件として、拘置所等に勾留されている被告人の身柄を一時的に解放することです（刑訴法88条〜98条）。

　逮捕・勾留された被疑者は、起訴されて被告人となった後も、逃亡や証拠隠滅の防止のため、引き続き身柄を勾留されることが多いです。しかし、被告人は、有罪が確定するまでは無罪の推定を受けますし、また、勾留は、人身の自由を制約し、被告人の訴訟手続における防御権の行使を制約しますので、早期に身柄を解放することも必要です。

　刑事訴訟法では、裁判所は、保釈請求があれば、次の場合を除き、保釈を許可しなければならないと規定されています（刑訴法89条）。これを必要的保釈（権利保釈）といいます。

① 一定の重大な罪（死刑又は無期もしくは短期1年以上の懲役・禁錮に当たる罪）を犯したものであるとき。

② 前に一定の重大な罪（死刑又は無期もしくは長期3年以上の懲役・禁錮に当たる罪）で有罪宣告を受けたことがあるとき。

③ 常習として一定の重大な罪（長期3年以上の懲役・禁固に当たる罪）を犯したものであるとき。

④　罪証隠滅（証拠隠滅）のおそれがあるとき。

⑤　被害者や事件関係者に危害を加えるおそれなどがあるとき。

⑥　氏名又は住居が分からないとき。

　また、裁判所は、必要的保釈に該当しない場合でも、適当と認めるときは、職権で保釈を許すことができます（刑訴法90条）。これを裁量保釈といいます。

　このように、刑事訴訟法の条文を読むと、広く保釈が認められるように思えますが、実務においては、④や⑤に該当するとして、保釈請求が却下されることが多いのが実情です。

　そのため、弁護人は、保釈請求の際、④や⑤に該当しないこと（例えば、被告人が関係者と口裏合わせをしないこと、証拠を改ざんしたりしないこと、被害者と接触しないこと等）について、裁判官を説得することが重要となります。

　なお、保釈は、被告人に対するものではなく、勾留に対するものですので、例えば、被告人に2件の勾留状が発せられているときは、2件の保釈許可決定がないと、現実に被告人の身柄は解放されません（2件を併合して保釈許可決定をすることはできます）。

【本事例】

　弁護人の姉小路は、起訴後すぐに保釈請求をしましたが、上記④及び⑤に該当するとして、保釈請求が却下されました。ただし、保釈請求は、何度でもできます。時間の経過によって事情が変わるからです。例えば、公判で検察官の証拠請求が終われば、証拠隠滅のおそれは少なくなるといえます。本事例で保釈が認められたのは、求刑及び最終弁論が行われた第5回公判期日後の保釈請求であり、5度目の保釈請求でした。

　なお、本事例では、恐喝事件及び覚せい剤取締法違反事件について、それぞれ勾留状が発せられていますので、烏丸和則の身柄を解放するためには、両事件の勾留について保釈許可決定を得る必要があります。

2 保釈保証金

　裁判所が保釈を許可する場合には、保釈保証金の額を定めなければなりません（刑訴法93条1項）。保釈というのは、被告人に対し、公判廷に出頭しなければ、保釈を取り消して保釈保証金を没収するという心理的圧迫を与えることによって、公判廷への出頭を確保させる制度だからです。身柄を拘束するのと同一の効果を期待しているのです。したがって、保釈保証金の額は、犯罪の性質、情状、証拠の証明力、被告人の性格・資産等を考慮して、被告人の出頭を保証するに足りる相当な額とされており（刑訴法93条2項）、被告人ごとに個別に判断されます。そのため、共犯の場合、保釈保証金の額は、各被告人で異なることがほとんどです。
　なお、保釈保証金を準備するのが困難な場合、保釈保証金を立て替えてくれる団体があります（一般社団法人日本保釈支援協会等）。また、全国弁護士協同組合連合会は、保釈のための保証書（刑訴法94条3項）を発行する事業を行っています。

3 保釈の条件

保釈には次のような条件が付されることが多いようです。
① 居住場所の指定（起訴状に記載されている住所地以外の場所に居住してはならない）
② 裁判への出頭（公判期日及び裁判所から召喚された場合は必ず出頭しなければならない）
③ 逃亡したり、罪証隠滅と思われるような行為をしてはならない。
④ 海外旅行や3日以上の旅行をする場合は、予め裁判所の許可を受けなければならない。

【本事例】
　保釈許可決定 資料23 には、上記①～④の条件が付されました。これらの条件を守らなかった場合は、保釈を取り消され、保釈保証金を没収されることもあります。

4　保釈の請求権者

　保釈請求できるのは、勾留されている被告人（本人）又はその弁護人、法定代理人、保佐人、配偶者、直系の親族若しくは兄弟姉妹です（刑訴法88条1項）。したがって、例えば、恋人、友人、同僚等は請求できません。
　なお、保釈請求権者は、被告人の保釈請求権を独立して代理行使することができると考えられています。つまり、被告人が「保釈請求をしないでくれ」と言ったとしても、その両親や配偶者、弁護人等が自らの判断で保釈請求できるということになります。

5　保釈請求書

(1) 書面による請求
　保釈請求は、書面又は口頭によることになっていますが（刑訴規則296条）、実務では書面で請求します 書式19 。また、身元引受書 書式20 を添付することも多いです。身元引受書は、保釈後の被告人の身元を引き受け、罪証隠滅をさせず、保釈に付される条件を守るように監視する旨等を内容とする書面です。保釈後の住所の資料として、住民票や戸籍謄本等の添付が必要となる場合もあります。

(2) 保釈請求書の提出先

　保釈請求は、以下のとおり、第1回公判期日前に請求する場合と第1回公判期日後に請求する場合とで手続が異なります。そのため、裁判所によっては、保釈請求書の提出先が異なる場合がありますので、注意が必要です。

　ア　第1回公判期日前に保釈請求する場合

　　公判を審理する「裁判所」は、予断排除の原則から、保釈の許否を判断することができません（審理に関与する裁判官が保釈の裁判を通じて被告人に予断を持つことのないようにするためです）。そのため、その事件の審理に関与しない他の「裁判官」が保釈の許否を判断します。

　イ　第1回公判期日後に保釈請求する場合

　　公判の審理は既に始まっていますので、予断排除の原則が要請されません。そのため、その事件を審理している「裁判所」が判断します。

6　不服申立て（準抗告・抗告・特別抗告）

(1) 保釈却下決定に対する弁護人の不服申立て

　保釈却下決定に対しては、不服を申し立てることができます。第1回公判期日前の保釈請求による保釈却下決定の場合は、「準抗告」となります（刑訴法429条1項2号）。第1回公判期日後の保釈請求による保釈却下決定の場合は、「抗告」となります（刑訴法420条）。

　「準抗告」や「抗告」をするかどうかを判断するためには、保釈請求が却下された理由を知ることが重要ですが、保釈却下決定 資料21 には形式的な理由しか付されません。そこで、検察官から裁判所に対する保釈請求に関する意見書 資料22 を閲覧・謄写して、検察官の意見を知ることにより、その判断資料とすることが多いです（閲覧・謄写方法は、公判記録の閲覧・謄写方法と同じです。第5章「公判」参照）。

　「準抗告」や「抗告」をしても、棄却されるかもしれませんが、棄却決定には詳細な理由が付されますので、保釈請求の問題点について裁判所の視点を知

ることができます。前述したとおり、保釈請求は何度でもできます。保釈請求が却下されたとしても、時間の経過によって事情が変われば、認められる可能性もでてきますので、却下された理由を知ることは重要です。

　ア　準抗告

　　準抗告は、上訴ではありません（上訴の意味については、第8章「上訴」参照）。保釈の裁判をした裁判官が簡易裁判所の裁判官であれば、その簡易裁判所を管轄する地方裁判所が管轄となります。保釈の裁判をした裁判官が簡易裁判所以外の裁判官であれば、その裁判官が所属する裁判所が管轄となります。準抗告請求書は、管轄裁判所に提出します。

　イ　抗告

　　抗告は、上訴ですので、高等裁判所が管轄となります（刑訴法419条、420条、裁判所法16条2号）。抗告申立書は、宛先を高等裁判所として、保釈の裁判をした裁判所（原審の裁判所）に提出します（刑訴法423条1項）。

(2) 保釈許可決定に対する検察官の不服申立て

　保釈が認められた場合、検察官は不服を申し立てることができます。弁護人の不服申立てと同様に「準抗告」と「抗告」とに分かれます。

> ※　検察官が不服を申し立てる場合、通常、同時に執行停止を申し立てますので、執行停止が認められると、不服申立てに対する決定があるまで保釈されません。

(3) 準抗告・抗告の決定に対する不服申立て

　準抗告・抗告の決定に対して、最高裁判所に不服を申し立てる「特別抗告」という制度があります（刑訴法433条、405条）。しかし、憲法違反又は判例違反があることを理由とする場合に限られていますので、準抗告・抗告の決定が覆ることは非常に少ないです。

法律事務所の仕事5

保釈請求の手順

保釈請求の一般的な手順は以下のとおりです。

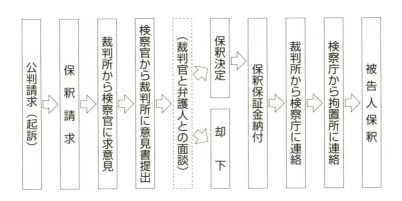

1 公判請求

保釈請求できるのは公判請求（起訴）後です。
　検察官から「本日付で起訴します」との連絡があっても、その時点では裁判所が起訴状を受理していない場合があるので、裁判所の刑事受付に起訴されているかどうかを確認することが望ましいです。

2 保釈請求

保釈請求書を裁判所に提出します。
　身元引受書を提出する場合には、身元引受書を添付します。住民票・戸籍謄本を添付することもあります。

☆ 保釈請求書を提出する際には、裁判官との面談を希望するかどうかを尋ねられますので、弁護士に確認しておきます（保釈請求書に明記しておくのが望ましいです）。

3 検察官への求意見・検察官の意見書提出

裁判所は、保釈の裁判をするために、検察官の意見を聴かなくてはなりません（刑訴法92条1項）。

検察官は、保釈の許否に関する意見書 資料22 を裁判所に提出します。弁護人は、検察官が保釈をしても構わない（「しかるべく」）という意見を書いてくれるように予め検察官と交渉することもあります。

4 裁判官と弁護人との面談

弁護人は、保釈を認めてもらうため、裁判官と面談をすることが多いです（面談をしない場合もあります）。面談において、弁護人は、被告人を保釈することの必要性及び保釈しても問題ないという許容性を説明します。例えば、必要性としては、被告人が保釈されないと家族が経済的に困窮する危険性が高いことや、被告人の健康状態が良好ではなく、長期の勾留に耐えられる体力がないこと等を説明します。許容性としては、しっかりとした身元引受人がおり、被告人が証拠隠滅したり、逃亡のおそれがないこと等を説明します。また、保釈保証金の額についても話し合います。

【本事例】

9月4日午後4時30分、弁護人の姉小路は、京都地方裁判所第1刑事部の担当裁判官と面談しました。

面談において、姉小路は、書面では伝えきれなかった諸事情を詳しく説明し、裁判官を説得しました。裁判官から保釈保証金の話題がでたので、できるだけ安くしてもらうよう交渉しました。

保釈保証金の話題が出ないときは、保釈が認められないことが多いので、この話題があがったことで、姉小路はほっとするとともに、裁判官との面談により、保釈が認められる可能性が高いとの感触を得ました。そのため、姉小路は、事務所に戻るとすぐに、法律事務職員の出町に対し、保釈の判断が出るまで事務所に待機するよう指示するとともに、保釈許可決定が出たらすぐに保釈保証金を納付するよう指示しました。

5 保釈決定

　裁判所は、検察官の意見や弁護人の意見を参考にして、保釈の許否を決定します。通常、保釈請求から1日〜3日で決定されることが多いようです。

【本事例】
　9月4日午後6時30分、京都地方裁判所第1刑事部の裁判所書記官から東山法律事務所に保釈許可決定が出たとの電話連絡がありました。保釈金は、恐喝事件として150万円、覚せい剤取締法違反事件として150万円、合計300万円でした。

6 保釈保証金納付

　保釈保証金を裁判所の出納課に納付します。
　必要なものは、①保釈許可決定謄本 資料23 、②保管金提出書 書式24 、③保釈保証金（現金）です。
　上記①〜③を裁判所の出納課（保管金係）に提出し、「保管金受領証書」 資料25 を受け取ります。

　☆　保管金提出書の「還付金の振込先等」欄
　必要事項を記載しておくと、保釈保証金が還付される際、何らの手続をとらなくても、自動的にその口座に振り込まれます。ただし、実際に振り込まれる

までには約1週間程度かかります。

　この欄に何も記載しないと、保管金受領証書（保管金払渡請求書兼受領書）を提出して還付を受けることになります（納付の際に使用した印鑑が必要となります）。この場合、振込ないし政府小切手による還付となります。

　☆　現金の準備

　保釈保証金は、通常、現金で裁判所に納めます。現金を準備するため、金融機関の預金口座から出金する場合には、出金時間に注意が必要です。金融機関の窓口営業時間は、通常、午前9時から午後3時までです。その時間外はATMで出金することになりますが、ATMでの出金には限度額が設定されていることが多いので、注意が必要です。

　☆　電子納付

　電子納付（インターネットバンキングやペイジー対応ATM等による納付）も利用できます。現金を持ち歩かないで済むというメリットもありますが、タイムラグが生じるので、注意が必要です。事前に裁判所に相談しておくことが望ましいです。

　☆　第三者納付

　保釈保証金の納付者は、原則として保釈請求者しか認められません。ただし、保釈許可決定前に、第三者納付（職場の上司等）の許可を得て納付する方法もあります。

　☆　裁判所の出納課（保管金係）の受付時間

　受付時間が決まっていますので、注意が必要です（例えば、京都地方裁判所の場合は、午前9時から午後0時15分まで・午後1時から午後4時までとなっています）。なお、時間外でも、刑事部担当書記官から出納課（保管金係）に連絡をしてもらうことにより、受け付けてもらえることが多いです。もっとも、時間外の手続をしてもらうことになりますので、対応には気をつけてください。

7　裁判所から検察庁に連絡・検察庁から身柄拘束場所に連絡

　裁判所は、検察庁に保釈金が納付されたことを連絡します。連絡を受けた検

察庁は、拘置所（又は警察署）に被告人を保釈するように連絡します。

8 被告人保釈

保釈保証金を納付すると、数時間後に被告人が釈放されます。弁護人は、被告人の身元引受人や家族等を伴って、被告人の留置場所に出迎えにいくこともあります。

連絡は綿密に

> 失敗談3

保釈が許可され、保釈保証金を納付するため、事務所から少し離れた裁判所に行ったときの話です。

被告人の友人が保釈保証金を裁判所まで持ってくることになり、ロビーで待ち合わせることになりました。私は、時間通りに裁判所に着き、ロビーで待っていましたが、事務所から連絡があり、被告人の友人は、渋滞の影響で、少し遅れるとのことでした。再度、事務所から連絡があり、友人の方が駐車場にいるがどこかわからないとのことだったので、裁判所のロビーから外に出て、その方を見つけました。お会いして、今から保釈保証金を納付するため、一緒に来ていただけますかとお願いしたところ、「実はお金が準備できてないんです。朝に電話したときは、午後には準備できて間に合うはずだったんですけど……」と言われてしまいました。私は、愕然としてしまい、「できないことがわかっていたら、連絡してください。遠方から来てるんです」と思わず言ってしまいました。その方は、「遠方から来てもらってるから、会って説明しないといけないと思って」とおっしゃいました。

私は返す言葉もありませんでした。

30 代女性事務職員

コメント 吉山仁

　事務処理の過程では、面談の約束や、その際の準備物の打ち合わせ等、綿密な連絡を必要とする場面があります。上記の例は、もし「何か変更が生じれば、すぐに電話連絡で知らせてください」と伝えておけば、解決できていたかもしれませんね。
　「連絡は綿密に」という言葉は、常に心に留めておくと良いですね。

日本保釈支援協会

コラム10

　裁判所が保釈を許可した場合、保釈保証金を納めなければ被告人の身柄を解放することはできませんが、保釈保証金が準備できない場合はどうすれば良いのでしょうか。
　一般社団法人日本保釈支援協会（以下、「支援協会」といいます）では、保釈保証金の立替制度を設けています。
　この制度を利用する場合には、保釈許可決定が出るまでに支援協会の申込手続を行う必要があります。
　まず、申込人（被告人の家族・友人等）に連絡を取り、「保釈支援申込書」を作成してもらうため、事務所に来てもらいます（FAX等である場合もあります）。また、支援協会のホームページから「申込フォーム」も掲載されていますので、インターネットから申込むこともできます。支援協会の立替金について、保釈保証金の一部について立替えを行うことも可能となっており、立替限度額は500万円までとなっています。

法律事務職員は、「保釈支援申込書」に記入漏れがないか確認し、支援協会にFAXします。支援協会から申込人及び弁護人に内容確認等の電話があり、その後、審査が行われます。

　審査の結果、支援をしてもらえることになると、支援協会から法律事務所に電話があり、その後、FAXで「支援決定通知書」が送られてきます。

　「支援決定通知書」について、保釈保証金の全額を立替えてもらえる場合もありますが、被害者・共犯者のある事案、前科・前歴のある被告人のときなどは、申込人へ保釈保証金の一部として自己資金を準備しなければならない場合もあります。

　法律事務職員は、支援協会との「契約書」等を作成するため、申込人に事務所に来てもらいます。その際に、認め印及び身分証明書等が必要になりますので、持参してもらいます。作成した「契約書」等は支援協会にFAXします。

　その後、裁判所の「保釈許可決定」がなされると、法律事務職員は、「保釈許可決定」を支援協会にFAXします。また、申込人に立替手数料（保釈保証金の金額によって変わる）及び自己負担金がある場合は、早急に支援協会に振り込んでもらうように電話をします。振込みは申込人自身でも弁護人事務所でもどちらでも構いません。

　支援協会は、立替手数料等の着金確認後、弁護人の口座に保釈保証金を送金してくれます（午前中に立替手数料等の振込みをすれば、午後には保釈保証金が送金されます）。

　法律事務職員は、裁判所に保釈保証金を納付した後、「保管金受領証書」を受け取り、それを支援協会にFAXします。

　その後の手続としては、判決言渡しの期日が決まれば、支援協会に連絡し、判決言渡し後、保釈保証金が裁判所から還付されますので、5日以内に支援協会に送金します。

なお、保釈保証金の立替え契約期間（保釈金立替から返還まで）は2カ月ごとになっているため、それを過ぎると新たに立替手数料が発生しますので、申込人は送金する必要があります。
　被告人やその家族らは、一刻も早くに保釈してもらいたいと思っている状態ですので、法律事務職員は、弁護士の指示のもと、迅速に動く必要があります。
　また、支援協会の手続をする上で、契約等の説明については、弁護士が行いますが、法律事務職員も申込人から説明を求められる場合がありますので、内容を十分に把握しておきましょう。

（西垣貴文）

第7章 判 決

1 概説

　裁判所は、公判手続において、弁論手続（論告・求刑、最終弁論、最終陳述）が終わると、判決を言い渡します。

　合議体では、3人の裁判官が、事件の内容について議論をして、被告人が有罪かどうか、有罪の場合はどのような刑にするのかを話し合います。これを「評議」といいます。議論を尽くしても、意見が一致しなかったときは、多数決により決します。

　判決によって、その審級における公判手続が終了します。刑事手続では、公訴の提起が入口だとすると、判決が出口ということになります。

2 判決の種類

　判決は、大きく分けて実体判決と形式判決とに分類されます。刑事事件で通常見られる判決は、有罪・無罪の内容に踏み込んだ有罪判決や無罪判決であり、これを実体判決といいます。

　他方、有罪・無罪の判断に立ち入らずに、手続的な瑕疵等の形式的な判断で裁判を終了してしまうという判決を形式判決といいます。例えば、公訴棄却の

判決、免訴の判決、管轄違いの判決等があります。
　以下では、実体判決である有罪判決と無罪判決、そして、有罪判決の一種である執行猶予付判決について詳しく見ていきます。

(1) 有罪判決

　裁判所は、被告事件において、犯罪の証明があったときは、有罪判決の言渡しをします。有罪判決は、原則として、懲役や罰金等の刑の言渡しをします（刑訴法333条1項、例外：刑の免除・刑訴法334条）。また、刑の言渡しをする場合において、同時に刑の執行猶予の言渡しをすることもあります（刑訴法333条2項）。一般に、執行猶予が付された判決のことを「執行猶予付判決」といい、執行猶予が付されていない判決のことを「実刑判決」といいます。
　刑罰には、①死刑、②懲役、③禁固、④拘留、⑤罰金、⑥科料、⑦没収、⑧追徴があります。①～⑥は、それ自体を独立に言い渡すことができ、これを主刑といいます。これに対し、⑦及び⑧は、主刑に付加してのみ言い渡すことができ、これを付加刑といいます。
　死刑は、被告人の生命を奪う刑罰です。懲役、禁固、拘留は、被告人を刑務所等に拘禁して自由を奪う刑罰であり、懲役は刑務作業が課されますが、禁固・拘留は刑務作業が課されません。禁固と拘留との違いは、拘禁期間です（禁固は1年以上、拘留は1日以上30日未満）。罰金と科料は、被告人から一定の金銭を奪う刑罰であり、罰金が1万円以上、科料が1万円未満の金銭です。
　裁判所は、有罪判決の言渡しをする場合、まず、上記刑罰（①～⑥）の中から刑を選択し、その上で量刑を定めて言い渡します。例えば、「懲役」を選択し、「10年」と定めて、「被告人を懲役10年に処する。」と言い渡します。

(2) 執行猶予付判決

　有罪判決において、刑の執行を猶予されることがあります。刑の執行猶予とは、刑の言渡しをした場合において、一定期間その執行を猶予し、その猶予期間に再び罪を犯すなどして執行猶予が取り消されることがなければ、刑の言渡しを失効させる制度です（刑法25条）。

例えば、「被告人を懲役2年に処する。この裁判確定の日から3年間その刑の執行を猶予する」との判決が言い渡されたとします。もし、執行猶予が付されていない判決、すなわち、実刑判決であれば、判決が確定すると、被告人は原則として2年間刑務所に入らなければなりません。しかし、執行猶予付判決であれば、被告人は直ちに刑務所に入らず、猶予期間の3年間を無事に過ごせば、刑の言渡しそのものが効力を失います。もちろん、その期間中に再び罪を犯すなどして執行猶予が取り消されれば、刑務所に入ることになります。その場合、新たな犯罪に関する刑期も加算されれば、長期間刑務所に入ることになります。

このように、被告人にとって、判決に執行猶予が付くかどうかは、刑務所に入るかどうかという非常に大きな分かれ目となります。

執行猶予は、原則として、前科がない者などに対し、3年以下の懲役・禁錮又は50万円以下の罰金を言い渡すときに付すことができます。また、裁判所は、執行猶予と同時に、猶予期間中、保護観察官や保護司の指導を受けなければならない保護観察を付すこともあります。

執行猶予制度は、比較的軽微な犯罪について、被告人を刑務所に入れることによって、「ムショ帰り」等のレッテル貼りによる社会復帰の弊害を回避するとともに、再び罪を犯すなどすれば執行猶予が取り消されて刑が執行されるという心理的強制によって、被告人の更生を図ろうとしたものと言われています。

(3) 無罪判決

裁判所は、被告事件が罪とならないとき（犯罪が成立しないとき）、又は被告事件について犯罪の証明がないときは、無罪判決の言渡しをします（刑訴法336条）。「被告人は無罪」との判決が言い渡されます。

刑事裁判では、被告人が有罪であることを検察官が証明（立証）しなければなりません。検察官が証明（立証）責任を負うということです。証明とは、裁判官が、被告人が有罪であることについて、合理的な疑いを生ずる余地のない程度にまで真実であるとの心証を得ることです。合理的な疑いを生ずる余地のない程度とは、通常人なら誰でも疑いを差し挟まない程度のことです。被告人は、自分が無罪であることを証明する必要はなく、検察官が有罪であることを

証明できなければ、無罪判決が言い渡されるということです。「疑わしきは罰せず」という刑事裁判の大原則です。

なお、無罪判決が確定すれば、身柄を拘束されていたことについて刑事補償が得られます（刑事補償法）。

3 判決の宣告

判決は、公判廷において、宣告によって告知します（刑訴法342条）。裁判長は、主文及び理由を朗読し、又は主文の朗読と同時に理由の要旨を告げなければなりません（刑訴規則35条）。

また、有罪判決を宣告する場合、裁判長は、被告人に対し、上訴期間及び上訴申立書を提出すべき裁判所を告知しなければなりません（刑訴規則220条）。

判決宣告期日は、原則として、被告人が出頭しなければ開廷することができません（刑訴法286条）。なお、弁護人の出頭は、判決宣告のための要件ではありません。

判決は宣告によって効力が生じます。上訴の提起期間は、判決宣告日から進行します（刑訴法358条、初日不参入・刑訴法55条1項）。

【本事例】
　裁判所は、烏丸和則に対して、「被告人を懲役3年に処する。未決勾留日数110日をその刑に参入する。」との判決を言い渡しました。残念ながら、執行猶予はつきませんでした。もし、執行猶予付判決なら、「被告人を懲役3年に処する。この裁判確定の日から○年間その刑の執行を猶予する。」との主文になります。弁護人の姉小路と法律事務職員の出町は、裁判長が「未決勾留日数……」と言い始めた時点で、執行猶予が付されなかったことがわかり、無念の表情を浮かべました。

　被告人・烏丸和則は、保釈により身柄を解放されていましたが、実刑判決が言い渡されたため、保釈許可決定の効力が失われ、その場で収監され

ました。

　姉小路は、恐喝について、被害者との間で示談ができれば、控訴審において執行猶予が付く可能性もあるため、控訴することを烏丸和則の家族に勧めています。

　出町は、判決書の謄本の交付を受けるため、判決謄本交付申請書を京都地方裁判所第１刑事部に提出しました。

　仮に、この判決が確定すれば、烏丸和則は、懲役３年の刑が執行され、３年間刑務所に入ることになります。判決主文にある未決勾留日数というのは、逮捕から判決確定まで、被告人が勾留されていた期間のことです。実刑判決の場合、通常は、この未決勾留日数の一部を刑に算入してもらえます。烏丸和則の場合、逮捕から保釈まで勾留されていましたが、その勾留日数の一部である110日（勾留日数から裁判に最低限必要な日数を除いた日数）を刑から差し引いてもらえるということです。つまり、刑務所に入る期間が110日短くなるということです。

【参考資料】判決内容別の確定人員

	平成22年	平成23年	平成24年	平成25年	平成26年
総数	473,226人	432,051人	408,936人	365,291人	337,794人
死刑	9人	22人	10人	8人	7人
無期懲役	49人	46人	38人	38人	28人
有期懲役 うち執行猶予 執行猶予率	64,865人 37,242人 57.4%	59,852人 33,845人 56.5%	58,215人 32,855人 56.4%	52,725人 29,463人 55.9%	52,557人 30,155人 57.4%
有期禁錮 うち執行猶予 執行猶予率	3,351人 3,203人 95.6%	3,229人 3,111人 96.3%	3,227人 3,122人 96.7%	3,174人 3,058人 96.3%	3,124人 3,051人 97.7%
罰金	401,382人	365,474人	344,121人	306,316人	279,221人
拘留	6人	8人	5人	4人	4人
科料	3,067人	2,964人	2,868人	2,559人	2,417人
無罪	86人	77人	82人	122人	116人
その他	411人	379人	370人	345人	320人

法務省法務総合研究所編『犯罪白書〔平成27年版〕』に基づき作成

法律事務所の仕事6

判決後の対応

1 控訴の準備（上告も同様）

承伏できない判決が言い渡された場合、即日控訴するのかどうかを事前に検討し、即日控訴するのであれば、判決後直ちに控訴できるように控訴申立書等を準備します（控訴の詳細は第8章「上訴」参照）。

2 再保釈請求の準備（勾留の執行停止の申立ても同様）

保釈により被告人の身柄が解放されている場合、禁固以上の実刑判決が言い渡されると、その効力が失われ（刑訴法343条）、収監されてしまいますので、再保釈請求をするのかどうかを事前に検討し、請求するのであれば、その準備をします（再保釈請求の詳細は第8章「上訴」参照）。なお、再保釈請求は、控訴していることが条件となります。

3 身柄が解放された場合の対応

被告人が勾留されている場合、無罪、免訴、刑の免除、刑の執行猶予、公訴棄却、罰金（科料）の判決が言い渡されると、勾留状はその効力を失い、その場で身柄が解放されますので、被告人の親族等に法廷や法律事務所に迎えに来てもらう準備をしておくこともあります。

4 保釈保証金の還付

保釈されている場合、判決の宣告後、保釈保証金の還付請求をします。実刑

判決の場合は、被告人が刑事施設に収容された後に還付を受けることになりますが、無罪判決や執行猶予付判決の場合は、判決宣告後すぐに還付を受けることができます。すなわち、身柄確保の必要性がなくなったときに還付を受けることができるということです（刑訴規則91条1項）。

保釈保証金の還付は、保釈保証金を納付した際、還付金の振込先口座を指定していれば、自動的にその口座に振り込まれます。指定していない場合は、保釈保証金を納付した際に受領した保管金受領証書 資料25 に記名押印（納付時と同じ印鑑）し、裁判所の出納課に提出します。その場合は小切手にて還付されます。

5 判決書の謄本の交付申請

判決書の謄本 資料26 は、請求しない限り、被告人や弁護人に交付されません。民事訴訟と異なりますので、注意が必要です（民事訴訟の場合、請求しなくとも判決正本が送達されます）。判決謄本が必要な場合は、裁判所に判決謄本の交付申請をします 書式27 。交付手数料は、判決謄本の用紙1枚につき60円です。裁判所に判決謄本が何枚になるかを確認し、判決謄本受領時に収入印紙で納めます。

印鑑が違う??

失敗談4

　ある日、弁護士がある事件の期日に行き、帰ってきた時、「保釈請求書を出しておいたので、また裁判所から連絡があると思うから、よろしく」と私に言いました。その後、弁護士は、直ぐに別件の刑事事件の接見に行くため、事務所を出て行きました。

　すぐに、裁判所から電話があり、「地裁第1刑事部ですが、○○さんの保釈の件について、300万円で許可が出ました。今すぐ納められますか？」と言われました。保釈金の納付については、許可が出れば納めるように指示を受けていたので、お金の準備をして、すぐに裁判所に向かいました。担当部に着き、保釈許可決定を受領するため受領印を押すと、担当書記官から「保釈請求書に押してある印鑑と今押してもらった印鑑が違うみたいですね……」と言われ……。

　何か書記官同士で検討している様子だったのですが、その後「これ保釈請求書に押した印鑑と同じ印鑑を押してもらわないと手続ができないのですけど」と言われてしまいました。

20代女性事務職員

コメント　吉山仁

　法律事務所には、弁護士の印鑑を複数用意している場合もあります。しかし、保釈請求書に押した印鑑と保釈許可決定受領書に押す受領印が異なると、保釈許可決定が受け取れないという事態になったりします。

　事務職員としては、請求書と受領書の印鑑が一致するように、弁護士と打ち合わせて、①請求書に押印した印を持って、弁護士に直接受領に行ってもらう、②押印した印鑑の寄託を受け、許可決定を事務職員が受け取りに行く、③保釈釈請求書を、事務所にある印で申請するなど、調整して手続をする必要があります。

法律事務所の仕事6

第8章

上　訴

1　概説

　裁判も、裁判官という人間の仕事である以上、誤りを完全に避けることはできません。誤りがないように慎重に審理をしたとしても、事実を見誤ることもあるでしょう。また、被告人にとって量刑が不当に重い場合や、検察官にとって逆に量刑が不当に軽いと思われる場合もあるでしょう。場合によっては法令の適用を誤ることもあるかもしれません。

　このような場合に、被告人や検察官に、裁判に対する不服を申し立てる方法が必要となります。こうした不服申立ての中で、未確定の裁判に対する上級裁判所への不服申立てのことを、上訴といいます。

　現行法上は、一審判決に対する上訴である控訴、二審判決に対する上訴である上告および決定・命令に対する上訴である抗告があります。

2　上訴権者

　原則として裁判を受けた者が上訴することができます。

　被告人自身はもちろんですが、裁判を受けたという点から検察官にも上訴権が認められています（刑訴法351条1項）。

また、被告人の法定代理人や保佐人（刑訴法353条）、原審における代理人又は弁護人（刑訴法355条）も、上訴権者として認められています。
　弁護人の選任は審級ごとにしなければなりませんが（刑訴法32条2項）、原審の弁護人は、特別に上訴の委任を受けていなくとも上訴権者となることができる（刑訴法355条）とされています。この点は、原審の事情を熟知している弁護人の上訴を認めて、被告人の利益を保護しようとする趣旨と考えられます。
　本事例においては、控訴の具体的な場面は描かれていませんが、仮に控訴を行う場合には、烏丸和則本人が行うこともできますが、第一審の弁護人である姉小路弁護士が行うこともできることになります。

3 控訴

(1) 控訴申立書の提出

　一審である地方裁判所又は簡易裁判所の判決に不服のある場合は、裁判が告知された日（判決の言渡し日）の翌日から（刑訴法55条1項。初日は不算入）14日以内に控訴申立書を提出して控訴する必要があります（刑訴法358条、同373条）。この点、民事訴訟においては、判決正本が送達された日が起算点となっていることと異なります。
　また、刑事施設にいる被告人自身が控訴申立てを行う場合においては、裁判所への控訴申立書の提出等が困難な事情があるため、刑事施設の長又はその代理者に控訴申立書を差し出したときは、控訴の提起期間内に上訴をしたものとみなすとの特則が設けられています（刑訴法366条1項）。これは、被告人の利益を配慮してのものといえます。なお、上記の諸規定は、上告の場合にも妥当します。
　もし、上記の期間内に控訴がなされなかった場合には、刑が確定することとなります。控訴がなされた場合は、裁判の確定は遮断され、執行を停止する効果も生じます。

(2) 控訴趣意書の提出

　控訴がなされた場合、訴訟記録・証拠物は、控訴申立てを受けた原審裁判所（地方裁判所もしくは簡易裁判所）から控訴裁判所（高等裁判所）に送付されます。送付を受けた控訴裁判所は、控訴趣意書の提出の最終日を指定して、控訴申立人に通知します。控訴の申立てを行った者は、裁判所の指定した期間内（刑訴規則236条参照）に控訴趣意書の提出をしなければなりません。この時点では、訴訟記録が控訴裁判所にあるために、控訴趣意書の提出は、控訴裁判所宛に行うことになります。

　もし、期間内に控訴趣意書を提出しない場合には、決定で控訴が棄却されます（刑訴法386条1項1号）。そこで、控訴趣意書の提出期限の延長の必要性がある場合には、延長の申請をする必要があります。

(3) 弁護人選任届の提出

　既述のとおり、弁護人の選任は審級ごとにする必要がありますので、原審の弁護人が、そのまま控訴審の弁護人になることはできません。そこで、控訴審の弁護人を選任するためには、控訴審のための弁護人選任届を提出する必要があります。

　この点、控訴申立書の提出や控訴趣意書の提出を、原審の弁護人がするのか、控訴審の弁護人がするのかという疑問が生じます。実務上はいずれがなしても差し支えないという扱いがなされています。つまり、原審の弁護人が控訴申立書を提出した場合、控訴趣意書もそれを補充する書面であることから、これも有効とされています。また、控訴審で新たに就任したが未だ弁護人選任届を提出していない弁護人が控訴趣意書を提出した場合、公判までの間に弁護人選任届が提出された場合は、弁護人選任届が追完されたのだと考えて、既に提出されている控訴趣意書も弁護人からの提出だとして有効だとする判例もあります（最大判昭和29年7月7日刑集8巻7号1052頁）。

(4) 保釈（再保釈）申請

　第一審の判決が実刑判決となった場合には、既になされていた保釈の効力は

言渡しの時点で失効します。そのため、保釈がされていた被告人も、実刑判決言渡しの時点で収監されることとなります。

本事例においても、烏丸和則は実刑判決の言渡し後に、法廷内で身柄を拘束され、そのまま収監されました。

もっとも、控訴審においても、保釈は認められているため、判決言渡しの後、速やかに再保釈の申請を行うのが通常です。

この場合、控訴をした後、記録が原審にある場合には、保釈請求は、原審裁判所に宛てて行います。もし、記録が控訴審裁判所にある場合には、控訴審裁判所に宛てて請求します。

保釈が認められた場合にも、保釈金の金額は、原審の際に認められたものよりも、上積みされたものとなることがほとんどです。そこで、原審の際の保釈金を控訴審の保釈金に充当するという手続が行われます。この際に、原審の弁護人と控訴審の弁護人が異なる場合、控訴審の弁護人は原審の弁護人から保管金受領書と保釈金の充当に関する承諾書の受取りをとっておく必要があります。

仮に、本事例において、烏丸和則が、控訴審で姉小路弁護士以外の弁護士を弁護人に選任した場合、新たに選任された弁護人は、姉小路弁護士から第一審中になされた保釈に関する保管金受領書と、それを控訴審における再保釈の保釈金の充当に当てる承諾書の受取りをしておかなければならないことになります。

4 上告

控訴審の判決に不服がある場合には、控訴の場合と同様、裁判が告知された日（判決の言渡し日）の翌日から14日以内に、上告申立書を高等裁判所に提出して上告をすることができます。

上告審の手続は、特別の定めがある場合を除き、控訴審の手続の規定が準用されます（刑訴法414条）。

もっとも、一審および二審が事実認定の判断まで踏み入って審理をなす事実

審であるとされるのに対して、上告審は審理の内容や手続が法令に違反していないかどうかだけを審理する法律審とされ、上告理由は、憲法違反、憲法の解釈の誤りおよび判例違反の場合に限られている（刑訴法405条）という大きな違いがあります。

　なお、最高裁判所では上告理由がないと判断する場合には、公判手続は行われません。書面において、上告棄却の判決が言渡されます。

5 抗告

(1) 抗告と控訴・上告の違い

　第1章でも、少し触れましたが、裁判機関（裁判所・裁判官）の意思表示を内容とする裁判には、判決の他に、決定・命令というものがあります。判決が「口頭弁論を経て」行われるのに対して、決定と命令は「口頭弁論を経ない」という点で異なります。つまり、決定や命令は、当事者間で主張を戦わせるという弁論の手続を省略して、判断を下すという点に共通点があるのです。

　決定と命令の違いは、決定が裁判機関として組織された「裁判所」という機関によってなされる裁判を指すのに対して、命令は個々の「裁判官」（例えば被疑者勾留を決める裁判官や、公判中の合議体の裁判長などの単独体）がなすものを指します。決定は、公訴棄却の決定（刑訴法339条）がその典型例です。命令は、被疑者の勾留や保釈に関する判断が典型例です。

　既に述べたとおり、判決に対しては、控訴や上告という不服申立手段が設けられていますが、決定や命令には抗告という不服申立て手段が設けられています。このような違いの生じる理由は、裁判を行う手続の性質（口頭弁論を経て実体判断を行うか、単に手続に対する判断か）に応じて、不服申立ての手続にも差が生じるからであると考えられます。

(2) 抗告の種類

　抗告は、まず決定に対する一般抗告と最高裁判所への憲法違反・判例違反を

```
決定、命令に対する不服申立て
         ┌ 一般抗告 ┌ 通常抗告
  ┌ 抗告 ┤         └ 即時抗告
  │      └ 特別抗告
  ┤
  │      ┌ 裁判官の裁判に対する準抗告
  └ 準抗告┤
         └ 検察官等の処分に対する準抗告
```

理由とした特別抗告に分けられます。

更に、一般抗告は、通常抗告と即時抗告に分けられます。

通常抗告は即時抗告ができる旨の規定がある場合の外にできる（刑訴法419条）とされていることから、即時抗告ができる場合は即時抗告しかできません。これは、即時抗告は、その判断をしてからその後の手続を行うことが妥当と考えられる事項（例えば事件の移送に対する不服申立てなど）に対して認められているものであるから、迅速かつ限定的に判断を下すことが妥当とされているからであると考えられます。このため、提訴期間が限られています（3日）。即時抗告においては、迅速に判断がなされることから、裁判の執行が停止するという特徴があります（刑訴法425条）。

これに対して、通常抗告には提訴期間の制限はありません。原決定を取消す実益がなくなったといえる場合（刑訴法421条）以外は、いつでも、提訴ができます。そのため、通常抗告には、即時抗告の場合と異なり、裁判の執行が停止するという効力は付与されていません。

また、通常抗告は、「裁判所の管轄又は訴訟手続に関し判決前にした決定」に関しては、認められていません（刑訴法420条1項）。これは、判決前の決定に対する不服は、終局裁判を受けて上訴することが期待されるためであるとされます。もっとも、勾留・保釈・押収・押収物還付・鑑定留置に関する決定は、身柄を拘束されたり、所有権を害されたりする不利益があるので、迅速な判断をするのが適切であり、上訴を待たないで通常抗告をすることが認められています。（刑訴法420条2項）。

(3) 抗告の申立方法

申立書を原裁判所、つまり決定をした裁判所に提出して行います（刑訴法423条1項）。

この際、裁判所は、一度自ら抗告の当否を判断し（これを「再度の考案」という）、理由があると判断するときは、決定を取り消し、新たな決定をするとされています。理由がないと判断するときは、3日以内に意見書を添えて抗告裁判所に送付されます（刑訴法423条2項）。

もっとも、高等裁判所の決定に対する抗告はできません（刑訴法428条1項）。これは、高等裁判所の決定に対する抗告を認めると、その審理を最高裁判所が行うことになるところ、最高裁判所にそのような負担を課すことは妥当でないことが理由であるとされています。しかし、これでは不服申立て手段が完全に閉ざされてしまうので、「抗告に代わる異議申立て」を高等裁判所に対してなすことができるとされ（刑訴法428条2項）、抗告の代替手段になっています。

(4) 準抗告

裁判官の命令および捜査機関の処分に対しては、準抗告という不服申立てが認められています。

① 裁判官の命令に対する準抗告（刑訴法429条）

代表的な例として、第一回公判前になされた勾留・保釈・押収・押収物の還付に関する裁判に対する不服申立てがあります。被疑者段階で勾留がされた場合にその勾留に対する不服がある場合によくとられる方法です。

② 検察官等の処分に対する準抗告（刑訴法430条）

検察官・検察事務官、司法警察職員のした処分は、厳密には行政機関による処分ですが、これらに対しても刑訴法は不服申立てをすることを認めています（そのため、行政訴訟を提訴することはできないとされています）。

例えば、弁護人と被疑者との接見を指定する処分（刑訴法39条3項）に不服がある場合に、その処分から3日以内に準抗告を行うことができます（刑訴法430条1項前段）。

6 再審

(1) 再審とは

　控訴・上告・抗告の他に、有罪の認定を受けた者等が、新証拠の発見などを理由に、確定した判決に対して非常救済手続として行う再審という制度が設けられています。
　この点、確定していない裁判に対する不服申立てである上訴とは異なります。もっとも、救済手段であるという点で共通しますので、ここで紹介しておくことにします。

(2) 再審事由

　再審ができる事由については、刑訴法435条及び同法436条に定められています。
　最近では、DNA鑑定等の発達により、新証拠の発見を理由とした再審の請求がなされたというテレビや新聞のニュースを目にするようになりました。この点からも、刑訴法435条6号の「新証拠の発見」という事由が、有罪の認定を受けた無罪の者の救済に役立つ事由として注目されます。
　今後も、更に再審請求が増加することが予想されます。

(3) 再審の手続

　再審の手続は、①再審の請求と②再審開始決定に基づく審理という二重構造となっていることが特徴です。
　再審の請求を行おうとする者は、原判決をした裁判所に対して、再審請求の申立てを行います（刑訴法438条）。
　請求を受けた裁判所は、再審の請求が不適法又は理由がないときは、決定でこれを棄却し（刑訴法446条、同447条）、理由があるときは再審開始決定をします（刑訴法448条1項）。
　近年、袴田事件等でも話題になりましたが、再審の手続においては、再審開

始決定がなされ再度の審理がされるということは、無罪判決が出される可能性が大きく、注目すべき点であることは知っておくと良いでしょう。

法律事務所の仕事7

控訴、準抗告の手続

1 控訴の提起

　被告人から控訴提起の委任を受けた場合、弁護人は、控訴申立書 書式28 を一審判決をした裁判所に提出します。これは、原審裁判所や検察官等が、控訴がされたかどうかを訴訟記録の存する原審裁判所を基準にして確認しやすくし、判決確定の有無を速やかに知ることができるようにするためです。事務職員が控訴申立書を提出する時に、控訴する裁判所（高等裁判所）へ直接提出したりしないよう、くれぐれも注意しましょう。

　控訴をする際の控訴申立書の宛名裁判所は、高等裁判所名（例：大阪高等裁判所　御中）を記載しておきます。このとき、刑事手続においては、一審が簡易裁判所でも控訴裁判所は高等裁判所となりますので記載上の注意が必要です。

　なお、弁護人の選任は審級ごとに行う必要がありますので、原審弁護士が引き続いて控訴審の弁護人となる場合も、改めて弁護人選任届を提出する必要があります。控訴提起をすること自体は原審弁護人でもできますが、控訴審において弁護活動を行う場合には、新たに弁護人選任届けを提出する必要がありますので、忘れないようにしましょう。

　また、刑事事件においては、控訴審から原審の弁護人とは異なる弁護人が新たに就任することがあります。この場合、控訴審から新たに就任した弁護人は、原審の弁護人から記録の引継ぎを受けることもあります。その場合には、原審弁護人の事務所と記録や資料の引継ぎの連絡を行う必要があります。また、弁護士から、そのための事務所間の日程の調整等を指示される場合もありますので、留意しておきましょう。原審の弁護人から記録の引継ぎを受けることができない場合は、原審の記録を謄写して対応します。

> 【本事例】
> 　本事例においては、姉小路の指示で判決前に、事務職員の出町が控訴申立書を準備しています。実際にも、場合によっては、判決言渡し後すぐに控訴提起をする場合があります。よくテレビ報道されている重大事件においても、このような報道がされています。

2 控訴趣意書の提出

　一般的に控訴趣意書は委任を受けた弁護人が作成し、提出します。控訴趣意書については、裁判所から提出期限の連絡がありますので、遅れないように提出する必要があります。

　控訴趣意書の提出の際には、訴訟記録は控訴した高等裁判所にありますので、控訴趣意書は高等裁判所に宛てて直接提出します。この点、上記の控訴申立書の提出の場合と異なりますので注意が必要です。

3 準抗告の申立て

　刑事事件を取り扱う法律事務所においては、弁護人活動として、裁判所や検察官の活動に異議を唱える準抗告の申立てを行うことがよくあります。
　この場合、異議を唱える対象によって、準抗告の申立書の提出の方法が異なります。
　① 裁判官の命令に対する準抗告
　　申立て方法としては、命令があってから3日以内に、簡易裁判所の裁判官の裁判に対しては管轄地方裁判所に、その他の裁判官がした裁判に対しては、その裁判官が属する裁判所に対して、準抗告の申立書を提出して行います（刑訴法429条、431条）。
　② 検察官等の処分に対する準抗告
　　申立て方法としては、検察官のした処分への準抗告は、所属検察庁に対

応する裁判所に、司法警察職員の処分の場合は職務執行地を管轄する地方裁判所・簡易裁判所に申立書を提出して行います（刑訴法430条2項）。

お金が出ない!!

失敗談5

　法律事務所に勤務して間もない時のことです。
　私の事務所は、刑事事件を割と多く扱う事務所で、その日も、保釈金の納付がありました。保釈金の金額の判断があったと言うことで、私は、先輩の事務職員より、預かり金口座に入れてある保釈金納付額をATMで引き出すように頼まれました。外回りの途中で、銀行のATMに行き、キャッシュカードを入れて暗証番号を入れる時になって、暗証番号を書いたメモを事務所に忘れてきたことに気付きました。
　私は、メモをしたときの4桁の番号を何となく記憶していたので、その番号を打ち込みました。ところが……。
「暗証番号が違っています。再度、暗証番号を押してください」という表示がされました。私は、押し間違えたかなと思い、再度、覚えている番号を押しました。ところが、また「暗証番号が違っています」という表示。
　私は、少し自信がなくなりましたが、最後の一桁が違っているような気がしたので、試しに、その番号を押してみました。
　すると……。「ピ・ピー」という音がするとともに、「しばらくお待ちください」という表示が。ATMからは、音がし続け、なんと、銀行の係の人が駆けつける始末。結局、カードを拾った他人が引き出しをしに来たと怪しまれ、結果的には事務所の先輩に銀行まで来てもらい、暗証番号の押しミスであるということを説明して、対処してもらう羽目になってしまいました。今では恥ずかしい思い出です。

法律事務所の仕事7

> **コメント** 吉山仁　　　　　　　　　　20代女性事務職員
>
> 銀行のATMでは、カードの暗証番号を複数回押し間違えると盗難等の防止のため、カードが出てこなくなったりすることがあるようです。この方は、自分の記憶だけに頼り、複数回、番号間違いをするというミスを犯してしまいました。仮に、暗証番号が分からなくなった場合などは、必ず事務所に連絡して再度確認する等、ミスを防ぐようにする必要があります。

第3編 書式・資料集

第1部
書式・資料一覧表

番号	書式・資料	表題	頁数
1	資料	逮捕状（通常逮捕）	166
2	資料	勾留状謄本	167
3	書式	勾留状謄本交付申請書	169
4	書式	弁護人選任届	170
5	書式	接見等禁止決定一部解除の申立書	171
6	書式	委任契約書	172
7	資料	起訴状	174
8	資料	お願い（事前準備について）	175
9	資料	事前準備連絡票（弁護人用）	176
10	資料	接見等禁止決定謄本	177
11	書式	証拠書類・証拠物閲覧申請書（京都地検）	178
12	書式	公判記録謄写依頼書（京都地検）	179
13	資料	証拠等関係カード（検察官）	180
14	書式	証拠意見の回答依頼書及び同意見書	181
15	書式	期日請書	182

番号	書式・資料	表題	頁数
16	書式	証拠調べ請求書	183
17	資料	弁号証	184
18	書式	刑事事件記録等閲覧・謄写票	185
19	書式	保釈請求書	186
20	書式	身元引受書	187
21	資料	保釈請求却下決定謄本	188
22	資料	求意見書兼意見書	189
23	資料	保釈許可決定謄本	190
24	書式	保管金提出書	191
25	資料	保管金受領証書	192
26	資料	判決謄本	193
27	書式	判決謄本交付申請書	194
28	書式	控訴申立書	195

---- 資料1 ----

逮 捕 状
（通常逮捕）

本文78頁

逮 捕 状（通常逮捕）			
被 疑 者	氏 名	烏 丸 和 則	
	年 齢	昭和〇〇年6月6日生	
	住 居	京都市上京区堀川通丸太町角町5番地	
	職 業	飲食店店員	
罪 名	恐喝未遂		
被疑事実の要旨	別紙逮捕状請求書記載のとおり		
引致すべき場所	別紙逮捕状請求書記載のとおり		
有 効 期 間	平成 〇〇 年 〇〇 月 〇〇 日まで		
有効期間経過後は、この令状により逮捕に着手することができない。この場合には、これを当裁判所に返還しなければならない。			
有効期間内であっても、逮捕の必要がなくなったときは、直ちにこれを当裁判所に返還しなければならない。			
上記の被疑事実により、被疑者を逮捕することを許可する。			
平成 〇〇 年 〇〇 月 〇〇 日			
京都地方裁判所			
裁 判 官 　渡 邊 憲 太 郎　㊞			
請 求 者 の 官 公 職 氏 名			
逮 捕 者 の 官 公 職 氏 名			
逮捕の年月日日時及び場所	平成　　　年　　　月　　　日　午　　　時　　　分		
引致の年月日時	平成　　　年　　　月　　　日　午　　　時　　　分		
記 名 押 印			
送致する手続をした年月日時	平成　　　年　　　月　　　日　午　　　時　　　分		
記 名 押 印			
送致を受けた年月日時	平成　　　年　　　月　　　日　午　　　時　　　分		
記 名 押 印			

資料2

勾留状謄本
(1枚目)

本文84頁

			指揮印
\multicolumn{3}{c	}{勾　留　状}	
被疑者	氏　名	烏　丸　和　則	延長
	年　齢	昭和〇〇年6月6日生	
	住　居	京都市上京区堀川通丸太町角町5番地	
	職　業	飲食店店員	延長

被疑者に対する恐喝未遂被疑事件について、同人を京都府御池警察署留置施設に勾留する。

被疑事実の要旨	別紙のとおり
刑事訴訟法60条1項各号に定める事由	次葉のとおり
有効期間	平成〇〇年〇〇月〇〇日　まで

この令状は、有効期間経過後は、その執行に着手することができない。この場合には、これを当裁判所に返還しなければならない。

平成〇〇年2月12日

　　　京都地方裁判所

　　　　　　裁判官　　山田　正志　　㊞

勾留請求の年月日	平成〇〇年〇〇月〇〇日
執行した年月日時及び場所	平成〇〇年〇〇月〇〇日　午　〇〇時〇〇分 京都地方検察庁
記名押印	京都府警察本部留置管理課 司法巡査　横川　亮太　㊞
執行することができなかったときはその事由	
記名押印	平成　年　月　日
勾留した年月日時及び取扱者	平成〇〇年〇〇月〇〇日　午　〇〇時〇〇分 京都府警察本部留置管理課　司法警察員警部補　米山　徹　㊞

(被疑者用) 1

(被疑者　烏丸和則)

資料2

勾留状謄本
（2枚目）

本文84頁

刑事訴訟法60条1項各号に定める
下記の　2、3　号に当たる。
1　被疑者が定まった住居を有しない。
2　被疑者が罪証を隠滅すると疑うに足りる相当な理由がある。
3　被疑者が逃亡し又は逃亡すると疑うに足りる相当な理由がある。

勾留期間の延長	
延　長　期　間　　平成　　年　　月　　日まで	延　長　期　間　　平成　　年　　月　　日まで
理　　　　由	理　　　　由
平成　年　月　日　　　　裁判所　　裁判官	平成　年　月　日　　　　裁判所　　裁判官
勾留状を検察官に交付した年月日　　平成　年　月　日　　裁判所書記官	勾留状を検察官に交付した年月日　　平成　年　月　日　　裁判所書記官
勾留状を検察官に交付した年月日時　　平成　年　月　日午　時　分　　刑事施設職員	勾留状を検察官に交付した年月日時　　平成　年　月　日午　時　分　　刑事施設職員

（被疑者　烏丸和則）

書式3

勾留状謄本交付申請書

本文84頁

勾留状謄本交付申請書

被 疑 者　烏 丸 和 則

　上記の者に対する恐喝未遂被疑事件について、平成〇〇年〇〇月〇〇日付勾留状謄本の交付を申請する。

平成〇〇年〇〇月〇〇日
被疑者弁護人
弁護士　姉 小 路 大 助　㊞
電　話：075-000-0000

京都　地方・簡易　裁判所　刑事部　御中

請　　　書

上記謄本1通正に受領しました。

平成　年　月　日
被疑者弁護人
弁護士　姉 小 路 大 助　㊞

京都　地方・簡易　裁判所　刑事部　御中

書式4

弁護人選任届

本文84頁

弁 護 人 選 任 届

平成〇〇年2月13日

京都地方検察庁　　御中

　　　　　　　　　　被 疑 者　　烏 丸　和 則

被疑者に対する　　恐喝未遂　　被疑事件について、次の弁護人を選任しましたので、連署をもってお届けします。

　　　　　被 疑 者　　烏 丸 和 則　㊞

〒123-4567
京都市中京区竹屋町通富小路下ル　法曹ビル2階
東山法律事務所
ＴＥＬ：075-123-4567
ＦＡＸ：075-123-4568
京都弁護士会所属

　　　　　弁 護 人　　姉小路　大　助　㊞

書式5

接見等禁止決定一部解除の申立書

本文85頁

罪　名　恐喝未遂
被疑者　烏　丸　和　則

接 見 等 禁 止 決 定 一 部 解 除 の 申 立 書

平成○○年2月13日

京都地方裁判所　刑事部　御中

被疑者弁護人
弁護士　姉　小　路　大　助　㊞

　頭書被疑事件につき、被疑者は御池警察署に勾留されているところ、刑事訴訟法第39条1項以外の者との接見および書類その他の物の授受を禁止する旨の決定がなされているが、今般、上記決定を一部解除して以下日時に以下の者に限って接見することを許可されたく申立てる。

1　接見希望日時
　　平成○○年2月17日から同年同月20日までの午前9時から同12時の間の30分間
2　接見希望者
　　氏　　名　　烏　丸　ま　み
　　生年月日　　昭和○○年8月15日
　　住　　所　　京都市上京区堀川通丸太町角町5番地
　　被疑者との関係　　妻
3　接見内容（省略）
4　申立の理由（省略）

書式6

委任契約書
（1枚目）

本文93頁

委任契約書（刑事事件）

依頼者を甲、受任弁護士を乙として、次のとおり委任契約を締結する。

第1条（事件の表示と受任の範囲）

甲は乙に対し下記事件（以下「本件事件」という）の処理を委任し、乙はこれを受任した。

①事件の表示
事件名　　恐喝未遂
被疑者・被告人　　烏丸和則

②受任の範囲
☑成人弁護活動（起訴前、一審、控訴審、上告審）
☑保釈、□勾留執行停止、□勾留取消、□勾留理由開示、
☑被害弁償等の示談折衝
□その他（　　　　　　　　　　　　　　）

第2条（弁護士報酬）

甲と乙は、本件事件に関する弁護士報酬につき、乙の弁護士報酬基準に定めるもののうち☑を付したものを選択すること、およびその金額（消費税を含む）または算定方法を合意した。

☑着手金
①着手金の金額を次のとおりとする。金３２４，０００円（消費税含む）
②着手金の支払時期・方法は、特約なき場合は本件事件の委任のときに一括払いするものとする。

☑報酬金
①報酬金の金額を次のとおりとする。
☑無罪の場合　　　金６４８，０００円（消費税含む）
☑執行猶予の場合　　金３２４，０００円（消費税含む）
□求刑より判決の量刑が軽減された場合　金　　　　円
□その他（　　　　　　　　　　　）　金　　　　円
②報酬金の支払時期は、本件事件の処理の終了したときとする。

□出廷日当
①1回当たりの日当の金額を次のとおりとする。　金　　　　　円
②予納金額との過不足は、特約なき場合は事件終了後に清算する。

□出張日当
①出張日当を（　一日　、　半日　）金　　　　　円とする。
②予納金額との過不足は、特約なき場合は事件終了後に清算する。

書式6

委任契約書
（2枚目）

本文93頁

第3条（実費・預り金）
　甲及び乙は、本件事件に関する実費等につき、次のとおり合意する。
　☑実費
　　①甲は費用概算として金30,000円を予納する。
　　②乙は本件事件の処理が終了したときに清算する。
　□預り金
　　甲は_____の目的で金_____円を乙に預託する。

第4条（事件処理の中止等）
　1．甲が弁護士報酬または実費の支払いを遅滞したときは、乙は本件事件の処理に着手せず、またはその処理を中止することができる。
　2．前項の場合には、乙はすみやかに甲にその旨を通知しなければならない。

第5条（弁護士報酬の相殺等）
　1．甲が弁護士報酬または実費等を支払わないときは、乙は甲に対する金銭債務と相殺し、または本件事件に関して保管中の書類その他のものを甲に引き渡さないでおくことができる。
　2．前項の場合には、乙はすみやかに甲にその旨を通知しなければならない。

第6条（中途解約の場合の弁護士報酬の処理）
　　本委任契約にもとづく事件等の処理が、解任、辞任または継続不可能により中途で終了したときは、乙の処理の程度に応じて清算をおこなうこととし、処理の程度についての甲と乙の協議結果にもとづき、弁護士報酬の全部もしくは一部の返還または支払いをおこなうものとする。

第7条（特約）
　　本委任契約につき、甲と乙は、次のとおりの特約に合意した。
　　--

甲及び乙は、乙の弁護士報酬基準の説明にもとづき本委任契約の合意内容を十分理解したことを相互に確認し、その成立を証するため本契約書2通作成し、相互に保管するものとする。

平成○○年2月11日
　甲（依頼者）　　住　所　京都市上京区堀川通丸太町角町5番地
　　　　　　　　　氏　名　　烏　丸　一　郎　　　　㊞

　乙（受任弁護士）住　所　京都市中京区竹屋町通富小路通下ル　法曹ビル2階
　　　　　　　　　氏　名　弁　護　士　姉　小　路　大　助　㊞

―― 資料7 ――

起 訴 状

本文107頁，111頁

平成○○年検第123号

起　訴　状

平成○○年3月2日

京都地方裁判所　殿
　　京都地方検察庁

　　　　　検察官検事　山　本　真　㊞

下記被告事件につき公訴を提起する。

記

本　籍　　京都市上京区堀川通丸太町角町5番地
住　居　　同　上
職　業　　飲食店店員

　　　　　勾留中　　　烏　丸　和　則
　　　　　　　　　　　昭和○○年6月6日生

公　訴　事　実

　被告人は、法定の除外事由がないのに、平成○○年○○月中旬ころから平成○○年○○月○○日までの間、京都府内又はその周辺において、フエニルメチルアミノプロパンの塩類若干量を自己の身体に摂取し、もって、覚せい剤を使用したものである。

罪　名　及　び　罰　条

　覚せい剤取締法違反　　　同法41条の3第1項1号、19条

　　これは謄本である
　　同日　同庁　検察事務官　佐々木　誠　㊞

資料8

お願い
（事前準備について）

本文112頁

お願い（事前準備について）

京都地方裁判所　第1刑事部

　　上記事件について、第1回公判期日から計画的かつ実質的な審理が行えるよう、次の諸点に御留意の上、公判前の十分な準備をお願いします。なお、事前準備連絡表は、必ず提出していただくようお願いします。

> 証拠書類・証拠物は、
> 　　起訴後2週間以内に開示されるよう検察官に要請しています。
> 　　（謄写依頼の手続は、上記の日に関係なく、速やかに済ませて下さい）

1　速やかに証拠書類等を閲覧していただいた上、できるだけ早期に同意・不同意の別を検察官に通知してください（規則178条の6第2項2号）。検察官には、それに対する準備をして第1回公判期日に臨んでいただくよう要請しています。
2　同意・不同意を決めるについては、一部同意の余地がないかについても検討していただき、一部同意が可能である場合には、その旨及び同意部分をも検察官に通知してください。検察官には、その旨の通知があった場合、同意予定部分の抄本を第1回公判期日に持参するよう要請しています。
3　公訴事実に争いがない場合は、できるだけ速やかに結審できるよう配慮されたく、情状証人があれば在廷させ、また、示談関係書類等請求予定の証拠がある場合には、あらかじめ検察官に閲覧の機会を与えておいてください（規則178条の6第2項3号）。
4　起訴状記載の訴因に不明確な点があるなど、検察官に釈明を求めたい事項は、あらかじめ検察官と打ち合わせた上、争点を整理しておいてください（規則178条の6第3項1号）。なお、求釈明事項がある場合は、できるだけ書面を作成し、裁判所にも1部提出してください。
5　公訴事実に対する認否及び主張並びに検察官請求証拠に対する意見等が複雑になる場合は、できるだけ書面をご用意下さい。検討の結果、審理所要時間を変更するのが適当と考えられる場合は、速やかに上記担当書記官までご相談ください。

---- 資料9 ----

事前準備連絡票
（弁護人用）

本文112頁，113頁

京都地方裁判所第１刑事部　　ＦＡＸ 075-222-2222

事前準備連絡票（弁護人用）

京都地方裁判所第１刑事部いＢ係

　担当書記官　白川　里子

　ＴＥＬ　075-111-1111（ダイヤルイン）　　　弁護人　姉小路　大助

被告人　烏丸　和則

検察官請求証拠に対する意見	□全部同意予定 □一部同意予定 不同意部分につき検察官に　□通知済み 　　　　　　　　　　　　　□通知未了
弁護人の立証予定	□１回結審予定 □第　　回公判で立証終了予定 　理由（　　　　　　　　　　　　　　　　　） 第１回公判期日進行予定 　□在廷証人 　　　□なし 　　　□あり　立証趣旨 　　　　　　　　　　　　人　　所要時間　　分 　□被告人質問 　□書証の提出予定 　　　□なし 　　　□あり　立証趣旨 　　　　　　□検察官に開示済み 　　　　　　□検察官に開示未了 次回以降の立証予定等
その他の連絡事項等	

資料10

接見等禁止決定謄本

本文111頁

平成○○年（む）第123号

　　　　　接　見　等　禁　止　決　定

　　　　　　　　　　　　　　　　　被告人　烏　丸　　和　則

　上記の者に対する恐喝未遂被告事件について、検察官の請求により、罪証を隠滅すると疑うに足りる相当な理由があるものと認め、刑事訴訟法39条1項に規定する者（弁護人又は弁護人を選任することができる者の依頼により弁護人となろうとする者）以外の者（ただし、被告人が勾留されている刑事施設に置かれた刑事施設視察委員会及びその委員並びに被告人の勾留されている留置施設に係る留置施設視察委員会及びその委員を除く）と上記被告人との接見及び書類（ただし、本件に関する事項が記載されておらず、書き込みのない新聞、雑誌、書籍等の公刊物を除く。）、その他の物（ただし、糧食、現金、衣類及び日用品を除く。）の授受を第1回公判期日の日の経過するまで（ただし、本件が公判前整理手続に付された場合には、第1回公判前整理手続期日の日が経過するまで）の間禁止する。

　　　平成○○年3月2日
　　　　　　京都地方裁判所刑事部
　　　　　　　裁　判　官　　長　岡　　武　志　㊞

　　　　　これは謄本である
　　　　　同日同庁
　　　　　　裁判所書記官　　白　川　　里　子　㊞

書式11

証拠書類・証拠物閲覧申請書
（京都地検）

本文112頁

下記の者はこの被告事件の弁護人であることを証明する。
　　　　年　　　月　　　日
京都　裁判所　第　　刑事部　裁判所書記官

公閲第

　　　　　　　　　　　平成 ○○ 年 3 月 4 日

京都　地方　検察庁　御中

　　　下記　弁護人　姉　小　路　大　助　㊞
　　　　住　所　京都市中京区竹屋町通富小路下ル
　　　　　　　　法曹ビル2階　東山法律事務所

　　　　（証拠書類）
　　　　　　　　　閲　覧　申　請　書
　　　　　証　拠　物

下記被告事件に関する下記（証拠書類）の閲覧を申請致します。
　　　　　　　　　　　証　拠　物

　　　　　　　　記

罪名　恐喝未遂　　　被告人　烏　丸　和　則

　　　　　　　委　任　状

　上記記録閲覧謄写を下記の者に委任します。

　　資格
　　氏名
　　　　　年　　　月　　　日

── 書式12 ──

公判記録謄写依頼書
（京都地検）

本文112頁

公判記録謄写依頼書

平成 〇〇 年 3 月 4 日

ＫＰＯ謄写センター　　様

弁 護 人 氏 名　　弁護士　姉小路　大助

電話番号　０７５—１２３—４５６７
（お手数ですが、電話番号を必ずご記入下さい。）

下記被告事件に関する証拠書類、証拠物の謄写を依頼します。
記

被告人氏名　　烏　丸　和　則
罪　名

- ○ 窃　盗　　○ 同未遂　　○ 常習累犯窃盗
- ○ 住居侵入　　○ 同未遂　　○ 器物損壊
- ○ 建造物侵入　　○ 同未遂
- ○ 詐　欺　　○ 同未遂　　○ 業務上横領
- ● 恐　喝　　● 同未遂　　○ 脅　迫
- ○ 傷　害　　○ 暴　行　　○ 公務執行妨害
- ○ 暴力行為等処罰に関する法律違反
- ○ 覚せい剤取締法違反　　○ 大麻取締法違反
- ○ 銃砲刀剣類所持等取締法違反
- ○ （有印）私文書偽造同行使・詐欺
- ○ 業務上過失傷害　　○ 業務上過失致死
- ○ 道路交通法違反　　○ 危険運転致死傷
- ○ 強　盗　　○ 強盗致傷
- ○ 強制わいせつ　　○ 強　姦　　○ 強姦致傷
- ○ 廃棄物の処理及び清掃に関する法律違反
- ○

謄写の範囲　　☑ 提出記録全部
　　　　　　　□ 抜すい

公判期日　4 月 23 日　　受理・処理簿番号

ＫＰＯ謄写センター（京都法務合同庁舎内）
　　直通電話　（０７５）４１１—２５９５
　　ＦＡＸ　　（０７５）４４１—９１３９

資料13

証拠等関係カード
（検察官）

本文112頁

請求者等　検察官						平成〇〇年（わ）第150号	
証　拠　等　関　係　カ　ー　ド　（No.　　　）							
（このカードは、公判期日、公判前整理手続き期日又は期日間整理手続期日においてされた事項については、各期日の調書と一体となるものである。）							
番号	請求	意　見		結　果		備　考	
標　目 〔供述者・作成年月日、住居・尋問時間等〕 立　証　趣　旨 （公　訴　事　実　の　別）	期日	期日		期日	取調順序	編てつ箇所	
1 （　　　　）							
2 （　　　　）							
3 （　　　　）							
4 （　　　　）							
5 （　　　　）							

（被告人一名用）

（被告人　烏丸　和則　）

書式14

証拠意見の回答依頼書及び同意見書

本文112頁

様式第2号

平成〇〇年〇〇月〇〇日

弁護人　姉小路　大助　殿

　　　　　　　　　　　　　　　　立会検察官　桂川　憲治

　　　　　　　証拠意見の回答依頼書及び同意見書

（罪　　名）　恐喝未遂
（被告人氏名）　烏丸　和則

別紙証拠等関係カード記載の証拠について、刑事訴訟規則第178条の6第2項第2号による意見を速やかに通知して下さい。

（宛先電話番号　　075-333-3333）　　甲（第　1　～　24　号）
（宛先ＦＡＸ番号　075-444-4444）　　乙（第　1　～　13　号）

平成　〇〇　年　〇〇　月〇〇　日

　　　　　　　　　弁護人　姉　小　路　大　助

検察官　桂川　憲治　殿

証拠等関係カード記載の証拠についての意見は次のとおりです。

記

証拠書類についての意見	同　　意	（省略）
	不　同　意	（省略）
	一部不同意 （内訳）	（省略）
証拠物についての意見	異議のないもの 異議のあるもの	（省略）
公訴事実に対する認否	1．認める　　2．否認する　　3．その他 [該当番号に〇印]　　　　　　　　（　　　　　）	
結審見込み	1．ある　　　2．ない [該当番号に〇印]	
証人請求予定	1．ある（氏名・関係等／　　　　　）2．その他 [該当番号に〇印]	

---- 書式15 ----

期日請書

本文123頁

事件番号　平成○○年（わ）第150号
罪　　名　恐喝未遂被告事件
被告人　　烏丸　和則

期　日　請　書

平成○○年3月4日

京都地方裁判所　第1刑事部　御中

弁護人　姉小路　大助　㊞

　被告人に対する頭書被告事件について、第1回公判期日（平成○○年4月23日午前10時00分）を正にお請けします。

書式16

証拠調べ請求書

本文124頁

事件番号　平成〇〇年（わ）第150号、第185号
罪　　名　恐喝未遂、覚せい剤取締法違反被告事件
被告人　　烏　丸　和　則

証 拠 調 べ 請 求 書

平成〇〇年〇〇月〇〇日

京都地方裁判所　第１刑事部　御中

弁護人　　姉小路　大助　㊞

1　弁第１号証
　（標　　目）　「示談書」（原本）
　（作成者）　弁護人
　（作成日）　平成〇〇年〇〇月〇〇日
　（立証趣旨）　被害者代理人と示談が成立したこと。

以　上

資料17

弁号証

本文124頁

示　談　書　　　　　　　　　　　　　弁第〇号証
　　　　　　　　　　　　　　証

　〇〇〇〇を甲、△△△△を乙として、本日、以下のように示談が成立したので、示談成立の証として、本書面2通を作成し、甲乙各1通ずつ保有する。

第1条（目的）
　本示談は、甲を加害者、乙を被害者とする詐欺被告事件（京都地方裁判所平成〇〇年（わ）第〇〇〇号）（以下、「本件事件」という。）について、甲の乙に対する損害賠償内容を確定するためになされた。

第2条（損害賠償）
　甲は、乙に対し、本件事件の解決金として、金□□□万円の支払義務のあることを認め、本日、その全額を乙の指定する下記金融機関の預金口座に振込送金し、乙は、これを受領した。
　　　　　　　　　　　　記
　京都中央信用金庫　御池支店　普通預金　口座番号０１２３４５
　（キョウトチュウオウシンヨウキンコ　オイケシテン）
　　名義：　預り金口　弁護士　姉小路　大助
　　　　　（アズカリキングチ　ベンゴシ　アネコウジ　ダイスケ）
　　　　　　　　　　　　　　　　　　　　　　　　　　　　　以上

第3条（誓約）
　甲は、本件事件を深く反省し、二度と詐欺行為をしないことを誓約するとともに、理由や手段の如何を問わず、今後一切、乙に接触しないことを誓約する。

第4条（清算条項）
　甲と乙との間で、本件事件に関し、本示談書に定めるほか、何らの債権債務のないことを相互に確認する。

平成〇〇年〇〇月〇〇日
　甲弁護人（代理人）
　　　京都市中京区・・・・　〇〇ビル3階　〇〇法律事務所
　　　被告人〇〇〇〇弁護人（代理人）弁護士　　姉小路　大　助
　乙代理人
　　　滋賀県草津市〇〇町〇番〇号　〇〇ビル2階　〇〇法律事務所
　　　　　△△△△代理人弁護士　　□　□　□　□

書式18

刑事事件記録等閲覧・謄写票

本文125頁

刑事事件記録等閲覧・謄写票(原符)		申請区分	記　録　・　証　拠　物　閲　覧　・　謄　写	
受付年月日	平成　年　月　日	ちょう用印紙額		円
事件番号	平成○○年（わ）第 150、185 号	事件記録等返還月日・事件担当書記官受領印	・	・
被告人等氏名	烏 丸 和 則			
申請人氏名	弁護士　姉小路大助	事件担当書記官票受領印	（　部係）	□担書 □却下 □拒絶
原符番号	第　　　　号			

（庁名）　　京都地方裁判所				
原府番号	第　　　号	担当部係	第１刑事 部い B 係	
刑事事件記録等閲覧・謄写票		申請区分	記　録　・　証　拠　物　閲　覧　・　謄　写	
申請年月日	平成○○年４月２３日			
事件番号	平成○○年（わ）第１５０、１８５号	申請人	資　格	被告人・弁護人・その他 （　　　　　）
被告人等氏名	烏 丸 和 則		住　所又は弁護士会	京都弁護士会
閲覧等の目的	訴訟準備等のため		氏　名	弁護士　姉小路大助 ㊞
証拠物謄写方法		閲覧謄写人氏名		事務員・業者・その他 （　　　　　）
所要見込時間	時間　　分	提出書類		委任状・その他 [　　　　　]
次回期日	５月２８日			

閲覧等の部分	許否及び特別指定条件	許可権者印
平成○○年４月２３日付 第１回公判調書	許 ・ 否	
印紙	交 付 月 日	・
	閲覧人・謄写人 記録等受領印	
	記録係記録等 返還確認印	
備考		

注意　1　申請人は、太枠内に所要事項を記入し、「印紙」欄に所定額の印紙をちょう用（消印はしない。）の上、原符から切りないで、この票を係員に提出してください。
　　　2　「申請区分」欄、「申請人」欄の「資格」、「閲覧等の目的」欄及び「提出書類」欄は、該当文字を○で囲み、その他に該当する場合には、（　）内に具体的に記載してください。
　　　3　「閲覧・謄写人氏名」欄は、申請人以外の者に閲覧・謄写をさせる場合に記入してください。

書式19

保釈請求書

本文130頁

事件番号　平成○○年（わ）第150号、第185号
罪　　名　恐喝未遂、覚せい剤取締法違反被告事件
被告人　　烏　丸　和　則

保　釈　請　求　書

平成○○年9月3日

京都地方裁判所　第1刑事部　御中

　　　　　　　弁　護　人　姉　小　路　大　助　㊞
　　　　　　　電　　　話　075-123-4567

　被告人は、上記被告事件につき勾留中であるが、下記事由により保釈許可決定をされたく請求する。

記

1　保釈の事由
　　（省略）
2　刑事訴訟法89条各号の検討
　　（省略）
3　裁量保釈の事由
　　（省略）

以上

添　付　書　類

　身元引受書　　　　　　　　　　　　　　　1通

書式20

身元引受書

本文130頁

罪　　　名　　恐喝未遂、覚せい剤取締法違反
被　告　人　　烏　丸　和　則

身　元　引　受　書

平成　〇〇　年　9　月　3　日

京都地方裁判所　第　1　刑事部　　御中

　　　身元引受人
　　　　住　　所　　京都市上京区堀川通丸太町角町5番地

　　　　氏　　名　　烏　丸　　一　　郎　　㊞

　　（被告人との関係）　　父

　被告人は、頭書被告事件について勾留されているところ、保釈を許可されました場合には、私が被告人の身元を引き受け、公判期日等への被告人の出頭並びに保釈条件の遵守につき、被告人に厳守させることを誓約いたします。

資料21

保釈請求却下決定謄本

本文131頁

平成〇〇年（む）第58号【基本事件平成〇〇年（わ）第150号】

　　　　　　保　釈　請　求　却　下　決　定

被告人　　　烏　丸　和　則
被告事件　　恐喝未遂、覚せい剤取締法違反

　被告人に対する上記被告事件について、平成〇〇年7月2日、弁護人姉小路大助から保釈の請求があったので、当裁判所は、検察官の意見を聞いた上、次のとおり決定する。
　　　　　　　　　　　　主　　　文
　　　　　本件保釈の請求を却下する。
　　　　　　　　　　　　理　　　由
　被告人は下記4、5に該当し、かつ、諸般の事情に照らして保釈の許可をするのは適当と認められない。

　　　平成〇〇年7月3日
　　　　　　京都地方裁判所第　刑事部
　　　　　　　　　　裁　　判　　官　　嵐　山　大　作

　　　　　　　　　　　　　記
1　死刑又は無期若しくは短期1年以上の懲役若しくは禁錮に当たる罪を犯したものである。
2　前に死刑又は無期若しくは長期10年を超える懲役若しくは禁錮に当たる罪につき有罪の宣告を受けたことがある。
3　常習として長期3年以上の懲役又は禁錮に当たる罪を犯したものである。
4　罪証を隠滅すると疑うに足りる相当な理由がある。
5　被害者その他事件の審判に必要な知識を有すると認められる者若しくはその親族の身体若しくは財産に害を加え、又はこれらの者を畏怖させる行為をすると疑うに足りる相当な理由がある。
6　氏名又は住居が判らない。
7　禁錮以上の刑に処する判決の宣告があったものである。

　　　これは謄本である。
　　　　同日同庁
　　　　　　裁判所書記官　　　白　川　里　子　㊞

資料22

求意見書兼意見書

本文131頁，134頁

平成〇〇年（む）第58号　【平成〇〇年（わ）第150号】

　　　　　　　　　　　　　　　　　　　　　平成〇〇年7月2日

　　　　　　　　　　求　意　見　書

　被告人　　烏　丸　和　則

　京都地方検察庁検察官　殿

　　　　　　　京都地方裁判所　第1刑事部

　　　　　　　　　　裁判所書記官　　白　川　里　子

　被告人に対する恐喝未遂、覚せい剤取締法違反被告事件について、別添のとおり弁護人姉小路大助から保釈の請求があったので、裁判長（官）の命により意見を求める。

　なお、不相当とするときは、具体的な理由を添えられたい。

平成〇〇年　7　月　3　日

　　　　　　　　　　意　見　書

　　京都地方裁判所　　御中

　　　　　京都地方検察庁

　　　　　　　　　　検察官　　検事　桂　川　憲　治　㊞

　上記保釈の請求は、

　　　　　不相当であり、直ちに却下すべき

と思料する。

　　　　　　　　　　理　　由

　　　　　　　　　　別紙のとおり

保釈許可決定謄本

本文130頁，135頁

平成〇〇年（む）第58号（基本事件 平成〇〇年（わ）第150号）
　　　　　　　保 釈 許 可 決 定
　　　　　　　　　　被 告 人　　烏　丸　和　則
　　　　　　　　　　　　　　　　昭和〇〇年6月6日生

被告事件　恐喝未遂

　被告人に対する上記被告事件について，平成〇〇年9月3日弁護人姉小路大助から保釈の請求があったので，当裁判所は，検察官の意見を聴いた上，次のとおり決定する。
　　　　　　　　　　主　　　　　文
被告人の保釈を許可する。
保証金額は金150万円とする。
釈放の上は，下記の指定条件を誠実に守らなければならない。これに違反したときは，保釈を取り消され，保証金も没取されることがある。

　　　　　　　　　　指　定　条　件
1　被告人は，京都市上京区堀川通丸太町角町5番地に居住しなければならない。
　　住居を変更する必要ができたときは，書面で裁判所に申し出て許可を受けなければならない。
2　召喚を受けたときは，必ず定められた日時に出頭しなければならない（出頭できない正当な理由があれば，前もって，その理由を明らかにして，届け出なければならない。）。
3　逃げ隠れしたり，証拠隠滅と思われるような行為をしてはならない。
4　海外旅行又は3日以上の旅行をする場合には，前もって，裁判所に申し出て，許可を受けなければならない。

　　平成〇〇年9月4日
　　　　京都地方裁判所　第1刑事部
　　　　　　　　　　　　　裁判官　嵐　山　大　作

　　上記は謄本である。前同日同庁　裁判所書記官　白　川　里　子　㊞

書式24

保管金提出書

本文135頁

京都地方裁判所

	保管金提出書 (兼還付請求書)			管理番号	第1**-0**-0**号	
				受入年月日	平成　年　月　日	
種目	保釈保証金		主任書記官印	係書記官	京都地方裁判所刑事係 白川　里子	
事件番号	平成〇〇年　(わ)　第150号等			被告人	烏丸　和則	
金額			￥30,000,000			

※提出年月日　平成〇〇年9月4日

※提出者	住所	〒123-4567 京都市中京区竹屋町通富小路下ル　法曹ビル2階 東山法律事務所
	電話	075(123)4567
	フリガナ	ベンゴシ　アネコウジ　ダイスケ
	氏名	弁護士　姉小路　大助　㊞

<※還付金の振込先等>

※振込先 金融機関名		銀行 金庫 組合 店
※口座番号		
※預金種別	普通・当座・通知・別段	

※口座名義人	住所	〒
	(フリガナ)	
	氏名	

◎ 注意　1　※の箇所は、提出者が記入の上、押印（朱肉使用のもの）してください。
　　　　2　「還付金の振込先等」欄に所要の事項を記載した場合は、保管金の残額はその口座に振込む方法により払渡します。
　　　　3　振込先金融機関名は、本・支店名まで記載して下さい。
　　　　4　電子納付を利用しない提出者は、この書面（提出書）に現金又は受入手続添付書を添え、会計担当者（歳入歳出外現金出納官吏）に提出してください。
　　　　5　保管金を提出した場合には、保管金受領証書を発行しますから必ず受け取ってください。

◎ 電子納付する方へ
　　開庁日の午後5時以降や非開庁日（土曜日、日曜日、国民の祝日・休日及び年末年始（12月29日から1月3日まで））になされた電子納付は、この納付を確認後に必要な事務の扱いが、翌開庁日の午前9時以降となります。
　　特に保釈保証金、代替金及び追徴保全解放金を電子納付する方は、御注意ください。

◎ 代替金及び追徴保全解放金を納付する方へ
　　代替金及び追徴保全解放金は、起訴後の事件を審理する裁判所以外では受付できませんので、納付前に保管金提出書を発行した裁判所に起訴の有無を問い合わせてください。

　　　以下の欄に収納機関番号、納付番号、確認番号が印字されている場合には、従来の納付方法に加えPay-easy（ペイジー）対応のATM、インターネットバンキング等を利用して保管金の電子納付をすることができます。

登録コード	

収納機関番号	*****	納付番号	****-****-****	確認番号	****-**

資料25

保管金受領証書

本文135頁，148頁

〒　−
提出書記載のとおり

登録コード

弁護士　姉小路　大助　殿

保管金受領証書

保管金管理番号	第　1200664520　号
事件番号	京都地方裁判所 平成○○年（わ）第150号等
被告人氏名	烏丸　和則
保管の事由	保釈保証金

提出金額　¥3,000,000
上記金額を領収しました。
平成○○年9月4日

京都地方裁判所
歳入歳出外現金出納官吏
裁判所事務官　高野　敦史

保管金払渡請求書兼領収書

下記金額を請求します。

金　額

百	十	億	千	百	十	万	千	百	十	円

払渡決議	平成　　年　　月　　日	
出納官吏		現金払
		小切手　　　　　号

振込先金融機関名	
	銀行
	金庫
	組合　　　　　店

預金種別・口座番号
普通・通知
当座・別段

口座名義
（フリガナ）
氏名

☐　右欄の口座へ振り込んでください。
☐　上記金員を領収しました。

　　　　　年　　月　　日
住所

氏名

注　意

1　残額受領の際にはこの書面が必要ですから大切に保管して下さい。還付のときの受領印は保管金提出時に使用した印鑑を使用してください。印鑑が相違するときは印鑑証明書を添付してください。
2　還付の際、振込を希望される方は、「右欄の口座へ振り込んでください。」の☐にレ印をした上、振込先口座等を記入してください。
3　保管金を還付する場合、還付の事由が発生した日から5年を経過したときは還付できませんので注意してください。

資料26

判決謄本

本文148頁

平成〇〇年10月1日宣告　裁判所書記官　白川　里子
平成〇〇年（わ）第150号、第185号

　　　　　　　　判　　　　決

　本　籍　　京都市上京区堀川通丸太町角町5番地
　住　居　　同上
　　　　　　飲食店店員
　　　　　　　　　　　　　　烏　丸　和　則
　　　　　　　　　　　　　　昭和〇〇年6月6日生

　上記の者に対する恐喝未遂、覚せい剤取締法違反被告事件について、当裁判所は、検察官桂川憲治、弁護人姉小路大助各出席の上審理し、次のとおり判決する。

　　　　　　　　主　　　　文
　被告人を懲役3年に処する。
　未決拘留日数中110日をその刑に算入する。
　訴訟費用は被告人の負担とする。

　　　　　　　　理　　　　由
　　　　　　　　（省　略）

　以上からすると被告人の刑事責任は相当に重く、主文掲記のとおりの量刑とするのが相当である。
（求刑　懲役5年）
　　平成〇〇年10月1日
　　　　京都地方裁判所第1刑事部

　　　　　　　裁　判　官　　嵐　山　大　作
　これは謄本である。
　　平成〇〇年10月7日
　　　　京都地方裁判所　第1刑事部
　　　　裁判所書記官　　白川　里子　㊞

書式27

判決謄本交付申請書

本文148頁

事件番号　平成〇〇年（わ）第150号、第185号
罪　　名　恐喝未遂、覚せい剤取締法違反
被告人　　烏　丸　和　則

京都地方裁判所　刑事部　御中

判 決 謄 本 交 付 申 請 書

平成〇〇年10月1日

　　　　　　　　　　上記被告人弁護人
　　　　　　　　　　　弁　護　士　　姉小路　大　助　㊞

　上記の者に対する頭書事件について、平成〇〇年10月1日言渡しの判決の謄本1通作成の上、交付されたく申請いたします。

請　　　　　書

　上記判決謄本1通正に受領いたしました。

平成　　年　　月　　日

　　　　　　　　　　上記被告人弁護人
　　　　　　　　　　　弁　護　士　　姉小路　大　助　㊞

京都地方裁判所　刑事部　御中

書式28

控訴申立書

本文159頁

　　　　　　　　控　訴　申　立　書

　　　　　　　　　　　　　　　　　平成〇〇年１０月１日

大阪高等裁判所　　御中

　　　　　　　　　被　告　人　　烏　丸　和　則

　　　　　　　　　〒123-4567
　　　　　　　　　京都市中京区竹屋町通富小路下ル　法曹ビル２階
　　　　　　　　　東山法律事務所
　　　　　　　　　弁　護　人　　姉　小　路　大　助　㊞
　　　　　　　　　電　話　　075-123-4567
　　　　　　　　　ＦＡＸ　　075-123-4568

　上記被告人に対する恐喝未遂、覚せい剤取締法違反被告事件について、平成〇〇年１０月１日京都地方裁判所第１刑事部が宣告した判決は全部不服であるから控訴を申し立てる。

第2部 被害者支援

第1編 ストーリー

登場人物の紹介

美山法律事務所

法律事務職員
北山 京子（きたやま きょうこ）
31歳（2月20日生）。滋賀県出身。
大学卒業後、美山法律事務所開設と同時に働き始める。

所長弁護士
美山 彩（みやま あや）
元検事。43歳（2月28日生）。高知県出身。
大学3年の時に旧司法試験に合格。

交通事故関係者

被害者とその家族
新町 正義（しんまち まさよし）
大学職員。事故当時42歳（10月6日生）。北海道出身。
高校時代の同窓会に出席した帰りに交通事故に遭い、死亡。

新町 優子（しんまち ゆうこ）
新町正義の妻。専業主婦。31歳（11月10日生）。京都府出身。
夫が被害者となった刑事裁判において被害者参加人となる。

新町 仁美（しんまち ひとみ）
新町正義と優子との長女。0歳（10月19日生）。

加害者
下鴨 ゆり（しもがも ゆり）
看護師。33歳（3月8日生）。愛知県出身。
準夜勤の勤務を終え自動車で帰宅中、新町正義をはねる。

ひったくり事件関係者

被害者
寺町 ゆかこ（てらまち ゆかこ）
会社員。28歳（6月12日生）。福井県出身。
自転車で走行中、ひったくりの被害に遭う。

京都犯罪被害者支援センター

事務局長
田居 潔子（たい きよこ）
55歳（2月7日生）。大阪府出身。

1 事件の発生

8月14日

　バイブレーションが振動した。新町正義は、鞄の中からスマートフォンを取り出した。
　〔楽しかった？　気をつけて帰ってきてね！〕
　妻の優子からのLINE（ライン）だった。店を出たとき、〔今から帰る。遅くなってごめん〕というLINEを送っていた。
　スマートフォンは23時40分を表示している。
　――まだ起きているのか。あと10分くらいで駅に着くから、家に着くのは0時5分くらいになるだろう。今日は楽しかったなあ。やっぱり高校の同級生というのはいいもんだ。でも、ちょっと飲み過ぎた。
　電車がJR六地蔵駅に着いた。新町正義は、自宅に向かって歩き出した。
　――気分は最高に良い。ただ、足下がふらついている。自分でも酔っぱらっているのがわかる。この時間帯、駅から5分も歩くと人通りはなくなり、外灯も少なくて真っ暗に近い。
　信号機のある横断歩道に差し掛かった。信号は赤。左右を見渡しても車は走っていない。新町正義は、横断歩道を渡りかけて思いとどまった。
　――俺ももうすぐパパになるんだ。交通ルールは守ろう。
　――よし、青になった。

2 被害者支援相談の申込み

翌年、8月17日

　美山法律事務所は、昨日まで1週間のお盆休みだった。

私は、午前中、留守番電話や郵便物の処理などに追われ、12時を過ぎてもお昼にありつけなかった。美山先生から「一緒に食べに行かない？」って誘われなかったら、今日のお昼ご飯は抜きになっていただろう。スープカレーをごちそうになった。こだわりを感じる京野菜が盛りだくさんで、程よい辛さとコクがあって、とても美味しかった。これで午後の仕事も頑張れる。

　私は北山京子。31歳独身。美山法律事務所で法律事務職員（パラリーガル）として働いている。京都っぽい名前だねとよく言われるが、生まれも育ちも滋賀県であり、今日も、琵琶湖畔の実家から約50分かけて通勤した。
　美山法律事務所は、弁護士の美山彩が1人で経営している、いわゆる個人事務所である。いわゆるイソ弁もノキ弁もいない。法律事務職員は私1人である。
　事務所は、京都市左京区の川端通沿いに建つビルの4階にあり、事務所の窓からは鴨川が一望できる。眼下に桜並木がきれいに見える。
　私は、もともと法律事務職員を目指していたわけではない。というより、そんな職種があることすら知らなかった。たまたま、私の通っていた大学には、『法律事務実務』という科目があり、友人に誘われて受講してみたら、講義がすごくおもしろくて、法律事務職員という職業に興味を持った。講師の古川先生が現役の法律事務職員であり、その人柄が素敵だったこともある。
　美山法律事務所開設と同時に新卒で法律事務職員に採用された。今年で10年目になる。

　昼一番の仕事として、今日提出予定の民事事件の書証を作成し始めた。
　ピー。FAXの受信を知らせる音が響いた。
　素早く席を立ち、FAXやコピー等を兼ねる複合機から、書面を取り出した。
　FAXの送信者は、京都弁護士会犯罪被害者支援委員会相談部会長であり、宛先は、美山先生と夷ひろし弁護士となっていた。内容は、【犯罪被害者支援相談の申込みがありましたので、犯罪被害者支援相談名簿の順番により先生方に相談担当をお願いします。先生方から相談申込者等に連絡をとり、相談を実施してください】というものであった。

京都弁護士会では、犯罪被害者支援相談を実施していて、日本弁護士連合会又は京都弁護士会による研修を受けた犯罪被害者支援に熱心な弁護士が名簿順に相談を受けている。初回の相談は無料である。
　犯罪被害者やその遺族からの直接の相談申込みだけではなく、警察、法テラス、民間ボランティア団体である公益社団法人京都犯罪被害者支援センター（略称「KVSC」）を経由した相談申込みもある。
　美山先生は、犯罪被害者の支援に力を入れている。いや、犯罪被害者の支援に力を入れるために弁護士になったといった方が適切かもしれない。
　美山先生は、検事を辞めて弁護士となった、いわゆる"ヤメ検弁護士"である。丸９年、その多くを捜査検事として活躍し、検事の仕事にやりがいを感じていたが、ただ１つ不満を感じていた。それは、どんなに悲しくて辛い事件でも、被害者に寄り添うことができず、証拠とするため、他人に話したくないような話を聞き出さなくてはならないことだった。そんな不満が少しずつたまって、弁護士となって被害者と同じ側に立ちたいという思いが強くなり、検事を退官して弁護士になった。美山先生は、"被害者とともに泣く！"という検事の原点を忘れず、刑事弁護を受任しないことを信念とし、犯罪被害者側の代理人として活躍している。
　私は、美山先生の執務室に行き、ドアをノックした。
「どうぞ」
　執務室の中から美山先生の返事が聞こえた。ドアを開けて中に入った。
「失礼します。先生、被害者相談の申込みのFAXが届きました。自動車運転過失致死で、相談者は被害者の妻です。夷先生とのペアです。連絡先はKVSCの田居さんです」
　美山先生は書面を受け取って、相談内容を読み始めた。すぐに指示を受けるはずなので、その場で待機した。
　机の周りが書類や本で散らかっている。今朝、整理整頓して掃除したばかりなのに……。
　美山先生は、道ですれ違う人が思わず振り返るくらいの美人である。すらりと背が高くてスタイルも抜群。今日は七分丈の真っ白なブラウスにグレーのパ

ンツルック。シンプルスタイルがお洒落でよく似合っている。ショートカットの髪も素敵だ。今も、書面に目を通している真剣な顔は、同性の私でもはっとするほど魅力的だ。頭もすごく良い。天は二物も三物も与えるんだ。世の中不公平だ！

　でも、少しは公平にできていて、整理・整頓能力が全くない。きれいに綴じたファイルもすぐに外してしまうし、書類がない！　携帯がない！　鍵がない！　となんでもかんでもすぐどこかにやってしまい、見つからなくておたおたする。

　あまり大きな声では言えないけど、弁護士バッジ（正確には「弁護士記章」という）も紛失している（なんと弁護士１年目で紛失した！）。

　弁護士バッジは日本弁護士連合会から貸与され、紛失すると、官報の『弁護士記章紛失公告』に掲載されるという恥ずかしい思いをする。美山先生が言うには、男性用の弁護士バッジは、スーツの襟の穴に通せるねじ式で外れにくいけど、女性用の弁護士バッジは、安全ピン式で外れやすいそうだ。だったら、もっと気をつければいいのに……。再貸与を受けてからは、弁護士バッジをつけなくなったが、特に不便はないらしい。

　美山先生は、整理・整頓能力がないことを自覚していて、書類や本の管理は全て私に任せている（弁護士バッジは金庫保管！）。ほぼ毎日、〔京子ちゃん、あの書類がない！　探して！〕と頼んでくる。年上であり、上司である人にはそぐわない言葉かもしれないけど、おたおたしている姿が可愛らしい。

　そんなことを考えていると、美山先生がため息をついた。
「また自動車死亡事故か。なんでもっとちゃんと運転しないんやろ」
　美山先生の視線が書面から私に移る。
「夷先生と田居さんに連絡を取って、相談日時を決めといてくれる？」
「はいっ。わかりました」。
　私は、美山先生から書面を受け取ると、自分の席に戻り、夷弁護士とKVSCの田居さんに電話して、相談日時を調整した。

3 法律相談

8月20日

　数分進ませてある壁時計が午後1時25分を指そうとしている。
　そろそろ、被害者相談の相談者が来る時間である。相談者の名前は新町優子さん。この仕事は最初と最後の挨拶に悩む。法律事務所も客商売ではあるものの、〔いらっしゃいませ〕や〔またお越しください〕という挨拶は使えない。法律事務所に来る人はみんな悩みを抱えている。法律事務所とは縁がないに越したことはない。

　ピンポーン。来訪を告げる呼び出し音が鳴った。美山法律事務所では、セキュリティ対策として、ドアを常時施錠している。ドアの外側にカメラ付きインターフォンが取り付けてあり、事務所内から解錠操作をしないと入室できないようになっている。女性2人だけの事務所なので来客の際の安心感が大きい。セールスマンを門前払いできるメリットもある。
　電話機のモニターにえびす顔が映し出された。名前のとおりの顔で思わず吹き出しそうになる。受話器を取った。
「はい。美山法律事務所です」
「まいど〜。夷先生です〜」
　なぜか、この先生は自分のことを"先生"と呼ぶ。しかも、語尾を伸ばす。変な弁護士だ。まあ、弁護士には変わり者が多いけど……。
「こんにちは。どうぞお入りください」
　と言いながら、解錠ボタンを押す。

　夷先生を応接室に案内すると、また、来訪を告げる呼び出し音が鳴った。相談者が来た。解錠ボタンを押すと、自動的にドアが開き、ベビーカーを押した新町さんとKVSCの田居さんが事務所に入って来た。KVSCは、相談に付き添う支援もしている。

「こんにちは」
　私は穏やかに挨拶する。
「こんにちは！　今日はよろしくお願いします！　毎日暑いねえ」
　田居さんは明るく元気に挨拶する。額に少し汗をかいている。
「こんにちは……。よろしくお願いします……」
　新町さんのか細い声が事務所に響いた。新町さんの表情は硬い。緊張がこちらまで伝わってくる。
　赤ちゃんの顔が見えた。1歳くらいの女の子だ。ベビーカーですやすやと気持ちよさそうに眠っている。
「かわいい〜」
　思わずベビーカーを覗き込んでしまう。
「そうでしょ！　めっちゃかわいいでしょ！」
　と、田居さんが自慢するようにいう。
「おいくつですか？」
「10月で1歳になるんですって」
　と、また田居さんが答える。
「お名前は？」
「仁美ちゃんですって」
　と、またまた田居さんが答える。田居さんの子どもじゃないでしょ！　と内心で突っ込みながらも、自然に頬が緩む。田居さんはいつも明るく振る舞っている。こういう人に付き添ってもらうと安心するだろう。
「仁美ちゃんかわいいなあ〜。見ているだけで癒される〜」
　私がそういうと、ようやく新町さんが答えてくれた。
「ありがとうございます……」
　か細い声のままだが、表情は少し和らいだ。何気なくとりかわす会話は、何でもないように思えたりするのだが、依頼者の緊張をほぐす効果がある、と私は信じている。
「こちらのお部屋へどうぞ」
　新町さん、仁美ちゃん、田居さんを応接室に案内し、美山先生に新町さんが

来たことを告げた。

　相談が始まった。基本的に私が美山先生と一緒に相談を聞くことはない。
　30分くらい経った頃、夷先生が先に1人で帰った。美山先生が1人で受任することになったのだろう。その後、1度お茶を入れ替えた。最初は煎茶だったので、2度目は新町さんの希望を聞いて、アップルティーを出した。
　相談が終わって新町さんたちが帰った。事務所の時計は午後4時を過ぎていた。仁美ちゃんはまだ眠っていた。

　美山先生は、新町さんたちを事務所の入口で見送ると、すぐに執務室に入っていった。今から、集中して相談内容をパソコンで打ち始めるのだ。
　美山先生は、相談時にパソコンを打つことはもちろん、メモを取ることすらしない。メモを取りながら話を聞くと、どうしてもメモに目が行ってしまい、人によっては事務的に話を聞いているように感じさせてしまうからだそうだ。相談者の目を見ながらじっくり話を聞くことによって、相談者がこの弁護士なら何でも話せると思って心を開いてくれないと、信頼関係は築けないという信念に基づくそうだ。美山先生は、いつも、相談者が話すことを最初から最後までじっくりと聞いている。相談者の話を遮ることはしない。美山先生が話すときは、常に穏やかに、優しく丁寧で、そして、的確なアドバイスをする。
　それにしても、よく相談内容を覚えていられるなあ、私の頭とは造りが違うのだろうなあ、弁護士ってすごいなあ。と思っていたら、メモを取りながら話を聞く弁護士が大半とのことである。
　私はこの事務所しか知らないので、美山先生の仕事の取組み方や人間性が全て基本となっていて、他の弁護士も同じだと思っていたら、どうも違うらしい。他の事務所の事務員さんとご飯を食べに行ったりして話をすると、中にはとんでもない弁護士もいて（とんでもなさすぎて、ここでは言えない！）、美山先生が特別なんだってことに気付く。美山先生は、法律事務職員を弁護士の協働者として大切にしてくれる。自分がサポートする弁護士が素敵な人で本当によかった。

ウィーン。プリンターが書面を排出する音だ。相談内容を打ち終わったのだろう。プリンターから書面を取り出すと、美山先生が執務室から出てきた。
「プリントされてる？」
「はい」
　私は返事をして美山先生にプリントアウトされた書面を渡した。美山先生は書面の内容を確認しながら説明し始めた。
「新町さんの件だけど、被害者参加弁護士となることになったから──」
「私選ですか？」
　私が質問すると美山先生は頷いた。
　また私選か……。国選で被害者参加弁護士を選定するためには、資力要件をクリアしないといけない。大ざっぱに言うと、預金等が200万円以上あると、国選ではなく、私選で弁護士を依頼しないといけない。私ですらそれくらいの預金はある。もちろん結婚資金だ。相手はいないけど……。犯罪によって多大な損害を被っているのに、200万円程度の預金があれば、国の費用ではなく、自らの資力で弁護士を依頼しないといけないなんて、ほんとふざけてる。財源に限りがあることは理解できるけど、資力要件は緩和すべきだ、と憤ってしまう。
　それで、と美山先生は話を続ける。
「さっき、Pに電話して、新町さんから口頭で被害者参加の申出をしてもらったので、来週くらいには、裁判所から新町さんのところへ被害者参加の許可通知が届くと思うの──」

　私は、"V → P㊅、J → V㊉"とメモをとる。
　P（ピー）というのは検察官の略語だ。Prosecutorという英語の頭文字をとっているそうだ。検察官がPなので、検察庁のことをP庁（ピーチョウ）ということも多い。業界用語である。美山先生が略語をよく使うので、私も略語を使うようになった。メモを取るときに略語は便利だ。ちなみに、弁護人はB（Bengonin）、裁判官はJ（Judge）、警察官はK（Keisatsukan）、被告人はA

（Accused）、被害者はV（Victim）である。弁護人と警察官は英語でないのが不思議だ。

美山先生は続ける。

「許可通知が届いたら、新町さんから事務所に電話が入るから、相談日を調整しといてくれる？　その日に委任契約を締結するからその準備もよろしく」

「はいっ。わかりました」

「京子ちゃんも相談内容を把握しておいてね」

美山先生はそう言うと、プリントアウトした書面を私に渡して、執務室に戻っていった。

私は、受け取った相談内容の書面をじっくり読んだ。

相談内容の大筋はこうだ。

昨年8月14日深夜、京都府宇治市六地蔵町1番地先の信号機のある横断歩道上において、相談者新町優子さんの夫である新町正義さんが普通乗用車に跳ねられた。

その日、優子さんは少し疲れていた。1人で夕食を取って風呂に入ると、午後9時には床についた。喉が渇いて目を覚ますと、隣の枕にまだ正義さんはいなかった。スマートフォンを見ると、〔今から帰る。遅くなってごめん〕との正義さんからのLINE（ライン）が届いていた。〔楽しかった？　気をつけて帰ってきてね！〕と送り返したら、すぐに〔既読〕になった。安心して水を飲んでベッドに戻ったが、なかなか眠れなかった。午前1時を過ぎても正義さんは帰って来ず、胸騒ぎがして、何度も正義さんのスマートフォンに電話をかけたが、留守番電話サービスに繋がるだけだった。10回目くらいの電話をかけた直後、〔正義さん〕と表示された電話がかかってきたので、少しほっとして電話に出たら、〔もしもし〕と発した声は、正義さんのものではなかった——。

優子さんは、その電話の相手である宇治署交通課の安達と名乗る警察官の指示に従い、自家用車ではなくタクシーを呼んで病院に向かった。

しかし、正義さんは、懸命の治療かなわず、優子さんの声を聞くこともでき

ないまま、夜明けを迎える前に息を引き取った。享年42歳。あまりにも若すぎる……。

　加害者によって119番通報されたのが15日午前0時22分であり、事故発生後すぐに通報したと供述していることから、事故発生時刻は、15日午前0時20分前後だと考えられている。警察には救急から連絡が入った。

　正義さんは、高校時代に入っていた吹奏楽部の同窓会に出席した帰りだった。出席者によると、正義さんは、終電に乗るといって、二次会の途中で帰ったらしい。京都駅前の店だったことから、おそらく、京都駅から六地蔵駅までJR奈良線で帰ったと思われる。

　JR六地蔵駅から、事故現場までは徒歩約5分、自宅までは徒歩約15分かかる。終電は京都駅午後11時58分発、六地蔵駅午前0時13分着であり、駅から歩いて帰る途中で跳ねられたのだと考えると、加害者の供述とも合致する。

　優子さんは、正義さんからの〔今から帰る〕とのLINEが届いた時刻が午後11時25分だったことから、もう1本早い京都駅午後11時34分発の電車に乗ったのではないかと思っているが、警察と検察は、1本乗り遅れたのだと考えている。実際にどの電車に乗ったのかはわからない。

　事故のあった横断歩道は、夜間押しボタン式であり、午前0時から午前6時まで、車道の信号は黄色点滅、歩行者用の信号は赤色表示となり、押しボタンを押す必要がある。その時間帯以外は通常の信号である。

　警察と検察は、押しボタンが押された記録がないことから、正義さんが赤色表示のまま横断歩道を渡って跳ねられたのだと考えている。正義さんの体内からアルコールが検出されており、酔っていて車に気付かなかったのではないかということだ。目撃者はいない。

　優子さんは、夫が信号を無視することはあり得ない！　と警察と検察に何度も訴えたが、相手にされなかった。

　加害者は下鴨ゆり（当時32歳）。京都市内の病院で看護師をしており、その日は準夜勤を終えて自宅に帰る途中だった。

　横断歩道の直前で人がいることに気付いてブレーキをかけたが間に合わな

った……。ほぼ毎日、通勤で通っている道であるが、深夜の時間帯に歩行者がいることは皆無だった……。信号は黄色点滅だった……。などと供述している。

ブレーキ痕によれば、40キロの制限速度を10キロ～15キロくらいオーバーしていた。アルコールは検出されなかった。道路は直線で見通しは良い。

優子さんは、加害者が仕事疲れで居眠り運転をしていたのではないかと疑っているが、加害者は否定している。

加害者は現行犯逮捕されたが、翌日には釈放され、事故から約1年後の本年7月24日、自動車運転過失致死罪で京都地裁に起訴された。加害者に前科前歴はない。

事故当時、優子さんは身ごもっていて、事故から約2か月後の10月19日に女の子が誕生した。名前は、思いやりのある子に育って欲しいと、"仁美（ひとみ）"にすると2人で考えてあった。わが子の誕生を見届けることができず、家族や友人に別れを告げるいとまもないまま命を奪われた正義さんの苦痛や無念、心残りは計り知れない。

優子さんは、事故後、警察と検察庁から呼び出され、事情聴取を受けた。その際、正義さんが酔っぱらって信号を無視したことが事故の原因のように言われ、ずいぶんと悔しい思いをした。加害者が加入していた自動車保険会社からも同じようなことを言われ、自分の味方になってくれる人は誰もいないのではないかと思ったそうだ。

事故から約1年後、検察庁から起訴したとの通知があり、ようやく刑事裁判が始まることはわかったが、どのように裁判が進むのかなんて知るすべもなかった。

そんなとき、たまたま、地下鉄京都駅で「ひとりで悩まないで。まずはお電話ください」というKVSCの広告を見て、KVSCに電話したことから、ようやく弁護士とつながった。優子さんは、弁護士が被害者の支援をしていると聞いて驚いたそうだ。弁護士は犯罪者の味方であって、被害者の味方をするなんて思ってもみなかったそうだ。

こんな話を聞くと、本当にやりきれない。

弁護士が被害者支援に力を入れるようになったのは、平成10年前後くらい

からだ。実際、それまでは、弁護士は犯罪者の味方だと思われても仕方のないような状況だった。美山先生のような弁護士が被害者支援に熱心に取り組んできた結果、状況はだいぶ良くなった。しかし、支援活動がまだまだ周知されていないということだ。いくら被害者支援に力を入れていても、被害者が支援者につながらなければ全く意味がない。アクセス障害だ。もっともっと知恵を絞って、アクセス障害を取り除いていかなければならない。法律事務職員の私にできることは何かないだろうか……。

　優子さんは、美山先生から被害者参加のことを詳しく聞いて、参加することを決意した。相談内容の書面には、優子さんの決意がそのまま書かれていた。
〔夫がもし生きていたら、裁判で聞きたいことや言いたいことがたくさんあるはずです。それを夫の代わりに質問したりするのが、妻であり、また、父親の顔を知らずに生まれた仁美の母親である私の務めだと思い、被害者参加人となることにしました〕

4　被害者参加弁護士

９月２日

　午前10時に新町優子さんが事務所に来た。委任契約を締結するためだ。
　優子さんは、8月30日に裁判所から被害者参加を許可され、被害者参加人となった。その「被害者参加許可通知書」が裁判所から優子さん宛に届いた。
　美山先生と優子さんは、委任契約を締結し、「委託届出書」に連署した。この「委託届出書」を裁判所に提出すれば、美山先生は、被害者参加弁護士となる。
　第1回公判期日は、9月25日午前11時である。それまでにいろいろと準備しないといけない。あと3週間しかない。
　今日はKVSCの田居さんの姿がなかった。美山先生との打合せには付添いがなくても大丈夫だということだろう。ほんのちょっぴり嬉しくなる。今日も

仁美ちゃんは眠っていた。優子さんによると、手のかからない子らしい。お母さんを困らせたらダメだと感じているのだろうか……。

　その日の午後一番に京都地裁と京都地検に行くことになった。
　事務所から京都地裁までは歩くと10分ちょっとかかる。京都地裁から京都地検まではさらに10分ちょっとかかる。なので、雨が降っていなければ、自転車で行く。法律事務職員は私1人であり、私が外出すると、美山先生が電話応対等をしなければならない。美山先生には仕事に集中して欲しいので、なるべく外出時間を短くしたいとの思いもある。事務所には電動アシスト自転車が1台ある。もったいないことに私専用となっている。美山先生はどうも自転車に乗れないようだ。美山先生が電動自転車を購入したのは、走行が安定しているので乗れると思ったからだそうだ。〔密かに練習したんだけど、やっぱり乗れなかったんだよ〕と、先日、美山先生の旦那さんが事務所に遊びに来たとき、私にこそっと話してくれた。美山先生は、〔乗れないのではなく、歩くのが好きなの！〕と言っているが、急いでいるときでさえ乗らないのだから（そのときは走る！）、乗れないというのが正しいのだろう。強がっている美山先生も可愛くて好きだ。

　9月になってからも暑い日が続いており、今日も、うだるように暑い。事務所のビルには駐輪場がないので、自転車は、事務所から徒歩2、3分の月極駐輪場に預けてある。駐輪場のおじさんに挨拶して、電動自転車で出かけた。
　電動自転車はすごく快適だ。これくらいの距離なら、今日のような暑い日でも汗をかかずにすむ。もちろん、日焼け止めはかかせないけど。
　そういえば、大学時代、自転車に乗れないという友人がいた。長崎出身だった。長崎は坂が多いので、長崎の人は自転車に乗らないって言ってたけど本当だったのかなあ。美山先生は高知出身だよなあ。そんな思いにふけりながら、鴨川を渡って京都地裁に着いた。
　エレベーターで4階に上がり、第1刑事部に「委託届出書」を提出した。ついでに、2階まで階段で下り、破産係に寄って破産管財事件の書類を提出した。

破産係の部屋を出て廊下を歩いていると、背中から声をかけられた。
「京子ちゃん！」
　振り向くと、出町君だった。出町君は刑事事件を数多く扱う法律事務所で働いている法律事務職員である。
「久しぶりやん！　元気なん？」
「久しぶりだね。元気だよ。出町君は？　って元気そうだね」
「おお！　俺はいつも元気やで！　今度、みんなでご飯食べに行こうや！」
「うん！　行きたい！　食事会企画してよ！」
「よっしゃ！　みんなに連絡して日程調整するわ！」

　法律事務所って、法律事務職員同士の横のつながりができにくい。弁護士同士は、事務所が違っても、司法研修所の同期だったり、弁護士会の同じ委員会や同じ会派に所属していたり、同じ弁護団に入ったりして、横のつながりが広がるが、法律事務職員同士が知り合うきっかけは少ない。裁判所や弁護士会で、この人、法律事務職員だろうなあと思うことはあっても、声をかけるタイミングも勇気もない。
　私の場合は、初めて弁護士会の法律事務職員研修に行ったとき、たまたま隣に座ったのが出町君だった。いきなり名前と年齢を聞かれ、〔おないやん！（同じ年やん！）今度みんなでご飯食べようや！　連絡先教えて！〕って誘われた。突然すぎて強引すぎて、言われるがまま携帯電話番号を教えてしまった。あとになって、なんてチャラい男なんやろうと思って後悔したけど、結果として教えてよかった。あちこちに声をかけて懇親会を開いてくれた。出町君のおかげで法律事職務員仲間がたくさんできた。
　同じ業界で働く仲間がいるのは心強い。もちろん、守秘義務があるので、どれだけ仲良くなったとしても、お互い仕事の内容の話はしない。暗黙のルールだ。
　あの頃の出町君はチャラかった。けど、それは見かけだけ。中身は真面目でマメでひょうきんですごくいい奴だ。最近は見かけも落ち着いて、なんだか少し大人っぽくなった。

京都地裁を出て、京都地検内にあるKPO謄写センターに行った。公判前の記録の謄写申請をするためだ。
　被害者参加弁護士として活動するためには、事件の内容を知る必要がある。公判はまだ始まっておらず、裁判所には起訴状しか提出されていないので、検察庁の事件記録を見せてもらう必要がある。被害者参加弁護士には、閲覧だけでなく謄写も認められるようになった。もっとも、白黒1枚35円の謄写費用は、被害者が負担しなくてはならない。京都地検の事件記録は、KPO謄写センターが謄写代行事業をしている。
　京都地検は、京都地裁と異なり、自由に出入りができない。正面玄関で守衛さんが来訪者のチェックをしている。犯罪関係者が出入りすることが多いからだろうか。全国のどの検察庁でも同じようだ。
　守衛さんに、事件記録の謄写申請に来たことを告げ、用紙に名前等を書くと、用紙の控えとバッジをもらう。バッジを服につけ、訪問先の担当者からその用紙の控えにハンコをもらい、帰る際に守衛さんに返すというシステムだ。
　受け取った用紙の控えを手に持ち、バッジをシャツにつけると、すぐ横のエレベーターで4階に上がった。4階のエレベーターを降りると、すぐ左手に検事正室がある。京都地検で一番えらい人だ。初めて来たとき、降りる階数を間違えたと思ってちょっとあせった。もちろん、そっちに用事はない。右手にあるKPO謄写センターに行き、「公判記録謄写依頼書」、「閲覧申請書」、「確約書」を提出した。
「お忙しいところ申し訳ありませんが、なるべく早くお願いします！」
　と愛想良くお願いすると、
「任せとき〜」
　と60歳くらいのおじさんが笑いながら、書類を受け取ってくれた。

　翌日、弁護士会のレターボックスに事件記録が届いていた。KPO謄写センターの仕事の速さに驚くとともに、急いでくれたのかなあと思うと少し嬉しい気持ちになる。

事務所に戻ると、すぐに優子さんに電話をかけ、事件記録の謄写ができたことを報告した。明日の午後1時に優子さんが事務所へ事件記録を読みに来ることになった。事件記録には、正義さんの痛ましい写真も綴ってあったので、その部分はクリップで閉じておいた。優子さんにそのことを伝えるという配慮を忘れてはならない。ただし、その写真を見る見ないを決めるのは優子さん自身であり、見せないという判断をこちらが勝手にしてはならない。

5　第1回公判

9月25日

　午前11時から京都地裁で第1回公判が開かれた。
　検察官席に、検察官、被害者参加弁護士の美山先生、被害者参加人の優子さんが3人並んで座ったとのことだった。田居さんは、付添い支援として、傍聴席で裁判を見守った。仁美ちゃんは優子さんの実家でお留守番。私は事務所でお留守番。
　優子さんは、美山先生と何度も相談した結果、被害者参加人として行使できる権利のうち、被告人質問、心情等に関する意見陳述、最終意見陳述（被害者論告）の3つの権利を行使をすることにした。優子さんと美山先生との役割分担については、難しいことはしたくないという優子さんの意思を尊重して、美山先生が被告人質問と最終意見陳述（被害者論告）を、優子さんが心情等に関する意見陳述をすることになった。
　刑事裁判は、大まかにいうと、冒頭手続（起訴状朗読等）→証拠調べ手続（証人尋問、被告人質問等）→弁論手続（論告・求刑、最終弁論等）→判決という流れで進行する。この流れで説明すると、被告人質問は、証拠調べ手続となり、心情等に関する意見陳述と最終意見陳述（被害者論告）は、弁論手続となる。
　当初、裁判所は、自白事件（被告人が罪を認めている事件）であることから、1回で審理を終える予定だった。つまり、第1回公判で弁論手続まで終えてし

まい、第2回公判で判決を言い渡すということだ。

そうすると、被告人質問と2つの意見陳述との間がない。被告人質問による被告人の陳述内容によって、2つの意見陳述の内容も変わってくるが、それをその場ですぐに対応するのは難しい。

そこで、美山先生が検察官と交渉し、検察官から裁判所に申し出てもらうことによって、第1回公判は証拠調べ手続までとすることになった。これで、第1回公判で被告人質問を、第2回公判で2つの意見陳述をすることになり、被告人の陳述内容を2つの意見陳述に反映させることができる。

美山先生は、検察官と何度も打ち合わせて、質問事項をすり合わせた。検察官の質問事項と重複しないようにするためだ。重複すれば、弁護人から異議が出たり、裁判長から質問を制限されることもあるらしい。

今日の第1回公判は、予定どおり、証拠調べ手続まで進行した。被告人は、起訴事実を全て認めたが、被告人質問では、検察官や美山先生からの質問に対して、〔反省しています〕、〔申し訳ないことをしました〕、〔覚えていません〕としか答えなかった……。

その日の午後、第1回公判の訴訟記録の謄写申請をした。

刑事事件では、裁判が進行中の訴訟記録を一般の人が閲覧したり謄写したりすることはできない。しかし、被害者参加人等には、訴訟記録の閲覧・謄写が認められている。京都地裁の事件記録は、京都弁護士協同組合が謄写代行事業をしているので、「刑事事件記録等閲覧・謄写票」と「確約書」を京都弁護士会2階の謄写受付箱に入れた。白黒1枚40円の謄写費用は、被害者が負担しなくてはならない。

法律事務職員になったばかりの頃、謄写の申請先が検察庁になるのか裁判所になるのかがよくわからなかった。それは刑事手続の流れを理解していなかったからだ。手続の流れを理解しておかないと、今、自分が何をしているのかがわからなくなる。

6 第2回公判

10月23日

　午後1時30分から京都地裁で第2回公判が開かれた。

　裁判を傍聴するため、正義さんの御両親が北海道から朝一番の飛行機で来た。社会的関心の高い事件ではないので、傍聴席が満席になることはないと思うが、念のため、事前に京都地検の担当検察事務官に電話して、優先傍聴席を2席確保してもらうようにお願いしておいた。

　この日は、優子さんが心情等に関する意見陳述をして、美山先生が最終意見陳述（被害者論告）をした。

　優子さんは、夫が大学職員という仕事に誇りとやりがいを持っていたこと、優しくて真面目で尊敬・自慢できる存在だったこと、子どもの誕生を待ち望んでいたこと、その最愛の夫を突然失った悲しみ、苦しみ、悔しさ、怒り、そして、被告人が事故後の対応を保険会社任せで、裁判まで謝罪することなく、全く誠意がみられないことなどを、時折涙ぐむように言葉につまりながらも、最後まで堂々とした態度で陳述したそうだ。

　美山先生は、法的観点から意見を述べ、自動車運転過失致死罪の最高刑である懲役7年を求刑した。

　しかし、検察官の求刑は、禁固6月だった……。

　正義さんの御両親は、優子さんの陳述を聞いて、傍聴席で泣き崩れたらしい……。

　正義さんの御両親は、一家で酪農をしていて、2人そろって仕事を2日も休むことができないそうで、裁判が終わるとそのまま関西空港へ向かった。

　美山先生は、〔優子さん、本当に立派だったよ〕と私に報告した。〔遺族の心情を直接ぶつけることで、被告人に被害の実態を認識させることができたと思う〕とも言った。

7 心情等に関する意見陳述

　私は、美山先生の言うとおりだということを実感した。私は、今日の午前中、ひったくりにあった被害者の公判に立ち合った。KVSCの田居さんも一緒だ。美山先生が立ち合う予定だったが、どうしても外せない急な仕事が入り、私が立ち合うことになった。初めてのことだ。

　被害者の寺町ゆかこさん（28歳・女性）は、仕事の帰り、最寄り駅から1人暮らしのアパートまで自転車で走行中、原付自転車に乗った被告人（21歳・男）から、追い抜きざまに自転車の前かごに入れていたトートバッグを奪われた。

　トートバッグには、現金21万円が入った封筒、財布、定期入、スマートフォン、キーケース、化粧ポーチ等が入っていた。財布の中には、現金約1万円、クレジットカード、キャッシュカードなどが、定期入の中には、定期券、運転免許証、社員証などが入っていた。その全てが寺町さんにとって大切な物である。21万円もの大金をバッグに入れていたのは、資格試験の学校の授業料を翌日支払うため、駅前のATMで引き出したからだった。

　ひったくりの被害者の約9割が女性だという。抵抗する力の弱いことや、財布などの貴重品を全てバッグに入れる傾向にあることが一因だと考えられている。弱い者を狙った卑劣な犯罪であり許せない！

　窃盗罪は、財産犯であり、被害者に被害弁償ができれば、被害者の財産的損害が填補されたとして、執行猶予付判決になることが多い。今回も、弁護人から、被害弁償として、23万円を支払う内容の示談を求める手紙が届いた。23万円というのは起訴状に記載された被害金額である。これは、物的損害であり、精神的損害は全く含まれていない。財産犯だからだ。しかも、たとえ被害者にとって大切な物でも、現金以外のバッグや財布などは、せいぜい数千円程度にしか評価されないことが多い。そのことで被害者はさらに傷つく。

　弁護人は、何度も示談を求めてきた。被告人は、他に5件もひったくりをし

ているが、5件とも示談が成立しており、被害金額が一番高い寺町さんとの示談が成立すれば、執行猶予付判決になる可能性が非常に高くなるからだ。その示談を求める手紙の文面が被害者の気持ちを逆撫でするようなものだった。被害者との示談交渉が重要な弁護活動の1つであることは理解できる。ただ、もう少し被害者の気持ちに配慮して欲しかった。

　寺町さんはずっと悩んでいて、被害弁償金をまだ受け取っていない。

　窃盗罪は被害者参加ができない。寺町さんは、悔しい気持ちを裁判で表すべく、心情等に関する意見陳述をすることになった。

　寺町さんは、被害者参加人ではないので、法廷のバーの内側には座れない。陳述するときのみ、バーの内側に入る。証人と同じ扱いだ。傍聴席で待機することになり、私とKVSCの田居さんが寺町さんの両隣に座った。

　公判は被告人質問から始まった。被告人の〔反省しています〕とか、〔2度としません〕という発言に対し、検察官は、〔なぜ、2度としないと言えるのですか？〕と質問し、〔被害者の方の苦しみがわかったからです〕と答えた被告人に対し、〔3年前にひったくりをして捕まったときには、被害者の苦しみがわからなかったのですか？　反省しなかったのですか？〕など、鋭い質問をしていた。被告人には前歴があるのだ。私は、そうだ！　そうだ！　と心の中で叫んでいた。20代と思われる若い女性検事だった。美山先生もこんなふうに格好良かったのだろうなあ。美山検事が活躍する姿も見たかった。

　寺町さんが陳述するときがきた。田居さんが寺町さんの手をぎゅっと握って、〔大丈夫だから。いってらっしゃい〕と小さい声で励ます。寺町さんと目が合った。私が大きくうなずくと、寺町さんも大きくうなずいた。心の中で頑張れと祈る。寺町さんは、検察官に促されて、バーの内側に入った。

　寺町さんは、スマートフォンを奪われてすぐに警察に連絡することができず、泣きながら近くのコンビニに助けを求めたこと、警察署でスマートフォンにロックをかけたり、クレジットカードの使用を止めたり、アパートの管理会社に

電話してアパートの合い鍵を持って来てもらったりしたこと、一部の警察官から〔何でそんな大金持っとったんや〕などと、被害者が悪いかのように言われてショックを受けたこと、キャッシュカードを奪われてお金をおろすことができず、通勤のための交通費すら払えなかったこと、身分証明書を奪われてキャッシュカードをすぐに再発行できなかったこと、スマートフォンを奪われて友だちや知人の連絡先がわからなくなったり、思い出の写真やメールを全て失ったこと、住所、氏名、勤務先、顔写真など、寺町さんを特定できる情報を奪われた気持ち悪さや、アパートの鍵も奪われ、犯人がアパートの部屋に入ってくるかもしれないなどと、いつどこにいても恐怖と不安に苛まれたこと、社会保険労務士の資格を取るための学校に行くために貯めていたお金を奪われて行けなくなったこと、一生懸命に働いて少ない給料から毎月コツコツと21万円を貯めたこと、その苦労して貯めたお金を、被告人はたった数日で遊んで使い切ったこと、事件後から、自転車やバイクが横を通り過ぎるだけでドキッとしたり、後ろに人が歩いているだけで恐くて立ち止まったり、眠れない日が続いて、精神的に不安定になったこと、被告人からは謝罪の手紙が送られてきたものの、その内容は弁護人が考えたと思われる形式張ったものであり、謝罪の気持ちが全く伝わってこなかったことなど、その辛さ、悲しさ、苦しさ、悔しさ、情けなさなどの心情を、時に涙を流しながらも、堂々とした態度で陳述した。

　私は、傍聴席で寺町さんの陳述を聞きながら、涙があふれて止まらなかった。事前に書面で読んだときにも涙が出たけれど、被害者本人である寺町さんの口から直接聞くと、より一層心情が伝わってくる。

　もし、私が同じような被害に遭ったら……と想像するだけで恐ろしくて、悔しくて……。

　寺町さんの陳述は約30分に及んだ。陳述前、裁判長から10分でお願いしますと言われていたので、途中で陳述を止められないかと心配したが、最後まで陳述することができた。法廷は静まりかえっていた。途中、傍聴席にいた被告人の彼女と思われる女性が鬼のような形相で退廷していった——。

　被告人はずっとうつむいていた。被害者の心情を直接ぶつけられ、自分の短絡的な行動がどれだけ被害者を苦しめたのかということを少しでも感じてくれ

たら救いなのだが……。2度と同じ過ちを犯さないで欲しい。

　公判が終わって法廷を出ると、裁判所の地下のベンチで少し休んだ。寺町さんは緊張の糸が切れてずっと涙が止まらなかった。田居さんは寺町さんの肩をそっと抱き寄せて、一言二言、言葉をかけていた。相手を思いやる優しい言葉遣いだった。私は寺町さんの横にただ座っているだけだった……。

8 判　　決

11月6日

　昼前、優子さんが美山先生と田居さんに支えられながら、京都地裁から事務所に戻ってきた。優子さんの表情は青ざめ、目が真っ赤だ。

　午前11時から判決の言渡しがあった。判決は、

　被告人を禁固6月に処する。この裁判が確定した日から3年間その刑の執行を猶予する。

　というものだった。いわゆる、執行猶予付判決である。

　量刑は、歩行者用の信号が赤色表示であり、正義さんにも一定の過失があること、被告人は事実を認め、被告人なりに反省と謝罪の弁を述べていること、無制限の対人賠償保険に加入していること、前科前歴がないことなどを総合考慮したとのことだった。

　ほんの少しでも気持ちを落ち着けて欲しかった。温かいラベンダーティーを入れて、応接室に持って行った。

　美山先生と田居さんが優子さんを挟むように座り、2人で優子さんの背中をさすっていた。

「保険をかけてあるから罪が軽くなるなんて……。お金で命の回復ができるのなら、いくらでも払います。夫を返してください……」

　優子さんはハンカチで口元を押さえ、涙を流しながら言った。声は震えてい

る。声を荒げることはなく、か細い声のままだ。もっともっと自分の思いを吐き出して欲しい。感情を抑えないで欲しい。
「ちゃんとした謝罪もないし、事故現場に花一輪供えられたこともないんですよ。それで反省してるなんて……」
　優子さんは、毎月、月命日に事故現場にお参りをしているが、被告人が花や線香を供えた形跡は1度もなかったそうだ。被告人は正義さんの葬儀にも参列しなかった。
　それに、と優子さんは続ける。
「夫はそんないい加減なことをする人じゃありません。信号を見落としたり、無視したりなんかすること、絶対にあり得ないんです……。死人に口なしじゃないですか……」
　涙腺の刺激に耐えながら、お盆を持ったまま突っ立っていると、美山先生が目配せをした。ラベンダーティをテーブルにそっと置いて応接室を出た。

　その日の19時頃、残業を終えて後片付けをしていると、外出していた美山先生がデパートの袋を手に持ちながら事務所に戻ってきた。
「仕事終わった？」
「はい」
「遅くまでおつかれさま。ねえ、新町さんにいただいたチーズで一杯やらない？」
　美山先生は、袋からワインボトルを取り出して、私を誘惑した。前回の公判期日の際、正義さんの御両親から自家製のチーズをお土産にいただいたのだった。ワインと一緒に食べようねと言って、事務所の冷蔵庫に入れたままだった。私と美山先生との共通点は、美味しいものを食べながら、美味しいお酒を飲むことだ。2人ともお酒は強い。
「はいっ！　いただきます！　すぐに準備します！」

　事務所の応接室のテーブルに、チーズと美山先生がデパ地下で買ってきたスモークサーモンや焼き鳥などを乗せたお皿を並べて、赤ワインで乾杯する。

「予想どおりの判決だったけど、やっぱり悔しいなあ……」
　美山先生は、赤ワインを一気に飲み干し、息を吐き出しながら言った。
「そうですね。被害者側としては、すんなりと受け入れられる判決じゃないですよ」
　私は答えながら、美山先生の空になったグラスに赤ワインを注ぐ。
「あの被告人、絶対に何か隠してる。事故発生時刻は午前０時前だと思う。居眠りをしていて、青信号で渡っていた正義さんに気付くのが遅れて跳ねた。そして、事故現場で動揺して時間が経つうちに午前０時を過ぎて黄色点滅に変わったというのが真実だと思う。でも、証拠がないんだよね……」
　美山先生は、そう話すと、また、グラスを空にした。今日は飲むペースが早い。
　美山先生は、正義さんが信号無視をする人ではないという優子さんの言葉を信じ、検察庁に何度も足を運び、再捜査を願い出ていた。事故現場には監視カメラは設置されていなかったが、その１キロほど手前の交差点には監視カメラが設置されており、被告人車の通行時間が判明すれば、事故発生時刻も推定できるのではないかと考えた。しかし、事故発生から１年以上経っていたため、映像は上書きされており、残っていなかった。もっと早く、弁護士に依頼できていれば、結果は違っていたかもしれない。
　今回の禁固６月執行猶予３年という判決について、多くの法律専門家は、証拠がないことや、いわゆる量刑相場からして、妥当な判決であると言うだろう。その中には、法律専門家であるがゆえに、現行の裁判制度のもつ限界にとらわれて結論を先取りしてしまい、何もせずにあきらめてしまう人もいるかもしれない。
　でも、美山先生は違う。美山先生はいつも最大限の努力をする。全力疾走だ。ただ、いつも結果が伴うわけではない。しかも、今回の場合、仮にこちらの期待どおりの結果を得られたとしても、正義さんが生きて戻ってくることはない。事件前の新町家の状態に戻ることはあり得ない――。

　――気がつくと、私のグラスも空になっていた。自分のグラスには自分で注

ぐしかない。
　美山先生は、応接室の椅子にもたれながら、ため息をついた。
「優子さんが被害者参加までして訴えたかったことを、判決に反映させられなかったなあ……」
　本当にそうだと思う。でも……。
「そうかもしれませんけど、先生は、全力を尽くされましたよ。先生に比べれば、私なんて何もできてないですし……」
「どうしたの？」
　美山先生は驚いたような顔をして、もたれていた椅子から身を起こした。
「だって……」
　しばらく沈黙が続いた。
「京子ちゃんは本当によく頑張ってくれてるよ。私が仕事をしていけているのは、京子ちゃんがいるおかげだよ」
　美山先生が私を励ましてくれている。なんだか少し照れるけど、その気持ちが嬉しい。
「先生や田居さんは、被害者や遺族の方の力になっているのに、私は、間接的には力になり得ても、直接的に力になれることはないんだなあって思ってしまうんですよね……」
　美山先生は、う～ん、としばらく私から視線を外して考えていた。
「気持ちはわからないわけでもないけど、それは役割分担じゃないかなあ。私だって、心理カウンセラーではないから、被害者の方たちの心のケアはできないもん。カウンセリング能力を高めるために、心理カウンセラーの資格を取ろうと思ったこともあったけどね――」
　美山先生は、そこで一口ワインを飲むと、「でも……」、と続けた。
「1人じゃ何もできないんだよね――。何もかもを1人でやろうなんて絶対無理。世の中には何でも1人でできるという人もいるのかもしれないけど、私には無理。法律専門家としての活動が疎かになったら意味がないしね。だから、心のケアは田居さんに任せようって。で、事務的なことや秘書的なことは京子ちゃんに任せようって。それが協働ってことだしね。悲しいことに、私には整

理・整頓能力が全くないからね〜。物探しに追われる毎日なんて、まっぴらだし」
「そうですね……」
　私が少し笑いながら答えると、美山先生は、コラッという表情を一瞬浮かべて、すぐに真顔になった。
「京子ちゃんにはごじゃんと感謝しちゅうよ。京都で一番優秀な事務職員やと思っちゅうがやきね！」
　お酒が入ると、美山先生はたまに高知弁になる。こういうことを言ってくれると、本当に嬉しくなる。
「ありがとうございます！　一生、先生について行きます！」
　私は本気でそう思っている。もし、私に弁護士を依頼しなければならないようなことが起こったら、必ず美山先生に依頼する。私の家族や親友がそうなったときも同じだ。美山先生は私の理想の弁護士だ。
「まかしちょき！」
　美山先生は、笑いながら席を立って、応接室から出て行った。

　数分後、美山先生は、応接室に戻ってくると、私に封筒を差し出した。
「なんですか？」
「この前、田居さんから誰かいたらって頼まれていたんだけど、京都犯罪被害者支援センターが電話相談のボランティアを募集してるんだって。ボランティアになるためには、まず、来年1月から始まる事前研修を受ける必要があるそうだけど、いろいろと悩んでいるのだったら、一度、田居さんから話を聞いてみたらどう？」
　封筒を開けると、『平成〇〇年度ボランティア（被害者支援者）募集』と書かれた書類が入っていた。事前研修として、さまざまな方面から講師を迎えて、被害者支援のための基礎知識を学ぶ。その後、さらに研修を積んで、電話相談員となるようだ。締め切りは来月18日まで。私に務まるのだろうか。でも、やってみたい。田居さんに電話してみよう。

新町さんの御両親からいただいたカマンベールチーズは、本当に美味しかった。濃厚で舌にまとわりついてとろけていく感じがなんとも言えない。そこに赤ワインを流し込むと最高だ。2杯目の赤ワインがなくなると、3杯目は美山先生が注いでくれた。

9 控　訴

11月18日
　判決言渡しからまもなく2週間になる。
　そろそろ、検察が控訴するかどうかの結論を出す頃だ。
　先日、美山先生と優子さんは、京都地検に行き、控訴して欲しいとお願いしていた。優子さんは、担当検事が真摯に話を聞いてくれ、少しだけ救われたと言っていた。
　被告人側は、事実を争っておらず、執行猶予付判決であったことから、控訴することはまずない。
　検察が控訴しなければ、判決が確定する。現行法上、被害者には控訴する権利はない……。

　プルルル。電話が鳴った。ワンコールで素早く出た。
「はい。美山法律事務所です」
「こんにちは。京都地検の検事の吉山と申しますが、美山先生はいらっしゃいますか」
「こんにちは。お世話になっております。あいにく、美山は外出しておりまして。いかがいたしましょうか」
「そうですか……。それでは、御伝言をお願いできますでしょうか」
「はい。お願いいたします」
　電話機のすぐ横に置いてあるメモとペンを取る。

「美山先生が被害者参加弁護士をされている被告人下鴨ゆりの交通事故の事件ですが……」

ちょっとした間があった。控訴するかどうかの連絡だろう。瞬間的に緊張した空気に包まれる。

「判決後、判決に納得できないとのお気持ちやその理由について、新町優子さんから詳しく聞かせていただきました。心情的には十分理解できますし、検察庁においてその点も踏まえて、控訴の有無について検討しましたが、控訴して原判決を覆すことは困難であり、控訴はしないとの結論になりました。書面でもお送りしますが、その旨お伝えください」

優子さんの悲しむ顔が思い浮かんだ。思わず吐いた息は長かった……。

10 民事事件の法律相談

12月10日

夕方、優子さんが事務所に来た。仁美ちゃんは今日も寝ている。

民事事件の相談だ。

犯罪被害者保護法によって、損害賠償命令制度が設けられたが、自動車運転過失致死罪等の過失犯は対象となっていない。交通事故等の事案については、双方の過失割合等が争点となり、簡易迅速な損害回復を目的とする損害賠償命令制度には適合しないと考えられたからだそうだ。

加害者である下鴨ゆりは、無制限の対人賠償保険に加入していたが、保険会社は過失割合で争い、任意に支払ってくることはまずない。

加害者に対し、損害賠償請求訴訟を提起する。

被害者遺族が加害者に対して損害賠償請求をすると、〔金目当てやな〕等の誹謗中傷する言葉を浴びせたり、仮に車でも買い換えたりしたら、〔賠償金で購入したな〕等のいろんな憶測で物事を判断したりする心ない人がいる。

被害者遺族にとって、民事訴訟を提起することは、事故を思い出すし、逸失

利益がいくらだとか、なにもかもをお金に換算していくことに違和感を覚えるし、相手方からは被害者の落ち度を指摘されたり、嫌なことを言われたりして、かなり辛い思いをする。それでもなお、被害者遺族が民事訴訟を提起するのは、"真実を知りたい"ということや、"責任の重大さを加害者に再認識させたい"ということが大きいからだ。

今回のように無制限の対人賠償保険に加入している場合、賠償金は保険会社から支払われることになる。加害者が刑事事件では自分に不利になることから黙秘していた真実を、民事事件では話してくれるかもしれないという期待もある。加害者の良心を信じたい。

ふと窓の外を眺めると、雪がちらついていた。街はクリスマスムード一色。子どものころ、父や母と一緒に過ごすクリスマスが待ち遠しかった。

応接室から仁美ちゃんの泣き声が聞こえてきた。これから父親がいなくて寂しい思いをいっぱいするだろう……。

そうだ！　ボーナスも出たことだし、帰りに仁美ちゃんのクリスマスプレゼントを買いにいこう！

事件時系列表

日　時		内　　容
8月15日	0:22	下鴨ゆりは、110番通報した。
	0:29	警察官2名が現場に到着した。
	1:12	下鴨ゆりは、現行犯逮捕された。
	5:10	新町正義が死亡した。
12月8日	10:00	新町優子は、京都地方検察庁で捜査副検事から事故状況等の説明を受けた。
翌年 7月24日		起訴（自動車運転過失致死罪）
8月20日	13:30	新町優子は、美山法律事務所へ法律相談に行った。
	14:30	新町優子は、京都地方検察庁に電話し、口頭で被害者参加の申出をした。
8月31日		京都地方裁判所から新町優子に被害者参加許可通知書が届いた。
9月2日	10:00	弁護士の美山と新町優子とは、被害者参加人としての権利行使等について、委任契約を締結した。
	13:30	法律事務職員の北山は、京都地方裁判所へ行き、委託届出書を提出した。
	14:00	北山は、京都地方検察庁のKPO謄写センターへ行き、公判記録謄写依頼書、証拠書類・証拠物閲覧申請書及び確約書を提出した。
9月3日		京都地方検察庁から京都弁護士会の美山のレターボックスに公判記録が届いた。
9月4日	13:00	新町優子は、美山法律事務所へ行き、公判記録を読んだ。
9月11日	14:30	美山は、京都地方検察庁へ行き、公判担当検事と打合せをした。
9月14日	14:00	美山と新町優子は、被告人質問での予定質問事項について、打合せをした。
9月17日	16:00	北山は、京都地方検察庁に被告人質問での予定質問事項をファックス送信した。

日　時		内　容
9月25日	11:00	第1回公判期日（人定質問、起訴状朗読、罪状認否、冒頭陳述、証拠調べ、被告人質問）
	14:45	北山は、京都弁護士会へ行き、第1回公判調書の刑事事件記録等閲覧・謄写票及び確約書を謄写受付箱に入れた。
10月1日		京都地方裁判所から京都弁護士会の美山のレターボックスに第1回公判調書が届いた。
10月2日	14:00	美山と新町優子は、被害者参加人の意見陳述等について、打合せをした。
10月9日	10:00	美山と新町優子は、被害者参加人の意見陳述等について、打合せをした。
10月15日	14:30	美山と新町優子は、京都地方検察庁へ行き、公判担当検事と打合せをした。
10月16日	11:00	美山と新町優子は、被害者参加人の意見陳述等について、打合せをした。
10月23日	13:30	第2回公判期日（被害者参加人の意見陳述、論告求刑、被害者論告、最終弁論）
	16:00	北山は、京都弁護士会へ行き、第2回公判調書の刑事事件記録等閲覧・謄写票を謄写受付箱に入れた。
10月30日		京都地方裁判所から京都弁護士会の美山のレターボックスに第2回公判調書が届いた。
11月6日	11:00	判決期日（主文　被告人を禁固6月に処する。この裁判が確定した日から3年間その刑の執行を猶予する）。
11月6日	16:00	北山は、京都弁護士会へ行き、第3回公判調書の刑事事件記録等閲覧・謄写票を謄写受付箱に入れた。
11月11日		京都地方裁判所から京都弁護士会の美山弁護士のレターボックスに第3回公判調書が届いた。
11月12日	10:00	美山と新町優子は、控訴について、打合せをした。
11月13日	14:30	美山と新町優子は、京都地方検察庁へ行き、公判担当検事に控訴するようお願いした。
11月18日	16:30	京都地方検察庁の公判担当検事から美山法律事務所に控訴しないとの電話連絡があった。

第2編　解説

第1章

被害者支援の概説

1 序説

　第1部では、被疑者・被告人を弁護する弁護士・法律事務所の立場から刑事手続を説明しました。

　他方、例外もありますが、犯罪には被害者（以下「犯罪被害者」といいます）がいます。犯罪は身近なところで起きており、誰もが犯罪被害者になる可能性があります。あなたに何の落ち度がなくても、ある日突然、命を奪われる、怪我をする、お金や物を盗まれるなどの、生命・身体・財産上の被害を受けるかもしれません。また、あなただけではなく、あなたの大切な家族・恋人・友人等が被害を受けるかもしれません。

　それにもかかわらず、刑事手続において、長い間、犯罪被害者は当事者として扱われず、蚊帳の外に置かれている状況でした。

　従来、裁判所や弁護士は、加害者の権利を守りこそすれ、犯罪被害者らの権利を守っているとはいえませんでした。「犯罪の捜査及び検察官による公訴権の行使は、国家及び社会の秩序維持という公益を図るために行われるものであって、犯罪の被害者の被侵害利益ないし損害の回復を目的とするものではな」いという最高裁判所の判決（最三小判平成2年2月20日裁判集民159号161頁）がこの現状を示しています。

　犯罪被害者は、刑事訴訟法上、告訴権者や証人としての地位しか与えられず、

裁判がいつ行われるのか、どのような判決になったのかという最低限の情報すら裁判所や検察庁から知らされることもありませんでした。
　また、犯罪被害者は、犯罪により働けなくなっても、その補償はなく、治療費等もすべて自己負担なのです。もちろん、加害者に対して、損害賠償を請求することはできますが、加害者に資産がなければ全く意味がありません。故意の犯罪行為により不慮の死亡又は重障害などの被害を受け、公的救済や損害賠償を受けられない犯罪被害者やその家族に対しては、国から一定の給付金が支給される制度（犯罪被害給付制度・第3章「捜査段階での被害者支援」第4項参照）がありますが、犯罪によって被った損害に比べるとその支給額はわずかです。他方、加害者は、逮捕されてから刑務所（少年院）を出るまで、食費、医療費、日用品費等を国の費用で賄われるのです。弁護人も国の費用で依頼することができます。
　さらに、マスコミは、容赦ない取材攻勢をかけ、犯罪被害者やその家族の住所・氏名のみならず、事件とは直接関係のないプライバシーを報道し、犯罪被害者やその家族に深刻な精神的被害を発生させ、それにより周囲の好奇の目に晒された犯罪被害者やその家族は、転居・失職しなければならなくなるという事態も発生しています。
　その上、中には、少しでも加害者の刑を軽くしようとするあまり、示談（いくらかのお金を支払うから減刑嘆願書を書いてくれというもの）を執拗に求める弁護人もおり、被害者やその家族はその言動によりさらに精神的苦痛を受けています。
　犯罪被害者やその家族は、犯罪による苦痛だけでなく、このような苦痛（2次被害・3次被害）までも受けることがあります。
　刑事司法は、一定の保護法益を侵害する行為について刑罰を科し、これにより国民の平穏な社会生活を守り、法秩序を維持しようとするものです。その意味では、犯罪被害者は、侵害された保護法益の主体であり、刑事事件の当事者であるといえます。当事者たる犯罪被害者に対して、刑事司法上適切な権利を与え、保護を図る必要があります。
　ようやく最近になって、犯罪被害者やその家族の保護・支援にも目が向けら

れるようになり、「犯罪被害者等の権利利益の保護を図るための刑事手続に付随する措置に関する法律」（保護法）が制定され、刑事訴訟法や少年法の一部改正も行われました。

　第2部では、これらの改正によって設けられた制度を中心に、犯罪被害者やその家族を支援する弁護士・法律事務所の立場から刑事手続を説明します。

2　被害者等の支援機関・団体

　最近になって、さまざまな機関・団体によって、犯罪被害者やその家族（以下「被害者等」といいます）を支援する取組が行われるようになりました。被害者等のニーズは、生活上の支援をはじめ、裁判に関することなど多岐にわたっています。したがって、一つの機関・団体においてその全てに対応することはできず、被害者等の支援に関係する機関・団体が相互に連携していくことが大切です。この考えに基づき、被害者等の支援に関係する機関・団体で構成する「被害者支援連絡協議会」が各都道府県に設置され、被害者等の支援活動を推進しています。

　以下では、主な支援機関・団体の概要を説明します。

(1) 弁護士会

　日本弁護士連合会では、1999（平成11）年11月に犯罪被害者支援委員会を発足して、被害者支援に詳しい弁護士による被害者支援活動に取り組んでいます。また、犯罪被害者法律援助制度を設けて、弁護士費用等の援助を行っています（援助事業は、次に述べる「法テラス」に委託しています）。

　全国52の単位弁護士会においても、被害者支援委員会が設置されています。京都弁護士会は、全国でも特に被害者支援活動に熱心に取り組んでおり、独自の費用援助制度を設けたり、初回無料の法律相談を実施しています。この法律相談は、相談担当の弁護士に犯罪被害者支援委員会の研修等を受講することを義務づけており、2次被害が生じることのないように配慮しています。

(2) 法テラス

　法テラスとは、日本司法支援センターの通称名であり、総合法律支援法に基づき、2006（平成18）年4月10日に設立された法務省所管の公的な法人です。法テラスでは、犯罪被害者支援ダイヤル（0570－079714）を設けて、被害者等に対して、さまざまな支援情報を提供しています。また、国選被害者参加弁護士の選定請求は、法テラスを経由して行うこととなっています（保護法11条2項）。

(3) 捜査機関

　警察や検察等は、捜査過程において、被害者等から事件に遭った状況や犯人の人相等の事情を聴取します。この事情聴取は、被疑者を捕まえて事件を解決するために必要なものですが、被害者等にとっては、思い出したくないことであったり、辛いことでもあります。

　警察や検察では、捜査過程における被害者等の負担を軽減するため、様々な取組を行っています。例えば、警察では、「犯罪被害者支援室」という部署を設置し、殺人、強盗等の身体犯やひき逃げ、交通死亡事故等の事件を対象として、事件発生直後から、捜査員とは別の警察職員である犯罪被害者支援要員が被害者を支援する制度を設けています。また、全国統一の相談専用電話「＃9110番」を設けています。

　検察においても、各検察庁において、被害者支援員を配置するとともに、被害相談専用電話として、被害者ホットライン（各検察庁によって電話番号が異なります）を設けています。

(4) 民間支援団体

　被害者等が、いつでもどこでも適切な支援が受けられ、再び平穏で安全な生活を取り戻せる社会を実現するため、全国各地に民間ボランティアの犯罪被害者支援団体が設立されています。例えば、認定NPO法人全国被害者支援ネットワークには、2016（平成28）年4月1日現在、47都道府県48団体の民間支援団体が加盟し、警察や弁護士会等の関係機関と連携を図りながら、被害者支

援に関する広報・啓発活動、電話相談、面接相談、病院や裁判所等への付添いなどの活動を行っています。

京都では、公益社団法人京都犯罪被害者支援センターが活動しています。

3 被害者側代理人としての弁護士の役割

　被害者等に対する支援は、ボランティア等による民間支援団体が活発な活動を行っていますし、警察や検察庁も相談窓口を設置して支援活動にあたっています。被害者等に対する支援は、被害発生から被害回復まで継続的に滞りなく行われなければなりません。

　では、弁護士・法律事務所が具体的にどのような支援に関わるのでしょうか。まず、被害直後では、被害届の提出や告訴・告発、警察からの事情聴取に対する法的アドバイス、警察や検察庁からの情報収集等があります。

　また、マスコミ対応や弁護人からの示談・被害弁償の申入れ等に対する対応に弁護士がかかわることは非常に重要です。特に、マスコミ対応の窓口を弁護士に一本化することによって、被害者等に対する取材攻勢を押さえることができます。

　公判段階においては、被害者参加弁護士として関わる他にも、法廷傍聴への付添い、意見陳述等のアドバイス、公判記録の謄写、検察官との交渉、マスコミへの会見等があります。

　このように、様々な支援がありますが、被害者等が受ける被害の程度・内容は、犯罪の軽重、被害者等の受け止め方などによって千差万別であり、被害者等によって求める援助も異なります。大切なことは、被害者等の訴えや話に十分耳を傾けて、被害者等に寄り添った支援をしていくことです。

法律事務職員として心がけていること

被害者支援に熱心な弁護士（男性）とともに働いている女性の法律事務職員の手記を紹介します。

被害者の方の多くは、深い怒りや悲しみに包まれており、どうしたらいいかわからず心のやり場がありません。法律的な問題を解決したいという前に、まずは話をじっくり聞いて欲しいという方が多いように感じます。ところが、弁護士は法律専門家であるがゆえに、感情論よりも法律論を優先しがちとなってしまい、被害者の方が不満や不安を感じることも少なくありません。また、弁護士に対しては遠慮して話しづらいこともあるようです。そのような場合には、法律相談の前後に、率直なお気持ちを、法律事務職員である私に話してもらうことによって、被害者の方の心を解きほぐし、弁護士や法律事務職員に少しでも心を開いてもらえるように心がけています。

ただし、被害者の方の中には、あまり話したくないという方もおられます。例えば、男性の被害者の方の中には、女性に対して、悲しみや辛さという、弱気な部分をみせることを良く思わない方もおられます。そのときは、あまり積極的に関わることをせず、普段より個性や気配が消えるようにすることもあります。

被害者の方が不満や不安を感じたりする場面は、それぞれ異なります。電話や面談で来所された際、その方の目線・表情や声のトーンを聞き、今どのような状態になっているのかをつかみ、一人ひとりに適した対応をするように心がけています。

また、被害者の方に対して、何か書類等の準備をお願いするときに

は、一つひとつ細かく丁寧に説明をするように心がけています。それは、私の場合、考え事をすると、どうしても視野が狭くなり、細かいことに気をまわすのが難しく感じることがあるからです。常に、自分に置き換えてどのように行動することが最善かを考えています。

　もっとも、このような私の心がけは、相談者が被害者の方である場合に限ったことではありません。私は、相談者が被害者の方だからという理由で、「特別に」、「分け隔てて」対応を変えるということはしていません。普段から、どうしたら相談しやすい事務所になるかということをしっかりと考え、相談者に対して、良いサービスを提供したいと思うことの延長にあります。

　今後も、1人でも多くの相談者が、私の法律事務所に相談してよかったと思ってもらえるよう、弁護士とともに全力で相談者をサポートしていきます。

（京都／**法律事務職員**／S・H）

第 2 章

相談・受任

1 犯罪による精神的被害

　犯罪の被害を受けると、その直後から一種のショック状態が続き、身体や心に変調をきたすことがあります。心的外傷後ストレス障害という疾患であり、一般的に、PTSD（Post-traumatic Stress Disorder）と呼ばれています。主な症状は、①身体的な反応として、緊張・動悸・下痢・吐き気、不眠・悪夢、食欲不振、イライラする等、②心理的な反応として、恐怖感、自責感、不安感、無気力・絶望感、孤独感・疎外感、怒り・復讐心等、③感覚的な反応として、感覚・感情のマヒ、現実だという感覚がない、自分が自分でないと感じる、記憶・判断力の低下等です。
　これらの症状は、突然大きなショックを受けた後では誰にでも起こり得るものです。

2 相談の際の留意事項

　法律相談は、被害者等の精神的ケアを目的とするものではありません。
　しかし、法律事務所が被害者等から相談を受ける際には、前述のような被害者等の置かれた辛く厳しい心理面を正しく理解して、弁護士や法律事務職員の

言動によって、被害者等を更に傷つけることがないようにしなければなりません。

　相談する被害者等にとって、限られた相談時間の中で、要点をまとめて話すことは難しいです。被害者等によっては、客観的事実より、自分の気持ちを分かってほしいという思いが強く出ることもあります。被害者等の気持ちをじっくりと聞くことが大切です。被害者等の話を遮ったり、話を急かしてはいけません。他の法律相談よりも相談時間を多めにとっておく必要があります。

　また、信頼関係が充分に築けていない段階での安易な共感や励ましは、かえって被害者等を苦しめるだけです。被害者等の心情を踏まえないような言葉は絶対に使ってはいけません。

【参考】　不適切な応答例

・気を強く持って、前向きに生きましょう。
・あなた一人が苦しいのではありませんよ。
・どんなに悲しんでも、死んだ人は戻ってこないのですから。
・泣いてばかりいると、死んだ人が浮かばれませんよ。
・早く元気にならなければいけませんよ。
・辛いことは、早く忘れましょう。
・起きてしまったことを後悔しても仕方ありません。
・命が助かっただけでも良かったと思わなければいけませんね。
・あなたは強い方だから大丈夫ですよ。
・あなたにも悪いところがあったのではないですか。

内閣府犯罪被害者等施策推進室『内閣府犯罪被害者支援ハンドブック・モデル案』（2008〔平成20〕年12月）より抜粋

3 弁護士費用等に関する援助制度

(1) 序説

　被害者等が弁護士に依頼する場合には、弁護士に支払う費用（報酬等）が必要となります。一般に、被害者等は、犯罪により多大な損害を被り、経済的にも困窮することが少なくありません。

　そこで、被害者等が、経済的に余裕のないことを理由として、弁護士に依頼することを断念することがないようにするため、日本弁護士連合会や法テラス等では、弁護士費用等に関する援助制度を設けています。

　ここでは、①犯罪被害者法律援助制度、②国選被害者参加弁護士制度、③民事法律扶助制度の3つの制度を紹介します。犯罪の種類によって、利用できる制度が異なりますので、後記のチャートを参照ください。

　なお、この3つの制度の要件を満たした場合には、同一事件で、全ての制度を利用することもできます。

(2) 犯罪被害者法律援助制度（日弁連委託援助事業）

　ア　概要

　日本弁護士連合会（以下「日弁連」といいます）は、被害者支援の観点から、後述する国選被害者参加弁護制度や民事法律扶助制度で対象とされていないものを対象として、弁護士費用等を援助する法律援助事業を行っています。

　具体的には、被害者等が刑事手続に関する活動を希望する際に弁護士費用等を援助する制度です。

　なお、2007（平成19）年10月1日以降、日弁連は、この事業を法テラスに委託しています。

　イ　援助の対象となる活動

　犯罪被害者法律援助制度の対象となる活動は、弁護士による法律相談、告訴・告発、法廷傍聴・証人尋問・意見陳述の付添い、刑事記録の閲覧・謄写、示談交渉及び刑事和解の交渉、マスコミ対応等の支援となります。

なお、示談は、刑事事件に関連してなされる場合が多いので、本制度の対象となりますが、加害者に対して損害賠償を請求する場合は、後述する民事法律扶助制度の利用が可能となるので、本制度の対象となりません。また、加害者が既に刑事事件の判決を受け、あるいは起訴猶予処分を受けている等、刑事手続が終了している場合についても、刑事事件への関与がないため、本制度の対象となりません。

　また、配偶者暴力(DV)の事案では、暴力を振るう配偶者を告訴する等、刑事手続援助・行政手続援助を行う場合には本制度の対象となりますが、裁判所に保護命令を申立てる場合には、後述する民事法律扶助制度の対象となるので、本制度は対象となりません。

ウ　利用のための要件

　犯罪被害者法律援助制度を利用するためには、対象者の要件、資力要件、必要性・相当性という3つの要件を満たす必要があります。

ⅰ　対象者の要件

　犯罪被害者法律援助制度の対象者は、生命、身体、自由又は性的自由に対する犯罪及び配偶者暴力、ストーカー行為を受けた者又はその親族若しくは遺族です。ここで言う「遺族」とは、死亡した被害者の配偶者、子、父母、祖父母及び兄弟姉妹を言います。事実上の婚姻関係や親子関係と同様の関係にあった者も含むものとされています。

　なお、窃盗罪や詐欺罪などの財産犯の被害者は、原則として、対象者となりません。ただし、著しく大きな精神的苦痛を被っている等、財産被害の回復以外の刑事手続に関する援助活動が必要と考えられる場合には、対象者となる場合があります。

ⅱ　資力要件

　現金、預貯金その他の流動資産の合計額から、当該犯罪行為を原因として、選定請求日から6カ月以内に支出することとなると認められる費用（治療費など）を差し引いた額が200万円未満（犯罪被害者等の権利利益の保護を図るための刑事手続に付随する措置に関する法律施行令第8条）であることです。

ただし、やむを得ない事情により生計が困難と認められるときは、例外的に援助の対象となる場合があります。
iii　必要性・相当性
弁護士に依頼する必要性があり、かつ、相当性があることが要件となります。
エ　手続
申込手続は、受任弁護士が利用申込書を弁護士会に提出して行います。利用申込書は、起訴前と起訴後とで書式が異なっていますので、注意してください。利用申込書の提出と併せて、日弁連委託援助個別契約書及び重要事項説明書を提出します。

弁護士会に提出した書類は、法テラスに送付され、法テラスが援助の可否について判断します。その判断の結果については、法テラスから受任弁護士に連絡があります。
オ　事件終了後
受任弁護士は、事件終了後、弁護士会に終結報告書を提出します。その報告書には、被援助者（申込者）の経済状況を考慮して、被援助者に弁護士費用等を負担してもらうかどうかの意見を記載します。

弁護士会に提出した終結報告書は、法テラスに送付されます。法テラスは、終結報告書に記載された受任弁護士の意見を尊重して、被援助者に弁護士費用等を負担してもらうかどうかを決定します。ただし、被援助者が未成年者であるときは、現実に被援助者が利益を得た場合の成功報酬を除き、援助費用の負担はありません。

なお、援助活動の結果、示談などが成立して被援助者が現実に利益を得た場合は、金額に応じた割合で、被援助者（未成年者を含む）の負担で受任弁護士に成功報酬を支払う必要があります。

(3) 国選被害者参加弁護士制度

2008（平成20）年12月1日から、被害者等が裁判所の許可を得て刑事裁判に参加することができるようになりました。これを被害者参加制度といいます。

また、被害者参加人のために国の費用で弁護士を選定する国選被害者参加弁護士制度が設けられました。国選被害者参加弁護士制度の詳細については、第4章「公判段階での被害者支援」を参照してください。

(4) 民事法律扶助制度

　民事法律扶助制度は、国が民事事件に関する弁護士費用等の立替えを行う制度です。一定の資力要件等を満たす必要がありますので、法テラスのホームページ[*3]で確認してください。

　民事法律扶助制度において、被害者等が刑事手続の中で利用できるものは、損害賠償命令の申立て（第5章「損害賠償命令」参照）を行う場合です。また、民事手続で損害賠償請求をする場合もこの制度を利用することができます。

　本制度は、弁護士費用等を立て替える制度ですので、原則として、被援助者（申込者）は、援助を受けた費用等を分割して償還する必要があります。また、事件終了時の際には、原則として、別途、弁護士に報酬金等を支払う必要があります。報酬金等の金額については、法テラスが被援助者の経済利益などを考慮して、決定します。

＊3　http://www.houterasu.or.jp/（2016〔平成28〕年4月1日現在）

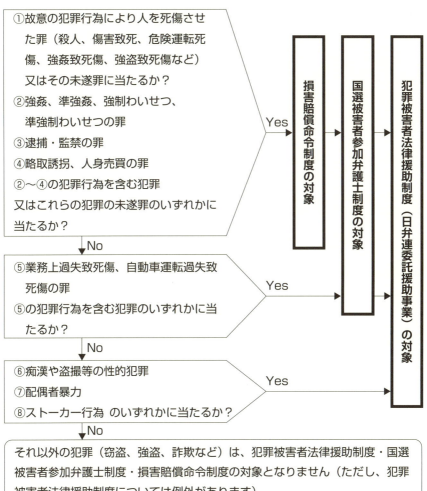

第3章

捜査段階での被害者支援

1 序説

　犯罪が発生すると、警察は、その犯罪に関する証拠を収集し、犯罪を犯した疑いのある者（被疑者）を特定して発見するため、捜査を開始します。そして、警察は、捜査を終えると、原則として、検察官に事件を送致します。事件の送致を受けた検察官は、補充捜査をするなどして、裁判所に公訴を提起するか否かを判断します（一般に公訴を提起することを「起訴」といい、公訴を提起しないことを「不起訴」といいます）。公訴が提起されると、裁判所に事件が係属し、裁判所は、その事件について裁判をして、有罪・無罪等の判決を言い渡します。

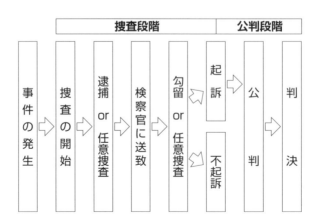

以上が、刑事手続の基本的な流れです（刑事手続の流れの詳細については、第1部第1章「刑事手続の概要」参照）。

本章では、この刑事手続の中で、捜査段階（捜査の開始から起訴まで）での被害者支援について説明します。

2 被害届・告訴・告発

警察等の捜査機関は、犯罪を認知することによって捜査を開始します。捜査機関が犯罪を認知して、その捜査を開始するに至ったきっかけを「捜査の端緒」といいます。捜査の端緒には、例えば、現行犯人の発見、自首等がありますが、被害者等に関係するものとして、被害届、告訴、告発があります。

犯罪に遭ったとき、被害者は、捜査機関に被害を届け出ることができます。この届出を「被害届」といい、通常、この被害届を出せば、捜査が開始されます。

また、犯罪があると思料するときは、誰でも、捜査機関に対し、犯罪事実を申告して、犯人の処罰を求めることができます。被害者又は被害者と特定の関係のある者（被害者の法定代理人、被害者が死亡した場合の配偶者・直系親族・兄弟姉妹等）が申告するものを「告訴」といい（刑訴法230条以下）、それ以外の第三者（犯人を除く）が申告するものを「告発」といいます（刑訴法239条）。

強制わいせつ罪、強姦罪、名誉毀損罪、器物損壊罪などでは、告訴がなければ公訴を提起（起訴）することができません。このような告訴の存在を公訴提起の要件とする罪を「親告罪」といいます。親告罪には告訴期間があり、犯人を知った日から6カ月以内となっていますので（刑訴法235条）、注意が必要です。ただし、強制わいせつ罪、強姦罪などの性犯罪については、告訴期間が撤廃されましたので、公訴時効が完成するまで（例えば、強制わいせつ罪の公訴時効は7年間）、告訴をすることができます。

3 捜査機関からの情報取得

(1) 概説

前述のとおり、捜査の目的は、犯罪に関する証拠を収集し、犯罪を犯した疑いのある者（被疑者）を特定して発見することです。そのため、被害者等が自らのこととして捜査状況等に関心を持っていたとしても、捜査機関が被害者等に捜査状況等を積極的に知らせることはありませんでした。

ようやく1996（平成8）年に警察が、1999（平成11）年に検察庁が、被害者等に対して、捜査状況等を知らせる制度を導入しました。

以下、この制度について説明します。

(2) 被害者連絡制度（警察からの情報取得）

警察では、「被害者連絡制度」を設けています（警察庁「被害者連絡実施要領」）。

連絡対象者は、身体犯（殺人、傷害、性犯罪等）や重大な交通事故（ひき逃げ、死亡事故等）の被害者又はその遺族です。連絡内容は、捜査状況、被疑者の検挙状況（被疑者を検挙したことや、被疑者の氏名・年齢等、ただし、少年の場合は被疑者の氏名等に代えて保護者の氏名等）、被疑者の処分状況（送致先検察庁、起訴・不起訴の処分結果、起訴された場合の裁判所等）等です。

事件担当の捜査員が、被害者等の意向を汲んで、連絡することになっています。

(3) 被害者等通知制度（検察庁からの情報取得）

検察庁では、「被害者等通知制度」を設けています（法務省「被害者等通知制度実施要領」）。

通知対象者は、被害者とその親族（内縁関係にある者、婚約者など親族に準ずる者を含む）です。警察の「被害者連絡制度」のような罪名による制限はありません。

通知事項は、以下のとおりです。

① 事件の処分結果（起訴・不起訴）
② 係属裁判所及び公判期日
③ 裁判結果（裁判の主文と上訴・確定の有無）
④ 加害者の身柄の状況、起訴事実、不起訴の理由の概要
⑤ 有罪裁判確定後の受刑者に関する事項（刑務所からの出所時期等）

　通知を希望する場合は、担当検察官・検察事務官又は被害者支援員に対して、通知を希望する旨と希望する事項（上記の事項①～⑤）を申し出ます。後日、希望した事項について、電話や書面で通知されます。

　なお、上記⑤については、「出所情報通知制度」と呼ばれており、実刑判決確定後に、収容されている刑務所の名称・所在地、出所予定年月（満期出所の予定年月）、出所した事実等が通知されます。

　また、「出所情報通知制度」には、別途、「第2の制度」と呼ばれるものがあります（上記⑤の制度は「第1の制度」と呼ばれています）。この第2の制度は、特に被害者等への再被害を防止する必要がある場合に限って、受刑者の出所直前における出所予定の時期が通知される制度です（特に必要があると認めたときは、出所後の帰住地も通知されます）。この通知を希望する場合も、担当検察官・検察事務官又は被害者支援員に申し出ます。もっとも、この通知は、誰でも受けられるものではなく、犯罪の動機及び組織的背景、受刑者と被害者等との関係、受刑者の言動などに照らして、検察官が通知を行ったほうがよいと認めたときに通知を受けられることとなっています。

4 犯罪被害給付制度

　犯罪被害給付制度とは、故意の犯罪行為によって、重傷病又は障害という重大な被害を受けた被害者やその犯罪行為によって亡くなった被害者の遺族に対して、国が給付金を支給する制度です。社会の連帯共助の精神に基づき、被害者やその遺族の精神的、経済的打撃の緩和を図ろうとするものです。「犯罪被害者等給付金の支給等による犯罪被害者等の支援に関する法律」（犯給法）に

よって規定されています。

(1) 対象となる犯罪

日本国内で発生した、人の生命・身体を害する故意の犯罪行為です。したがって、過失による犯罪行為は対象外となります。

(2) 受給資格者

被害者本人又はその遺族です。犯罪行為時に日本人又は日本国内に住所を有している外国人であることが必要です。したがって、遺族は、自らが日本人であるか、日本国内に住所を有している外国人であれば、被害者の国籍又は住所のいかんを問わず、受給資格があります。

(3) 給付金の種類

給付金には、遺族給付金、重傷病給付金、障害給付金の3種類があります。それぞれの給付金の支給額は、犯罪被害者の年齢や勤労による収入の額等に基づいて算定されますが、上限額が定まっています。

ア 遺族給付金

被害者が亡くなったときに、被害者の第1順位の遺族に対して支給されるものです。

イ 重傷病給付金

被害者が重傷病（加療1カ月以上、かつ、3日以上の入院を要する負傷又は疾病。PTSD等の精神疾患の場合は、加療1カ月以上、かつ、その症状の程度が3日以上労務に服することができない程度の疾病）を負ったときに、被害者本人に対して支給されるものです。

ウ 障害給付金

被害者が障害（負傷又は疾病が治ったときにおける身体上の障害で、障害等級第1級から第14級に該当する障害）を負ったときに、被害者本人に対して支給されるものです。

(4) 申請手続

申請者の住所地を管轄する都道府県公安委員会に申請しますが、管轄警察署又は警察本部で申請手続を行っています。

(5) 申請期限

犯罪行為による死亡、重傷病又は障害の発生を知った日から2年を経過したとき、又は犯罪行為による死亡、重傷病又は障害が発生した日から7年を経過したときは、原則として、申請することができません。

(6) 損害賠償金に関する注意点

加害者から損害賠償金を受領した場合、その賠償金が実損額（被害によって実際に発生した損害額）の1部にしか充たなかったとしても、その賠償金を限度として、給付金が減額されてしまいます（犯給法8条1項）。

もっとも、給付金受領後に損害賠償金を受領した場合は、給付金を国庫に返納する必要はないと解されていますので、給付金の対象事件の被害者等は、速やかに給付手続をして、加害者からの損害賠償金を受領する前に給付金を受給するようにすべきです。

5 不起訴の場合の対応等

(1) 検察審査会に対する審査の申立て

我が国では、起訴する権限を国家機関である検察官のみに与えており（刑訴法247条）、検察官が不起訴処分をすれば、裁判は始まりません（起訴の詳細については、第1部第4章「公訴の提起（起訴）」参照）。

そこで、検察官の不起訴処分に不服のある者（被害者、被害者が死亡した場合の配偶者・直系親族・兄弟姉妹、告訴・告発をした者等）は、検察審査会に対して、不起訴処分の当否の審査を申し立てることができます（検審法30条）。なお、申立費用はかかりません。

検察審査会は、地方裁判所や地方裁判所の主な支部の建物内にあります。衆議院議員の選挙権を有する国民の中からくじで選ばれた11人の検察審査員が（検審法4条）、検察官の不起訴処分の当否を審査し、「起訴相当」、「不起訴不当」、「不起訴相当」のうちのいずれかの議決をします（検審法39条の5）。なお、議決は、過半数で決しますが、「起訴相当」の議決は8人以上の多数によらなければなりません（同条第2項）。検察審査会の議決の流れは、次頁の図を参照してください。

　検察審査会の議決が「起訴相当」又は「不起訴不当」となれば、検察官は事件を再捜査し、起訴又は不起訴処分をしなければなりません（検審法41条）。

　検察審査会の議決が「起訴相当」となり、検察官が再捜査の結果、再度、不起訴処分をした場合（又は法定期間〔原則3ヵ月〕に起訴・不起訴処分をしない場合）、検察審査会は再審査を行います（検審法41条の2）。再審査の結果、起訴を相当と認め、「起訴議決」をした場合は、裁判所が指定した弁護士が検察官に代わって公訴を提起（起訴）することになります（検審法41条の9、41条の10。この起訴のことを「強制起訴」ということがあります）。

(2) 不起訴記録の閲覧・謄写

　不起訴記録は、非公開が原則です（刑訴法47条）。

　しかし、被害者又はその親族と、その代理人弁護士は、不起訴記録を閲覧・謄写することが認められています。詳細は、第4章「公判段階での被害者支援」の「法律事務所の仕事8」を参照してください。

検察審査会の議決の流れ

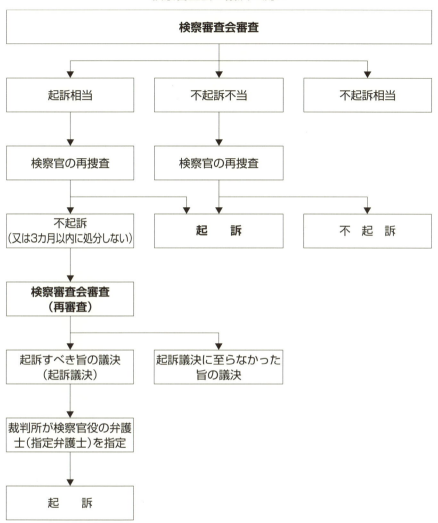

第 4 章

公判段階での被害者支援

1 序説

本章では、公判段階での被害者支援について説明します。第2部のストーリーは、公判段階での被害者支援に関するものです。

検察官が裁判所に公訴を提起（起訴）すると、裁判所において、被告人が有罪か無罪かを審理する公判が始まります。公判は、公訴の提起（起訴）から始まり、冒頭手続、証拠調べ手続、弁論手続、判決宣告という流れで行われます（詳細は第1部第5章「公判」参照）。

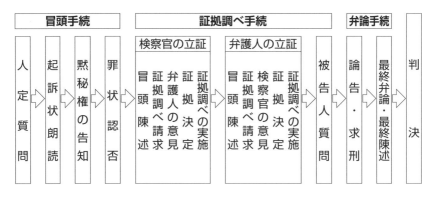

第1章で述べたとおり、最近になって、ようやく犯罪被害者やその家族の保護・支援にも目が向けられるようになり、「犯罪被害者等の権利保護を図るた

めの刑事手続に付随する措置に関する法律」(「保護法」)が制定され、刑事訴訟法や少年法の一部改正も行われました。これらの改正によって、被害者等（被害者又は被害者が死亡した場合若しくはその心身に重大な故障がある場合におけるその配偶者、直系の親族若しくは兄弟姉妹）は、公判において、被害にあった状況や被告人に対する気持ちを述べたり、優先的に傍聴することができるようになりました。また、一定の犯罪については、被害者等が直接公判に参加することもできるようになりました（被害者参加制度）。

以下、これらの制度について詳しく説明していきます。

2 性犯罪等の被害者の情報保護

起訴状には「公訴事実」が記載されます（刑訴法256条2項2号）。公訴事実は、「できる限り日時、場所及び方法を以て罪となるべき事実を特定してこれをしなければならない」（同条3項）と定められており、被害者を特定する事項（住所や氏名等）が起訴状に記載されます。

公判は、公開の法廷で行われますので、起訴状が朗読されると、傍聴人に被害者の住所や氏名等の個人情報が曝されることになります。現代の発達した情報化社会では、氏名等が判明すれば、被害者を特定することは容易ですし、また、インターネット上で個人情報が拡散される危険性もあります。

性犯罪等では、被害者がこのようなことになるのを恐れ、告訴をしないで泣き寝入りしてしまうことが多いというのが実情です。

このような弊害を避けるため、性犯罪等の被害者等は、被害者の特定事項を公開の法廷で明らかにしないよう、検察官を通じて裁判所に求めることができます（刑訴法290条の2）。

3 公判の傍聴

　公判は、公開の法廷で行われ、誰でも傍聴することができます。社会の関心の高い事件では、傍聴希望者が多くなり、抽選による傍聴券が発行されることもあり、被害者等が傍聴できない場合もあります。

　そこで、被害者等が優先的に傍聴できるように配慮する義務が明文化され（保護法2条）、被害者等は、あらかじめ、裁判所の係属部や担当検察官・検察事務官に申し出れば、原則として優先的に傍聴することができます。

4 心情等に関する意見陳述

　被害者等は、被害に関する心情や事件に関する意見を法廷で述べることができます（刑訴法292条の2）。

　この意見陳述をするためには、あらかじめ検察官に対して申出をすることが必要です（同条2項）。申出を受けた検察官は、意見を付して裁判所に通知します。

　この意見陳述は、裁判所の許可が不要であり、証人としての証言ではないので、弁護人や被告人からの反対尋問がありません。また、法廷で述べずに書面ですることもできます。

　ただし、後述する被害者参加人に認められている最終意見陳述とは異なり、犯罪事実、法律の適用、量刑に関する陳述は認められません。また、事実認定の証拠（有罪とするための証拠）とはなりません（同条9項）。もっとも、被告人の人となりや今後の更生等、酌量の余地があるかどうかを考えるときの情状証拠にはなり得ます。

【本事例】
　引ったくりの被害に遭った寺町ゆかこさんは、後述する被害者参加制度

を利用することができなかったことから、この制度によって、被害に関する心情や事件に関する意見を法廷で述べました。

5 証人尋問・意見陳述の際の付添い等

　被害者等は、公判において、被害状況等について、証人として証言することを求められることがあります。また、前述の心情等に関する意見陳述をすることもあります。被害者等にとって、被告人や傍聴人の前で証言や意見陳述をすることは、精神的な負担となります。
　このような負担を軽減するため、裁判所に対し、①被害者等への付添い、②被害者等の遮へい、③ビデオリンク方式での証言や意見陳述、④被告人や特定の傍聴人の退廷を認めるよう申し立てることができます。

(1) 付添い

　被害者等が証言や意見陳述をする際、被害者等の不安や緊張を和らげるため、証言や意見陳述をしている間、近親者や心理カウンセラー等がそばに付き添うことができます（刑訴法157条の2）。

【本事例】
　KVSCの田居さんと法律事務職員の北山は、被害者の寺町ゆかこさんが意見陳述をする際、公判に付き添いましたが、それはこの制度の付添いではありません。2人は、寺町さんと一緒に法廷の中（バーの内側）に入ることはできず、傍聴席で見守りました。法廷の中（バーの内側）に入って付き添う必要がある場合には、この制度による付添いの申立が必要となります。

(2) 遮へい

　被害者等が証言や意見陳述をする際、被告人や傍聴人から見られる精神的圧

迫を軽減するため、被害者等と被告人・傍聴人との間につい立てなどを置くことができます（刑訴法157条の3）。

(3) ビデオリンク方式による証人尋問

例えば、性犯罪や暴力団犯罪の被害者等にとって、被告人やその関係者がいる法廷で証言や意見陳述することは、精神的圧迫を強く受けます。このような精神的圧迫を軽減するため、被害者等を別室に在席させ、テレビモニターを通じて証言や意見陳述を行うことができます（刑訴法157条の4）。

(4) 被告人・特定の傍聴人の退廷

被害者等が被告人や特定の傍聴人の面前では圧迫を受け十分な供述をすることができない場合に、被告人やその傍聴人を退廷させることができます（刑訴法281条の2、304条の2、刑訴規則202条）。

6 刑事和解

裁判外において、被害者等と被告人との間で、被害弁償などの示談が成立することがあります。例えば、被害弁償金として100万円を支払うが、一括して支払えないため、毎月5万円宛分割して支払うとの内容の示談が成立したとします。示談が成立すると、被告人は、この示談書を減刑するための証拠として裁判所に提出し、その結果、減刑されることがあります。

しかし、判決後、被告人が途中で支払を怠ったとしても、被告人に対する制裁はなく、任意で作成した示談書では強制執行をすることもできません。被害者等がこの示談内容を実現するためには、改めて、被告人を相手として、民事訴訟を提起して判決を得なければなりません。

このような被害者等の負担を避けるため、被害者等と被告人とが共同してその合意内容を刑事裁判の公判調書に記載することを求め、裁判所が合意内容を公判調書に記載したときには、その公判調書が裁判上の和解と同一の効力を有

することになりました（保護法19条）。この制度のことを刑事和解といいます。

先の事例において、示談内容を公判調書に記載しておけば、被告人が途中で支払を怠った場合、この公判調書に基づき、強制執行をすることができます。

なお、一定の犯罪については、刑事事件を審理する裁判所に対して、被告人に対する損害賠償を申し立てることができます（詳細は第5章「損害賠償命令」参照）。

7 被害者参加制度

(1) 概説

2008（平成20）年12月1日から、被害者等は、裁判所の許可を得て、刑事裁判に参加することができるようになりました。この制度を被害者参加制度といいます。ただし、全ての刑事裁判に参加できるわけではなく、また、関与できる手続も限られています（刑訴法316条の33～316条の39）。

法廷イメージ図（被害者参加）

（裁判長・裁判所書記官・検察官・被害者参加人・被害者参加弁護士・弁護人・被告人・バー・傍聴席）

第4章　公判段階での被害者支援　261

(2) 被害者参加の対象となる犯罪

被害者参加の対象となるのは、生命、身体、自由に対する一定の重大な犯罪についてのみです。具体的には、刑訴法316条の33第1項各号が定める犯罪です。すなわち、故意の犯罪行為により人を死傷させた罪のほか、強制わいせつ、強姦、業務上過失致死傷、自動車運転過失致死傷、逮捕・監禁、略取・誘拐・人身売買等の罪です。

【本事例】
　新町正義さんが被害に遭った犯罪は、自動車運転過失致死罪であり、被害者参加の対象となります。他方、寺町ゆかこさんが被害に遭った犯罪は、窃盗罪であり、被害者参加の対象となりません。

(3) 被害者参加の申出ができる者

被害者参加の申出ができるのは、以下の者です（刑訴法316条の33第1項）。
① 　被害者
② 　被害者が死亡した場合若しくはその心身に重大な故障がある場合におけるその配偶者、直系の親族若しくは兄弟姉妹
③ 　被害者の法定代理人
④ 　上記①〜③の代理人弁護士

【本事例】
　被害者の新町正義さんが死亡していますので、新町優子さん（配偶者）、新町仁美さん（直系親族）、新町さんの父母（直系親族）は、それぞれ被害者参加の申出をすることができます。

(4) 被害者参加の申出の時期及び方法

被害者が刑事裁判の手続に参加するためには、あらかじめ参加の申出をしなければなりません。時期的な制限はなく、公判係属中であればいつでも可能で

す。参加申出手続は以下のとおりです。
① 被害者等は、担当の検察官に対し、参加の申出をします。これは口頭でも可能です。
② 申出を受けた検察官は、裁判所に対し、参加の申出があったことを通知します。
③ 通知を受けた裁判所は、被告人又は弁護人の意見を聴き、犯罪の性質、被告人との関係その他の事情を考慮し、相当と認めるときは、決定で参加を許可します（刑訴法316条の33第1項）。参加が許可されると、裁判所から被害者に通知されます。

【本事例】
　弁護士の美山は、新町優子さんとの相談の際、新町優子さんの被害者参加の意思を確認したので、その場で担当検察官に電話をして、事情を説明した後、新町優子さんに電話を代わって口頭で被害者参加の申出をする方法をとりました。その後、裁判所から新町優子さんに対し、被害者参加許可通知書 資料1 が郵送されました。

(5) 被害者参加人の権限

　被害者参加人は、刑事裁判において、以下の権限を行使することができます。なお、被害者参加人は、以下の全ての権限を行使することもできますし、1つのみ行使することもできます。すなわち、どの権限を行使するのかは、被害者参加人の自由ということです。
① 公判期日への出席（刑訴法316条の34）
　被害者参加人は、公判期日に出席できます。傍聴席ではなく、法廷の中（バーの内側）に座ることができます。
　ただし、被害者参加人が多数いる場合には、代表者のみ出席が認められることもあります。また、公判前整理手続には出席できません。
② 検察官の権限行使に対する意見表明（刑訴法316条の35）
　検察官は、刑事裁判において、証拠調べを請求したり、訴因を変更したり、

様々な権限を有しており、その権限を行使するかしないかは検察官の判断によります。被害者参加人は、その権限行使・不行使について、検察官に意見を述べることができ、検察官から、その理由の説明を受けることができます。

③　証人尋問（刑訴法316条の36）

　被害者参加人は、証人に対し、尋問をすることができます。ただし、尋問事項は、一般情状に関する事項に限られており、かつ、証人の供述の証明力を争うためのものに限られています。一般情状に関する事項とは、例えば、被告人に対する証人の監督能力・監督意思の有無に関する事項等です。

　証人尋問は、検察官の尋問終了後直ちに、具体的な尋問事項を明らかにして、検察官に申し出ることが必要です。申出を受けた検察官は、裁判所に通知し、裁判所が許否を判断します。

④　被告人質問（刑訴法316条の37）

　被害者参加人は、被告人に対し、質問をすることができます。証人尋問と異なり、質問事項は情状に関する事項に限られません。犯罪事実に関しても質問可能です。ただし、質問事項は、前述の心情等に関する意見陳述（刑訴法292条の2）及び後述の意見陳述をするために必要な事項に限られています。

　被告人質問は、あらかじめ具体的な質問事項を明らかにして、検察官に申し出ることが必要です。申出を受けた検察官は、裁判所に通知し 資料2 、裁判所が許否を判断します。

⑤　最終意見陳述（刑訴法316条の38）

　被害者参加人は、前述の心情等に関する意見陳述（刑訴法292条の2）のほかに、事実又は法律の適用について、意見を陳述することができ、求刑も意見することができます。この意見陳述を最終意見陳述といい、通常、検察官の論告・求刑の直後に行われます。

　最終意見陳述は、心情等に関する意見陳述と異なり、犯罪事実、法律の適用、量刑に関する陳述も認められています。ただし、量刑資料とはなりません。

　最終意見陳述は、あらかじめ陳述する意見の要旨を明らかにして、検察官に申し出ることが必要です。申出を受けた検察官は、裁判所に通知し、裁判所が許否を判断します。

(6) 被害者参加人への付添い・遮へい

　被害者参加人は、精神状態が不安定であったり、被告人や傍聴人に顔を見られたくない等の事情がある場合には、裁判所に対し、付添いや遮へいの措置をとることを申し立てることができます（刑訴法316条の39）。ただし、ビデオリンクの措置をとることは認められていません。

(7) 被害者参加弁護士

ア　被害者参加弁護士（私選）

　被害者参加人は、上記(5)の権限を弁護士に委託することができます。

　弁護士に委託した被害者参加人は、当該弁護士と連署の上、委託届出書 書式3 を裁判所に届け出なければなりません（刑訴規則217条の33第1項）。委託届出書を裁判所に提出すると、委託を受けた弁護士は被害者参加弁護士となります。

> ※委託届出書 書式3 の注意点
> 　委託届出書には、被害者参加人と委託を受けた弁護士の連署が必要です（刑訴規則217条の33第1項）。被害者参加人は、記名押印ではなく、署名押印が必要ですので注意が必要です（刑訴規則60条）。なお、委託を受けた弁護士は、記名押印でも構いません（刑訴規則60条の2第2項3号）。

イ　国選被害者参加弁護士

　被害者参加人が弁護士に委託する場合には、弁護士に支払う費用（報酬等）が必要となります。一般に、被害者等は、犯罪により多大な損害を被り、経済的にも困窮することが少なくありません。そこで、被害者参加人が、経済的に余裕のないことを理由として、弁護士に委託することを断念することがないようにするため、国の費用で弁護士を選定する制度が設けられました（保護法11条以下）。この制度によって選定された弁護士を国選被害者参加弁護士といいます。

　　i　資力要件

この制度を利用するためには、資力要件を満たす必要があります。

　資力要件は、被害者参加人の資力（現金、預貯金等の流動資産）から、当該犯罪行為を原因として、選定請求日から6カ月以内に支出することとなると認められる費用（治療費等）を差し引いた額が基準額未満であることです（保護法11条1項）。

　この基準額は、政令で定めることとなっており、2016（平成28）年4月1日現在、200万円となっています（犯罪被害者等の権利利益の保護を図るための刑事手続に付随する措置に関する法律施行令第8条）。

ⅱ　選定手続

　前提として、この制度を利用できるのは、被害者参加人ですので、被害者等が被害者参加の申出をして、被害者参加人になっている必要があります（申出方法は上記(4)参照）。

　選定手続は、法テラスを経由して行うことになっています（保護法11条2項）。

　被害者参加人から、法テラス地方事務所（当該事件の裁判所所在地を管轄する法テラス地方事務所又は被害者参加人の住所地を管轄する法テラス地方事務所）に対して、選定請求をします。基本的な必要書類は、①選定請求書、②資力等申告書、③国選被害者参加弁護士の選定に関する意見書、④被害者参加許可決定通知書、⑤身分証明書です。また、この手続を代理人が行う場合には、委任状が必要となります。必要書類の詳細は、法テラスのホームページ[*3]で確認してください（①～③の書類は、法テラスのホームページからダウンロードできます）。

＊3　http://www.houterasu.or.jp/（2016〔平成28〕年4月1日現在）。

国選被害者参加弁護士選定の基本的な流れ

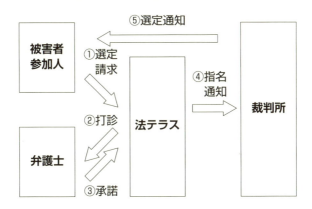

【参考資料】　被害者参加人の弁護士への委託割合（第一審）

	被害者参加を許可された人数	弁護士に委託した人数（委託した割合）	
		私選（私選の割合）	国選（国選の割合）
平成21年	560人	367人（65.5%）	
		236人（64.3%）	131人（35.7%）
平成22年	839人	557人（66.4%）	
		285人（51.2%）	272人（48.8%）
平成23年	902人	632人（70.1%）	
		357人（56.5%）	275人（43.5%）
平成24年	1,002人	677人（67.6%）	
		353人（52.1%）	324人（47.9%）
平成25年	1,297人	873人（67.3%）	
		463人（53.0%）	410人（47.0%）
平成26年	1,227人	951人（77.5%）	
		489人（51.4%）	462人（48.6%）

※　最高裁判所事務総局編『司法統計年報（刑事編）』（平成21年〜平成26年）に基づき作成。

選定請求を受けた法テラス地方事務所は、指名通知用名簿に登載されている弁護士に対して指名打診を行い、指名打診を受けた弁護士が承諾すれば、当該弁護士を国選被害者参加弁護士の候補者として指名し、裁判所に通知します。

　法テラスから指名打診を受けた裁判所は、当該弁護士を国選被害者参加弁護士に選定し、法テラス及び被害者参加人に通知します 資料4 。

ⅲ　活動終了後

　国選被害者参加弁護士は、法テラス地方事務所に対して、活動を終了した日から14日以内に「国選被害者参加報告書」を提出しなければなりません。これを失念すると、報酬等の支払を受けることができなくなることがありますので、注意が必要です。

　なお、活動を終了した日とは、①選定された事件について判決が宣告され、上訴期間が満了した日、②公訴棄却決定がなされ、即時抗告期間が経過した日、③国選被害者参加弁護士の選定を取り消された日などをいいます。

(8) 被害者参加弁護士の権限

　被害者参加弁護士（国選も含みます）は、被害者参加人から委託された事項についてのみ権限を有します。通常は、包括委託を受けることが多いので、被害者参加人の権限（上記(5)）と同じとなります。もっとも、包括委託を受けた場合でも、どの権限を行使するのかは、被害者参加人の意向を尊重する必要があります。

(9) 被害者参加弁護士の役割

ア　検察官との意思疎通

　被害者参加の手続は、そのほとんどが検察官を通じて行うことから、検察官との意思疎通を図ることが非常に重要です。公判担当検察官とは、何度も連絡を取り、被害者参加人の要望を伝えるとともに、証人尋問や被告人質問における検察官と被害者参加人との役割分担等について、十分に協議しておくことが重要です。電話連絡だけでなく、検察庁に足を運ぶことも必要です。

イ　公判期日の調整等

　第1回公判期日は、裁判所が検察官及び弁護人と調整の上、指定しますので、被害者参加弁護士は、公判担当の検察官に対し、出席可能な候補日を伝え、配慮してもらうようお願いしておく必要があります。

　また、被害者参加人以外の被害者等がいる場合は、傍聴席の確保の要請も必要です（本章第3項参照）。この傍聴席の確保の要請は、被害者参加の対象とならない犯罪について、被害者側代理人となる場合も同様です。

【本事例】
　法律事務職員の北山は、被害者新町正義さんの両親が傍聴する際、担当の検察事務官に電話して、優先傍聴席の確保をお願いしました。

ウ　証人尋問・被告人質問・最終意見陳述等の準備

　謄写した記録を精読し、被告人や参考人の供述内容に被害者の話と矛盾する点や不自然な点がないかを確認し、証人尋問・被告人質問・最終意見陳述等の準備をします。

　なお、証人尋問や被告人質問において、尋問（質問）が既になされた尋問と重複する場合や事件とは無関係な事項にわたる場合には、裁判長から尋問を制限されることがあります（刑訴法295条1項）。また、最終意見陳述についても、検察官の論告と完全に重複することになれば、陳述する意味がなくなってしまいます。したがって、前述したとおり、検察官との事前協議が必要です。

エ　上訴の対応

　被害者等には、上訴の権限はありません。したがって、上訴の権限を有する検察官との意思疎通が非常に重要となります。検察官が上訴に消極的な場合には、検察官に説明を求め、上訴を働きかける必要があります。しかし、最終的に検察官が上訴しないとの結論を出せば、その結論に対し、被害者等が不服を申し立てる手段はありません。

【本事例】
　弁護士の美山と被害者参加人の新町優子さんは、担当検察官に対して、控訴してもらうようお願いしました。担当検察官は、被害者参加人の思いを理解してくれましたが、控訴しないとの結論となり、その願いは叶えられませんでした。

⑽ 控訴審における被害者参加

　被害者参加制度は、審級ごとに申出が必要となりますので、控訴審に参加するためには、一審と同様、担当検察官を通じて、参加の申出をしなければなりません。なお、一審に参加しなかった場合でも、控訴審から参加することは可能です。また、弁護士に委託する場合や国選被害者参加弁護士を選定する場合も、審級ごとに各手続が必要です。

　被害者参加人の権限は、一審と同様です。ただし、控訴審は、いわゆる事後審の原則（控訴審は、第一審と同じ立場で事件そのものを審理するのではなく、第一審判決の当否を審理すべきとする原則）から、取り調べる証拠が限定されますので、既に一審で調べた証人や被告人については、被害者参加人が尋問や質問をしたいと申し出ても、採用されない可能性がありますので、注意が必要です。

　なお、前述のとおり、被害者等は、一審判決に不服がある場合でも、控訴を申し立てる権限はありません。

法律事務所の仕事 8

事件記録の閲覧・謄写方法（被害者側の場合）

　被害者等が、自分たちが巻き込まれた犯罪の詳しい内容（例えば、加害者の氏名、犯行の動機や目的、なぜ自分や家族が狙われたのかなど）を知りたいと思うのは当然のことです。このような情報を得るための有効な手段の1つとして、被害者等は、検察庁及び裁判所の事件記録を閲覧したり、謄写（コピー）することができます。

　閲覧・謄写する記録によって、申請先（どこに）、申請人（誰が）及び申請方法が異なります。

1 不起訴記録

　どこに？：事件を担当した検察庁
　誰　が？：被害者又はその親族と、その代理人弁護士
　方法は？：各検察庁によって異なります。

　不起訴記録は、非公開が原則です（刑訴法47条）。しかし、被害者又はその親族と、その代理人弁護士は、民事訴訟等において被害回復のための損害賠償請求権等を行使するにつき相当と認められる範囲について、不起訴記録を閲覧・謄写することが認められています（平成12年2月4日付法務省刑総第128号法務省刑事局長回答）。

　なお、被害者参加の対象事件の不起訴記録については、被害者等が「事件の内容を知ること」を目的とする場合であっても、原則として客観的証拠を閲覧することが認められています（平成20年11月19日付法務省刑総第1595号法務省刑事局長依命通達）。

【参考】被害者代理人弁護士が交通事故の不起訴記録を謄写する方法（京都地検の場合）

① 事故証明書を取得します。
　申請用紙 資料5 は、警察署・交番等に備え付けてあります。
　申請者を依頼人名にして、通信欄に事務所住所を送付先として記載しておくと、事故証明書を事務所に送付してもらえます。申請者を弁護士名にすると、委任状の別送又は申請用紙の通信欄に委任する旨の依頼者の署名・押印が必要となります。
② 事故証明書に記載されている警察署に電話し、送致検察庁、送致日、送致番号を教えてもらいます。
③ 検察庁に処分結果を郵送で照会します（回答書用の返信用封筒を同封します）。
※ ②において、警察署から「弁護士法第23条の2による照会でないと回答できない」等と言われた場合は、検察庁の被害者ホットラインに対して、②の事項と処分結果を照会することができます 書式6 。
④ 刑事記録の謄写申請をします。
　検察庁舎内にあるKPO謄写センターへ行き（受付日：月曜日と水曜日の午前9時から午後4時まで）。備え付けの申請書に必要事項を記載して、提出します（FAXで申請することはできません）。持参物は、事故証明書、処分結果の回答書、委任状、職印、事務員証です。

2 起訴後から第1回公判期日前の記録（検察側の証拠書類等）

どこに？：事件を担当している検察庁
誰　が？：被害者参加人（閲覧のみ）、被害者参加弁護士
方法は？：各検察庁によって異なります。基本的には、弁護人が行う検察側の証拠書類等の閲覧・謄写方法と同じですが（第1部第4章「公

訴の提起（起訴）」の「法律事務所の仕事3」参照）、申請用紙の他に、「確約書」 書式7 が必要です。

　この記録は、裁判所へ提出する前の記録ですので、全ての被害者等が閲覧・謄写することは認められていません。
　しかし、被害者参加人は、事件の内容（被告人や参考人の供述内容）を知っておかなければ、その与えられた権限を十分に行使することができません。そこで、「事案の内容、捜査・公判に支障を及ぼすおそれや関係者の名誉・プライバシーを害するおそれの有無・程度等を考慮して相当でないと認める場合を除き」、閲覧することが認められています（平成26年10月21日付最高検企第436号最高検察庁次長検事依命通達）。
　また、被害者参加弁護士の場合、「謄写を求める理由や対象となる証拠の内容等に鑑みて、謄写の必要性が認められ、かつ、謄写に伴う弊害が認められないとき」は、謄写することも認められています（平成26年10月21日付最高検企第437号最高検察庁総務部長・公判部長通知）。

3　第1公判期日後から裁判終結までの記録（訴訟記録）

　どこに？：事件が係属している裁判所
　誰　が？：被害者等
　方法は？：各裁判所によって異なります。基本的には、弁護人が行う訴訟記録の謄写方法と同じですが（第1部第5章「公判」の「法律事務所の仕事4」参照）、申請用紙 書式8 の他に、確約書 書式9 と手数料（収入印紙150円）が必要です。

　被害者等は、第1回公判期日後から終結までの間において、正当でない理由による場合及び犯罪の性質、審理の状況その他の事情を考慮して相当でないと認められる場合を除き、訴訟記録を閲覧・謄写することができます（保護法3条）。すなわち、訴訟記録は、閲覧・謄写できるのが原則ということです。

なお、訴訟記録のうち検察官が提出した冒頭陳述（裁判の初めに、検察官が証明しようとしている事実を明らかにするもの）の書面については、担当検察官・検察事務官に申し出れば、冒頭陳述の内容を記載した書面の交付を受けることができます 資料13 。

【本事例の訴訟記録】　資料10 ・ 資料11 ・ 資料12

4 裁判確定後の記録（確定記録）

どこに？：記録を保管している検察庁
誰　が？：何人でも
方法は？：各検察庁によって異なります。

刑事裁判の確定記録は、第一審の裁判をした裁判所に対応する検察庁が保管しています。

刑事裁判が確定すれば、原則として、何人でも訴訟記録を閲覧することができます（刑訴法53条1項、刑事確定訴訟記録法4条）。また、謄写することも認められています（法務省訓令・記録事務規程17条）。

相談を受けている弁護士が
国選被害者参加弁護士となれるのか？

コラム12

　弁護士は、被害者等から相談を受け、被害者等が被害者参加を希望した場合には、まず、その被害者等が国選被害者弁護制度の資力要件を満たすか否かを検討します。

　資力要件を満たす場合には、国選被害者弁護制度を利用することになりますが、相談者である被害者等から、「先生が国選被害者参加弁護士になってほしい」と言われることが多いです。

　では、被害者等から相談を受けている弁護士が国選被害者参加弁護士となることができるのでしょうか？　言い換えると、被害者等は、自分が指定した弁護士を国選被害者弁護士とすることができるのでしょうか？

　結論から言うと、認められています。

　その理由は、被害者等にとって、従前から相談を受けている弁護士との間で信頼関係が築けている場合には、その弁護士が引き続き国選被害者参加弁護士となるのが望ましいからです。被害者等の多くは、犯罪被害によって精神的な負担をかかえていますが、従前から相談を受けている弁護士とは別の弁護士が国選被害者参加弁護士に選定されると、また一から信頼関係を築かねばならず、さらにその負担が大きくなるからです。

　では、この場合、どのように選定請求をすれば良いのでしょうか？

　国選被害者弁護制度は、被害者参加人が選定請求をする必要がありますので、まずは、被害者参加の申出をして、被害者等が被害者参加人になる必要があります。この被害者参加の申出は、弁護士が代理人として行うと、私選の被害者参加弁護士と間違われてしまうおそれがありますので、被害者等本人に行ってもらいます。

被害者参加の許可後（被害者参加許可通知書 資料1 は被害者参加人本人に郵送されます）、国選被害者参加弁護士の選定請求を行います。この選定請求は、被害者参加人から委任状をもらって、弁護士が代理人として行います。その請求の際、「国選被害者参加弁護士の選定に関する意見書」（必要書類③）には、被害者参加人に「この件について、以前から○○弁護士（事務所住所・電話番号等）と相談しているので、○○弁護士を選定してほしい」などと記載してもらいます。この方法で選定請求を行えば、通常、被害者等から相談を受けている弁護士が国選被害者参加弁護士となることができます（国選被害者参加弁護士選定書 資料4 は国選被害者参加弁護士を経由して被害者参加人本人に交付されることが多いです）。

　なお、相談を受けている弁護士が国選被害者参加弁護士となるためには、原則として、事前に、その弁護士が法テラスとの間で被害者参加弁護士契約を締結し、指名通知用名簿に登載されている必要があります。

（山本　真）

第5章 損害賠償命令

1 損害賠償命令とは

　損害賠償命令とは、一定の罪にかかる刑事被告事件を審理する裁判所が当該被告事件の被害者等の申立てに基づいて、被告人に対する損害賠償を命じる旨、決定する制度です。

　本制度は、「犯罪被害者等の権利利益の保護を図るための刑事手続に付随する措置に関する法律」（保護法）の「第7章　刑事訴訟手続に伴う犯罪被害者等の損害賠償請求に係る裁判手続の特例」において導入されました。この制度は、旧刑事訴訟法や諸外国で行われている附帯私訴の制度を参考にされましたが、紆余曲折の上、独自の制度設計となっています。

　この制度の導入によって、刑事裁判を行った裁判所と同じ裁判所が、民事の損害賠償の審理を担当して、刑事手続の成果をそのまま利用できるため、犯罪被害者等の立証を軽減し、簡易迅速に損害賠償の審理を進められることが期待されています。

2 対象となる犯罪

　損害賠償命令の対象となる事件は、保護法23条1項各号の犯罪に限定されています。
　例えば、故意の犯罪行為により人を死傷させた罪及びその未遂罪、強制わいせつ罪・強姦罪などの性犯罪及びその未遂罪、逮捕・監禁の罪及びその未遂罪などです。
　なお、近年、自動車事故による死亡事件が多発していますが、過失犯（業務上過失致死罪、重過失致死罪、自動車運転過失致死傷罪等）は本制度の対象犯罪とはなっていません（導入の際に、過失犯も対象犯罪とすることの議論がなされましたが、結果的には除外されました）。また、人の死傷を伴わない財産犯（窃盗罪や横領罪）、放火罪も本制度の対象となっていませんので、注意が必要です。

【本事例】
　本事例においては、下鴨ゆりは自動車運転過失致死の罪に問われています。損害賠償命令制度は、過失犯には適用されないので、本事例の場合には、この制度は利用できないこととなります。そのため、書式については、危険運転致死罪を想定して作成しています。

3 手続

(1) 申立て

　当該被告事件の係属する裁判所（地方裁判所に限る）の第一審の弁論終結までに申し立てなければなりません（保護法23条1項柱書き）。

(2) 審理

　刑事裁判手続の第一審で有罪判決の言渡しがあった場合、最初の期日は「直

ちに」開かなければならない（保護法30条1項）とされており、判決言渡し後、すぐに審理が開始されるのが原則です。

　審理を担当する裁判所は、刑事裁判を審理した裁判所と同じ裁判所です。裁判所は、必要でないと認めるものを除き、職権で刑事被告事件の訴訟記録の取り調べをしなければならないとされています（同条4項）。

　通常の民事訴訟における不法行為に基づく損害賠償請求訴訟においては、要件事実として①被侵害利益、②加害行為、③行為者の故意・過失、④損害の発生とその金額、⑤加害行為と損害の間の因果関係とされているところ、損害賠償命令の審理においては、刑事事件の記録から①②③の点は明らかであるので、④と⑤の点を立証すれば良く、立証責任が軽減されることになります。

　なお、審理は、特別の事情がある場合を除き、4回以内の審理期日で終結しますので（同条3項）、簡易迅速な処理が期待できます。

(3) 裁判

　損害賠償命令の申立てについての裁判は、決定書 資料15 をもってなされますが（保護法32条）、この裁判は確定判決と同一の効力を有します（保護法33条5項）。また、裁量で仮執行宣言を付することもできるとされています（保護法32条2項）。

　そのため、民事訴訟において長期間かけて判決等の債務名義を獲得するという被害者の負担が軽減されると期待されています。

(4) 異議

　当事者は、損害賠償命令の裁判に対し、送達又は告知を受けた日（裁判は主文及び理由の要旨を口頭で告知することもできるとされています）から2週間の不変期間内に、異議の申立てをすることができます（保護法33条1項）。

　異議が適法であると認められた場合には、損害賠償命令の申立てに係る請求は、当該申立ての時に、当該申立てをした者が指定した裁判所に訴えの提起があったものとみなす（保護法34条1項）とされています。つまり、適法な異議があった場合は、通常の民事訴訟への移行がされることになります。

この点、損害賠償命令の申立てを行う際には、被害者側としては、民事訴訟への移行を想定し、自己の訴訟遂行の便宜を考慮して、民事訴訟を行う予定の管轄の裁判所を選定しておいた方が良いでしょう。

4 民事訴訟手続への移行

　審理に日時を要し、4回以内の審理期日で審理が終結しない場合には、職権又は申立人（被害者側）の申立てにより、審理を終結できるものとされ、それにより通常の民事訴訟手続に移行します（保護法38条1項、同4項。同じ裁判所の刑事部から民事部へ、担当部も移行します）。

　また、刑事被告事件の終局裁判の告知前に申立人（被害者側）が、通常の民事訴訟手続に移行したいとの申立てを行った場合にも同様に民事訴訟手続に移行することが認められています（同条2項）。

　なお、相手方（加害者）には、適法な異議を行う場合を除き、民事訴訟手続への移行権はありません。相手方が移行の申立てを行った場合、申立人が同意した場合にのみ、移行が認められます。この点からも、損害賠償命令制度が、被害者の権利保護のための制度であることが理解できます。

法律事務所の仕事9

損害賠償命令の具体的な申立ての方法

1 申立書の提出

　損害賠償命令申立書 書式14 を作成し、正副各1通を裁判所に提出します。
　申立書の正本には、申立てに必要な収入印紙2000円を貼用します。通常の民事訴訟によった場合、訴額に応じて、高額な収入印紙代が必要（例：1000万円の訴額なら印紙5万円）となるところ、被害者の負担軽減のために、訴額にかかわらず低減された一律の費用とされています。
　提出先は、係属する刑事事件と関連することとなりますので、刑事事件が係属する裁判所の刑事訟廷に提出します。その際に、申立書と一緒に、予納郵券（郵便切手）の納付が必要となります。郵券の内訳や内容は裁判所ごとに異なりますので、提出前に、提出予定の裁判所に問い合わせをすると良いでしょう。

2 審理

　受理された申立書は、実際には、刑事事件の判決がなされたその日に、第1回の期日として審理が開始されます。
　4回以内の審理で、民事訴訟に移行せず、決定がなされる場合は、決定正本 資料15 により、賠償をすべきかの判断がなされることとなります。

第3編　書式・資料集

第2部
書式・資料一覧表

番号	書式・資料	表題	頁数
1	資料	被害者参加許可通知書	286
2	資料	被告人質問等の通知書	287
3	書式	委託届出書	288
4	資料	国選被害者参加弁護士選定書	289
5	資料	交通事故証明書申請用紙	290
6-1	書式	処分結果の照会書	291
6-2	書式	処分結果の回答書	292
7	書式	確約書（検察庁用）	293
8	書式	刑事事件記録等閲覧・謄写書	294
9	書式	確約書（裁判所用）	295
10	資料	第1回公判調書	296
11	資料	第2回公判調書	298
12	資料	第3回公判調書	300
13-1	資料	冒頭陳述書の送付書	301
13-2	資料	冒頭陳述要旨	302
14	書式	損害賠償命令申立書	303
15	資料	損害賠償命令決定正本	304

資料1

被害者参加許可通知書

本文263頁，276頁

平成○○年（わ）第800号　自動車運転過失致死被告事件
被告人　下　鴨　ゆ　り

　　　　　　　　　　　　　　　　　　　　　　　　平成○○年8月30日

　　　　　　　　　　通　　知　　書

申出人　新　町　優　子　殿

　　　　　　　　　京都地方裁判所第1刑事部
　　　　　　　　　　裁判所書記官　芦　　田　　幸　　雄　㊞
　　　　　　　　　　電話番号　075−257−0000

1　上記被告事件につき、本日、あなたの手続への参加が許可されました。
2　本件につき既に指定されている公判期日は下記のとおりです。
　　　　　　　　　　　記
　平成○○年9月25日　午前11時00分（第201号法廷（2階））

（本書面は、あなたが被害者参加弁護士の選定を請求する場合に必要となりますので大切に保管してください。）

資料2

被告人質問等の通知書

本文264頁

通　知　書

平成○○年9月18日

京都地方裁判所　第1刑事部　御中

　　　　　　　　　　京都地方検察庁
　　　　　　　　　　　　検察官検事　　吉　山　　仁　㊞

　被告人下鴨ゆりに対する自動車運転過失致死被告事件につき、被害者参加人である新町優子及びその委託を受けた弁護士美山彩から、刑事訴訟法第316条の37の規定に基づき、被告人に対して同法第311条第2項の供述を求めるための質問をすることの申出がなされたので、下記のとおり通知する。

記

第1　質問事項

　　　質問事項は、別紙のとおりである。

　　　なお、前記美山弁護士において質問する旨の申出がなされているので申し添える。

第2　検察官の意見

　　　前記弁護士が刑事訴訟法第316条の38の規定による意見の陳述をするために必要であり、審理の状況、質問事項の内容等に照らし、いずれの質問事項についても相当であると思料する。

以　上

―― 書式3 ――

委託届出書

本文265頁

平成〇〇年9月2日

京都地方裁判所　御中

委　託　届　出　書

　　　　　　　　　　　　　　　被害者参加人　新　町　優　子

　私は、弁護士美山彩に刑事訴訟法に規定する行為について下記のとおり委託したので連署をもってお届けします。

　　　　被害者参加人　　新　町　優　子　㊞

　　〒606-8396

　　京都市左京区川端通丸太町下ル吉山ビル4階

　　電話 075-761-0000　ＦＡＸ 075-761-0001

　　京都弁護士会

　　　　弁護士　美　山　　彩　㊞

※注意 被害者参加人名は署名

記

1　参加が許可された被告事件
　御庁平成〇〇年（わ）第800号自動車運転過失致死被告事件
　被告人　下　鴨　ゆ　り
2　委託した行為
　⑴　公判期日への出席（刑事訴訟法第316条の34）
　⑵　証人尋問（刑事訴訟法第316条の36）
　⑶　被告人質問（刑事訴訟法第316条の37）
　⑷　事実又は法律の適用についての意見陳述（刑事訴訟法第316条の38）
　⑸　事件記録の閲覧謄写等

資料4

国選被害者参加弁護士選定書

本文268頁，276頁

平成○○年（わ）第800号
自動車運転過失致死被告事件

国選被害者参加弁護士選定書

　　　　京都弁護士会所属
　　　　弁護士　美　山　　　彩

　上記の弁護士を被告人下鴨ゆりに対する上記被告事件における被害者参加人新町優子の被害者参加弁護士に選定する。

　平成○○年○月○日

　　　　京都地方裁判所第1刑事部
　　　　　　裁判官　古　　川　　末　　治

　上記のとおり通知する。
　　　　京都地方裁判所第1刑事部　芦　田　幸　雄　㊞

資料5

交通事故証明書申請用紙

本文272頁

交通事故証明書申請用紙 （表）

証明書の内容
　交通事故の発生日時・場所、当事者の住所・氏名、事故の型等について証明します。
（注）警察に届け出ていない交通事故については、証明書の発行ができません。

証明書の発行（申請）期限等
　「交通事故証明書のうち、**人身事故については事故発生から5年、物件事故については事故発生から3年**をそれぞれ経過したものについては証明できません」ご注意下さい。

申請ができる人
○交通事故の当事者（加害者・被害者）
○証明書の交付を受けることについて、正当な利益の有る方　例：損害賠償の請求権がある親族、保険金の受取人及び委任を受けた代理人（代理申請には委任状が必要です）
（注）確認のため電話でお問い合せする他、必要書類の提出をお願いする場合もありますのでご了承下さい。

申請の方法等
　下欄の「払込取扱票」を切取り必要事項を記入（裏面参照）し、**交付手数料　1通につき540円**と**通常払込料金**を添えて、ゆうちょ銀行又は郵便局の窓口（または、ATM）で払込み（申請）をして下さい。
　なお、証明書は申請の日から約7日間で郵送されますが、警察から交通事故証明資料を受理していない場合は、発行（交付）が遅れますのでご了承下さい。
（注）他府県発生の交通事故でもこの申請書をご利用下さい。発生地の府県事務所から証明書が郵送されます。
その他、お問い合せは下記センター事務所まで。

〒612-8486　京都市伏見区羽束師古川町647（京都府警察本部運転免許試験場内）

自動車安全運転センター京都府事務所
お問い合わせ　電話　(075)631-7600

書式6-1

処分結果の照会書

本文272頁

平成　年　月　日

京都地方検察庁　被害者ホットライン　御中
（ＦＡＸ　４４１－９１０３）

　　　　　　　　　　　　　　京都市左京区川端通丸太町下る
　　　　　　　　　　　　　　　　　　　　　　吉山ビル４階
　　　　　　　　　　　　　　弁護士　美　山　　　彩　㊞
　　　　　　　　　　　　　　電話０７５－７６１－００００

　　　　　　　　　御　　照　　会

下記記載の　　　　　　　事件に関する【目的（損害賠償・示談交渉等）】のため、刑事記録取寄せの必要が生じましたので、ご多忙中恐れ入りますが、下記照会事項について至急御回答くださいますようお願い申し上げます。

　　　　　　　　　　　　　記

1　事件の表示
　⑴　被疑者
　　　①　氏　　名
　　　②　住　　所
　　　③　生年月日
　⑵　事故発生日時　平成　年　月　日　　時　分ころ
　⑶　事故発生場所　京都市
　⑷　取扱警察署　　　　　　警察署

2　照会事項
　①　処分年月日
　②　検番号
　③　処分罪名
　④　処分の種類
　⑤　略式年月日
　⑥　確定年月日

―― 書式6-2 ――

処分結果の回答書

本文272頁

　　　　　　　　　　　　　　　　　　　平成　年　月　日

弁護士　美　山　　彩　宛

　　　　　　　　　　回答者氏名

　　　　　　　　回　　答　　書

　被疑者○○の件につき、下記のとおり回答します。
　　　　　　　　　　記
1　処分年月日　　　平成　　年　　月　　日

2　検　番　号

3　処　分　罪　名

4　処分の種類

5　略式年月日　　　平成　　年　　月　　日

6　確定年月日　　　平成　　年　　月　　日

　　　　　　　　　　　　　　　　　　　　以　上

書式7

確約書
（検察庁用）

本文273頁

確　約　書

　このたび、謄写を受けた別紙記載の証拠等については、刑事訴訟法第47条の趣旨に従い、次の事項を遵守することを誓約します。

1　証拠等の写しを申出目的（被害者参加人としての権利行使）以外の目的で使用しない。
2　申出目的に使用する場合を除き、証拠等の写しを再コピーしない。
3　証拠等の写しを、みだりに、委託者である申出人以外の第三者に対し、交付又は提示せず、また、その内容を伝えない。
4　証拠等の写しを用いて
　①　不当に関係人の名誉又は生活の平穏を害さない
　②　捜査及び公判に支障を生じさせないよう注意する。
5　証拠等の写しの保管をみだりに他人にゆだねず、適正に管理し、その流失を防止する。
6　証拠等の写しの前記申出目的による使用の必要がなくなったときは、直ちにこれを検察庁に返還し、又は廃棄する。廃棄する場合には、細断や焼却などの方法により、完全に廃棄する。
7　証拠等の写しを申出人に交付又は提示するに当たっては、被害者の遺体が撮影されている部分の取扱いにつき配慮する。

京都地方検察庁　検察官　殿

　　　平成○○年9月2日

　　　証拠等閲覧・謄写申出人　氏名　新　町　優　子　㊞

　　　　　委託弁護士　氏名　美　山　彩　㊞

―― 書式8 ――

刑事事件記録等閲覧・謄写票

本文273頁

刑事事件記録等閲覧・謄写票（原符）		申請区分	㊀記　録㊁・証　拠　物　　　閲　覧・㊀謄　写㊁		
受付年月日	平成　年　月　日	ちょう用印紙額	円		
事件番号	平成○○年（わ）第 800 号	事件記録等返還月日・事件担当書記官受領印	・		
被告人等氏名	下　鴨　ゆ　り	~	~		
申請人氏名	弁護士　美山　彩	事件担当書記官票受領印	（　　部係）	□担書□却下□拒絶	
原符番号	第　　　　号	~	~	~	

8

（庁名）　**京都地方裁判所**

原府番号	第　　　　号	担当部係	**第1刑事**部　係	
刑事事件記録等閲覧・謄写票		申請区分	㊀記　録㊁・証　拠　物　　　閲　覧・㊀謄　写㊁	
申請年月日	平成○○年**9**月**25**日	~	~	
事件番号	平成○○年（わ）第 800 号	申請人	資格	被告人・弁護人・その他（　被害者参加弁護士　）
被告人等氏名	下　鴨　ゆ　り	~	住所又は弁護士会	京都弁護士会
閲覧等の目的	民事訴訟提起及び意見陳述の準備のため	~	氏名	弁護士　美山　彩　㊞
証拠物謄写方法	~	閲覧謄写人氏名	事務員・業者・その他（　　　　　）	
所要見込時間	時間　　分	提出書類	委任状・その他	
次回期日	10月23日	~	~	
閲覧等の部分		許否及び特別指定条件	許可権者印	
平成○○年9月25日付第1回公判調書		許・否		
印紙		交付月日	・　・	
~	~	閲覧人・謄写人記録等受領印		
~	~	記録係記録等返還確認印		
備考			

注意　1　申請人は、太枠内に所要事項を記入し、「印紙」欄に所定額の印紙をちょう用（消印はしない。）の上、原符から切りらないで、この票を係員に提出してください。
　　　2　「申請区分」欄、「申請人」欄の「資格」欄、「閲覧等の目的」欄及び「提出書類」欄は、該当文字を○で囲み、その他に該当する場合には、（　）内に具体的に記載してください。
　　　3　「閲覧・謄写人氏名」欄は、申請人以外の者に閲覧・謄写をさせる場合に記入してください。

―― 書式9 ――

確約書
（裁判所用）

本文273頁

確　約　書

　このたび、閲覧等を請求した訴訟記録については、犯罪被害者保護法3条の趣旨に従い、次の事項を遵守することを誓約します。

1　刑事訴訟記録の写しを、申出目的以外に使用しない。
2　刑事訴訟記録の写しを、申出目的に利用する場合以外に再コピーしない。
3　刑事訴訟記録の写しを、みだりに、申出人以外の第三者に閲覧又は交付せず、また、その内容を申出人以外の第三者に伝えない。また、上記写しの内容をインターネットその他の媒体によって公開しない。
4　刑事訴訟記録の写しを用いて
　①　不当に関係人の名誉若しくは生活の平穏を害さない
　②　捜査及び公判に支障を生じさせないよう注意する。
5　刑事訴訟記録の写しの保管については、厳重に保管し、その流失を防止する。
6　申出目的による刑事訴訟記録の写しの使用の必要がなくなったときは、直ちに裁判所に返還又は廃棄する。廃棄する場合には、細断廃棄や焼却するなど、細心の注意を払う。

京 都 地 方 裁 判 所　第1刑事部
　　　　裁　判　長（官）　　殿

　　平成〇〇年9月25日

　　　　訴訟記録閲覧等申出人　　美　山　　彩　　㊞

資料10-1

第1回公判調書
（1頁目）

本文274頁

事件番号　平成〇〇年（わ）第800号

第1回公判調書（手続）

　　　　　　　　　　　　　　　　　　　　　　裁判官認印　□

被　告　人　氏　名　　　下　鴨　ゆ　り（出頭）
被　告　事　件　名　　　自動車運転過失致死
公判をした年月日　　　　平成〇〇年9月25日
公判をした裁判所　　　　京都地方裁判所第1刑事部
裁　　　判　　　官　　　古　川　末　治
裁　判　所　書　記　官　　芦　田　幸　雄
検　　　察　　　官　　　吉　山　　　仁
出　頭　し　た　弁　護　人　六　角　次　郎
出席した被害者参加人　　新　町　優　子
出席した被害者参加弁護士　美　山　　　彩

人定質問
　　　氏名　下　鴨　ゆ　り（しもがも・ゆり）
　　　年齢、本籍、住居、職業は、起訴状記載のとおり
被告事件に対する陳述
　　　被告人
　　　　　公訴事実は、そのとおり間違いありません。
　　　弁護人
　　　　　被告人の述べたとおりです。
検察官の冒頭陳述
　　　別紙冒頭陳述要旨記載のとおり

資料10-2

第1回公判調書
（2頁目）

本文274頁

証拠調べ等
　　　　　証拠等関係カード記載のとおり
被害者参加人等による被告人質問の許可
　　　弁護人
　　　　　平成〇〇年9月18日付通知書に基づく被告人質問の申
　　　　　出については、異議はありません。
　　　裁判官
　　　　　上記許可決定
　証拠調べ等
　　　　　証拠等関係カード記載のとおり
指定告知した次回期日（論告、弁論）
　　　　　平成〇〇年10月23日午後1時30分

　平成〇〇年9月25日

　　京都地方裁判所第1刑事部
　　　　裁判所書記官　　芦　田　幸　雄　㊞

資料11-1

第2回公判調書
(1頁目)

本文274頁

事件番号　平成〇〇年（わ）第800号

第2回公判調書（手続）

［裁判官認印］

被　告　人　氏　名　　　下　鴨　ゆ　り（出頭）
被　告　事　件　名　　　自動車運転過失致死
公判をした年月日　　　平成〇〇年10月23日
公判をした裁判所　　　京都地方裁判所第1刑事部
裁　判　官　　　　　　古　川　末　治
裁　判　所　書　記　官　　芦　田　幸　雄
検　察　官　　　　　　吉　山　　仁
出　頭　し　た　弁　護　人　　六　角　次　郎
出席した被害者参加人　　新　町　優　子
出席した被害者参加弁護士　美　山　　彩

被害者等の意見陳述

　　被害者の妻新町優子（被害者参加人）

　　　　別紙意見陳述書面記載のとおり

被害者参加人等の意見陳述の許可

　　弁護人

　　　　本日付通知書に基づく被害者参加人等の意見陳述については、しかるべく。

　　裁判官

　　　　上記被害者参加人等の意見陳述許可決定

検察官の意見

　　別紙論告要旨記載のとおり

資料11-2

第2回公判調書
（2頁目）

本文274頁

被害者参加人等の意見
　　　被害者参加弁護士
　　　　　　本日付「最終意見陳述」記載のとおり
弁護人の意見
　　　本日付弁論要旨記載のとおり
被告人の最終陳述
　　　本当に申し訳ございませんでした。
指定告知した次回期日（判決宣告）
　　　　　　平成〇〇年11月6日午前11時00分

平成〇〇年10月23日

　　京都地方裁判所第1刑事部
　　　　裁判所書記官　　芦　田　幸　雄　㊞

---- 資料12 ----

第3回公判調書

本文274頁

事件番号　平成○○年（わ）第800号

　　　　　　　第3回公判調書（手続）

|裁判官認印||

被　告　人　氏　名　　　下　鴨　　ゆ　　り　（出頭）
被　告　事　件　名　　　自動車運転過失致死
公判をした年月日　　　平成27年11月6日
公判をした裁判所　　　京都地方裁判所第1刑事部
裁　　判　　官　　　　古　川　　末　　治
裁判所書記官　　　　　芦　田　　幸　　雄
検　　察　　官　　　　吉　山　　　　　仁
出頭した弁護人　　　　六　角　　次　　郎
出席した被害者参加人　新　町　　優　　子
出席した被害者参加弁護士　美　山　　　　　彩

裁判官

　　　判決宣告

平成○○年11月6日

　　　京都地方裁判所第1刑事部
　　　　　裁判所書記官　　芦　田　　幸　　雄　㊞

資料13-1

冒頭陳述要旨の送付書

本文274頁

平成〇〇年9月25日

弁護士　美　山　　　彩　殿

　　　　京都地方検察庁　検察官検事　吉　山　　　仁　㊞

　被告人下鴨ゆりに対する自動車運転過失致死被告事件の冒頭陳述要旨を送付します。
　よろしくお願いします。

資料13-2

冒頭陳述要旨

本文274頁

冒 頭 陳 述 要 旨

自動車運転過失致死　　　　　　　被告人　下　鴨　ゆ　り

第1　被告人の身上経歴等
1　被告人は、看護学校を卒業後、京都市内の京都総合病院において看護師として稼働していた。
2　被告人は、犯行当時、住居地で両親と弟と同居していた。
3　被告人には、前科前歴はないが、速度超過違反等の交通違反歴が2回ある。

第2　犯行に至る経緯及び犯行状況等
1　被告人は、本件当時、京都総合病院の産婦人科において看護師の仕事をしており、宇治市内の住居地から勤務先の京都総合病院まで自家用車で通勤していた。
2　被告人は、犯行当日の平成〇〇年8月15日午前0時20分ころ、仕事を終えて帰宅するため、京都総合病院から、被告人名義の車である自家用軽四輪乗用車の運転を開始し、本件事故現場に差し掛かった。
　　犯行状況は公訴事実記載のとおり。

第3　その他関連事項及び情状等

　　　　　　　　　　　　　　　　　　　　　　　　　以　上

書式14

損害賠償命令申立書

本文281頁

収入印紙
（2000円）

損害賠償命令申立書

平成　年　月　日

京都地方裁判所第１刑事部　御中

申立人代理人弁護士　美山　彩　㊞

〒○○○-○○○○　　京都府宇治市‥‥
　　　　　　　　　　申　立　人　　新　町　優　子

〒606-8396　　　　京都市左京区川端通丸太町下る吉山ビル４階
　　　　　　　　　　　　　　　　　美山法律事務所
　　　　　　　　　　同代理人　弁護士　美　山　　　彩
　　　　　　　　　　　　　　電　話　０７５－７６１－００００
　　　　　　　　　　　　　　ＦＡＸ０７５－７６１－０００１

〒○○○-○○○○　　京都市‥‥‥
　　　　　　　　　　相手方（被告人）　　下　鴨　ゆ　り

刑事被告事件の表示　平成○○年（わ）第○○○号危険運転致死被告事件

第１　請求の趣旨
　１　相手方は、申立人に対し、金○○円及びこれに対する平成　年　月　日から支払済みまで年５分の割合による金員を支払え。
　２　手続費用は相手方の負担とする。
　との決定及び仮執行の宣言を求める。

第２　刑事被告事件に係る訴因として特定された事実その他請求を特定するに足りる事実
　　　平成○○年７月２４日付起訴状記載の公訴事実第１の事実
第３　損害の内訳
　　　①治療費　　○○万　②通院交通費　○○万　③通院慰謝料　○○万
　　　　　　　　　　　　　付属書類
１　申立書副本　　１通
２　委任状　　　　１通

― 資料15 ―

損害賠償命令決定正本

本文279頁，281頁

平成○○年（損）第150号　刑事損害賠償命令事件
審理終結の日　　平成○○年○月○日

　　　　　　　　　　　決　　　定

〒○○○-○○○○　京都府宇治市・・・・
　　　　　　　　　申　立　人　新　町　優　子
　　　　　　　　　同代理人弁護士　美　山　　　彩
　　　　　　　　　　　　　　電話075-761-0000
　　　　　　　　　　　　　　FAX075-761-0001

〒○○○-○○○○　京都市・・・・・
　　　　　　　　　相　手　方　下　鴨　ゆ　り

頭書事件について、当裁判所は、申立人の請求を相当と認め、次のとおり決定する。

　　　　　　　　　　主　　　文
　　　1　相手方は、申立人に対し、○○万円を支払え。
　　　2　手続費用は、相手方の負担とする。
　　　3　この決定は、仮に執行することができる。

第1　請求の趣旨
　　　主文と同旨
第2　当事者の主張の要旨
　　　1　申立人　刑事損害賠償命令申立書及び主張補充書記載のとおり
　　　2　相手方　答弁書記載のとおり

平成○○年○月○日
　京都地方裁判所第1刑事部
　　　　　　　　　裁判官　　古　川　　末　治　　㊞

監修者・著者プロフィール

監修 **加島 宏**(か しま ひろし)

　　弁護士（大阪弁護士会所属）
　　東京大学法学部卒
　　龍谷大学法学部非常勤講師
　　NPO法人法律専門秘書教育協会理事長

著者 **西垣 貴文**(にし がき たか ふみ)

　　大谷大学文学部社会学科卒
　　法律事務職員（堀和幸法律事務所・2004年～）
　　NPO法人法律専門秘書教育協会理事（2008年～）
　　龍谷大学法学部非常勤講師（2016年～）

著者 **山本 真**(やま もと まこと)

　　関西大学法学部法律学科卒
　　同志社大学大学院法学研究科博士前期課程修了
　　大学卒業後、法律事務職員となり現在に至る（京都）
　　京都犯罪被害者支援センター正会員（1998年～）
　　おうみ犯罪被害者支援センター正会員（2000年～）
　　龍谷大学法学部非常勤講師（2010年～）
　　同志社大学大学院法学研究科博士後期課程（民事訴訟法）在学中（2016年～）
　　日本民事訴訟法学会会員（2016年～）

著者 **吉山 仁**(よし やま ひとし)

　　同志社大学法学部法律学科卒
　　同志社大学法科大学院司法研究科修了・法務博士（専門職）
　　現在、法律事務職員として京都の法律事務所で勤務
　　龍谷大学法学部非常勤講師（2011年～）
　　NPO法人法律専門秘書教育協会理事

ストーリーでわかる！
パラリーガル実務ガイド（刑事弁護・被害者支援）

2016年6月15日 第1版第1刷発行

監　　修	加島　宏
著　　者	西垣貴文・山本　真・吉山　仁
発 行 人	成澤壽信
発 行 所	株式会社現代人文社

〒160-0004 東京都新宿区四谷2-10 八ッ橋ビル7階
振替　00130-3-52366
電話　03-5379-0307（代表）
FAX　03-5379-5388
E-Mail　henshu@genjin.jp（代表）／ hanbai@genjin.jp（販売）
Web　http://www.genjin.jp

発 売 所	株式会社大学図書
印 刷 所	株式会社ミツワ
イラストレーション	小坂タイチ
ブックデザイン	Malpu Design（陳湘婷）

検印省略　PRINTED IN JAPAN　ISBN978-4-87798-643-8　C2032
© 2016　Nishigaki Takafumi　Yamamoto Makoto　Yoshiyama Hitoshi

本書の一部あるいは全部を無断で複写・転載・転訳載などをすること、または磁気媒体等に入力することは、法律で認められた場合を除き、著作者および出版者の権利の侵害となりますので、これらの行為をする場合には、あらかじめ小社また編集部宛に承諾を求めてください。